21世纪高等院校国际经济与贸易专业规划教材

国家级一流本科专业建设点教材

省级优势特色专业

Management and Administration of TNCs

4th Edition

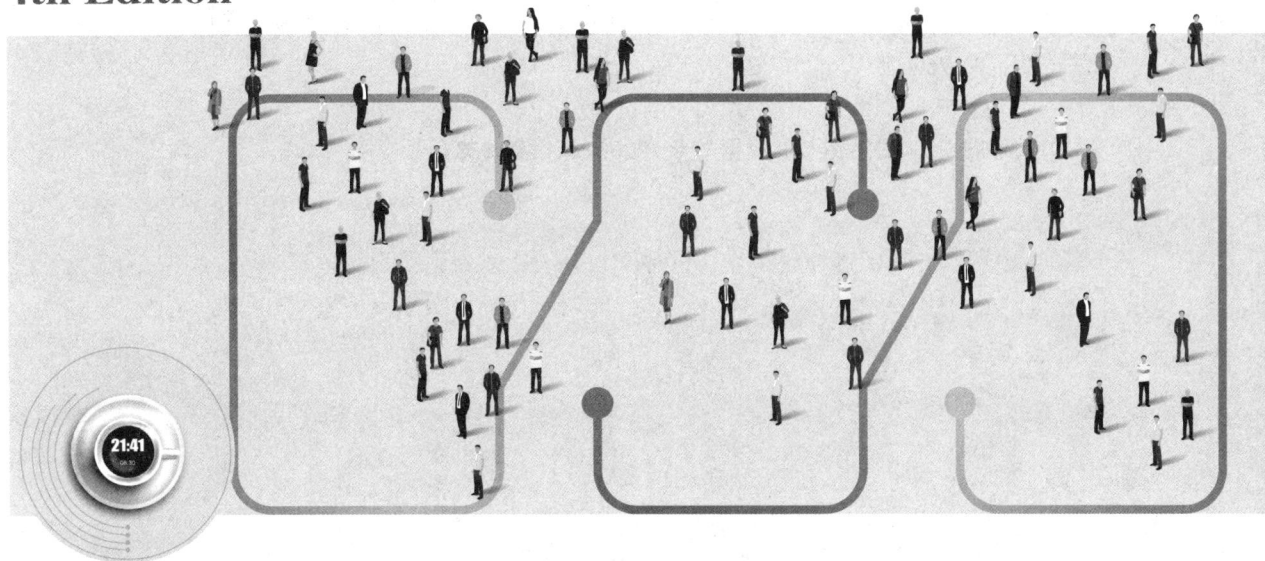

跨国公司经营与管理

（第四版）

任永菊 主编

东北财经大学出版社
Dongbei University of Finance & Economics Press

大连

图书在版编目（CIP）数据

跨国公司经营与管理 / 任永菊主编. —4版. —大连：东北财经大学
出版社，2022.2（2024.2重印）
（21世纪高等院校国际经济与贸易专业规划教材）
ISBN 978-7-5654-4443-2

Ⅰ．跨…　Ⅱ．任…　Ⅲ．跨国公司-经营管理-高等学校-教材
Ⅳ．F276.7

中国版本图书馆CIP数据核字（2022）第018284号

东北财经大学出版社出版
（大连市黑石礁尖山街217号　邮政编码　116025）
网　　址：http://www.dufep.cn
读者信箱：dufep@dufe.edu.cn
大连永盛印业有限公司印刷　东北财经大学出版社发行
幅面尺寸：185mm×260mm　　字数：310千字　　印张：15.5
2022年2月第4版　　　　　　2024年2月第3次印刷
责任编辑：蔡　丽　　　　　　责任校对：蓝　海
封面设计：冀贵收　　　　　　版式设计：冀贵收
定价：44.00元

教学支持　售后服务　联系电话：（0411）84710309
版权所有　侵权必究　举报电话：（0411）84710523
如有印装质量问题，请联系营销部：（0411）84710711

4th Edition Preface

第四版前言

　　自第二次世界大战之后，跨国公司得到迅速发展，它们通过对外直接投资，在全球建立了众多的分支机构，形成了比较完善的生产经营网络，影响着母国、东道国和世界经济的发展。从某种程度来讲，跨国公司的发展将全球各层次的经济体，包括发达经济体、发展中经济体、转型经济体以及弱小的经济体联结成一个整体，使它们彼此不再独立，而是相互影响、相互作用。正如党的二十大报告所言："构建人类命运共同体是世界各国人民前途所在。"跨国公司的活动和影响越来越受到各界的关注。

　　本教材重点介绍了跨国公司微观和宏观两个方面经营与管理的相关经验。其具体特点是：

　　（1）思政引领，融入党的二十大精神。党的二十大报告指出："用社会主义核心价值观铸魂育人，完善思想政治工作体系，推进大中小学思想政治教育一体化建设。坚持依法治国和以德治国相结合，把社会主义核心价值观融入法治建设、融入社会发展、融入日常生活。"本教材在部分章通过"学思践悟"小栏目的形式，结合党的二十大报告内容，引导学生深入社会实践，关注现实问题，使他们既灵活地应用专业知识，又遵纪守法，经世济民，坚定中国特色社会主义道路自信、理论自信、制度自信、文化自信，努力践行习近平新时代中国特色社会主义思想进教材、进课堂、进头脑，达到价值塑造、知识传授、能力培养三位一体的育德树人之效。

　　（2）理论联系实际。每章理论介绍之后，大多安排了国内外跨国公司在国际化经营中成功与失败的具体案例分析。

　　（3）穿插使用统计数据。在书中，我们结合使用了历史数据和最新的统计数据，便于读者从历史和现实两个角度来了解相关内容。

　　（4）适用范围较广。本教材既有理论知识的介绍，也有案例分析，同时适合理论工作者和实务工作者使用。

（5）难度适中。本教材着眼于基本概念、基本理论，以及对实际问题的解释，难度适宜，适合高等院校经济、管理类专业本科高年级学生以及低年级研究生使用。

本教材第一版由天津商业大学经济学院任永菊主编，由天津商业大学、天津科技大学和天津外国语大学的教师联合编写，共计十章，具体分工如下：前言，第三、五、六、七、九、十章由任永菊完成；第一、二章由鲁学博和任永菊共同完成；第四章由华欣完成；第八章由朱丽和任永菊共同完成。赵艳辉、吴慧伦、杨达莉、成夏愉、张兵、信海燕对本教材的写作提供了帮助。本教材的第二、三、四版修订工作是由任永菊完成的，更新了大量资料和数据。本教材第四版增加了第九章"跨国公司的国际融资"；个别章以二维码的形式提供了"拓展阅读"资料；增加了"学思践悟"栏目，融入党的二十大精神。

在本教材的编写和修订过程中，编者参考了众多国内外优秀教材和相关资料，但由于不具备广泛且深入地查询馆藏资料的条件，以及电子数据资源的覆盖范围有限，可能在脚注和"主要参考文献"中没有列全资料来源，或者所列的不是最早来源的作者的作品，请相关作者谅解，接受编者的歉意；若相关作者与编者联系，编者愿意为引用您的原创作品提供相应的报酬。在此，编者向所有的相关作者表示衷心的感谢。此外，本教材得到南开大学跨国公司研究中心原副主任张岩贵教授的大力支持，也深表谢意。当然，文责自负。

编 者

2021 年 12 月

（2023 年 6 月更新）

Preface

Contents
目 录

目　录

Contents

目 录

Contents

目 录

Contents

第十章
发展中经济体的跨国公司 | 182

第十一章
中国的跨国公司及其投资经营 | 201

Contents

第一章
跨国公司概述

学习目标

学思践悟
关键术语
复习思考题

学习目标

◆重点掌握跨国公司的定义、特征；掌握跨国公司的分类、衡量指标；了解跨国公司的形成与发展。

第一节 跨国公司的含义

第二次世界大战之后，世界范围内涌现了一批从事跨国生产经营活动的企业实体（business entity），人们称之为国际公司（international corporation）、国际企业（international business）、多国企业（multinational enterprise）、全球企业（global enterprise）和宇宙公司（cosmo-corporation）。直到1974年，联合国经济与社会理事会才开会作出决定，采用"跨国公司"这一名称。自此，"跨国公司"成为联合国关于从事国际生产经营企业的统一名称。

1984年，联合国在《跨国公司行为守则草案》中对跨国公司作出了界定：包括两个或两个以上国家实体的国有、私有或混合所有制企业，不论这些实体的法律形式和活动领域如何，它们都在一个多决策中心体系下运营。在此决策体系下，各实体通过所有权或其他方式彼此紧密联系在一起，其中一个或多个实体得以对其他实体的活动产生重要影响，特别是与其他实体分享知识、资源和承担责任等。

根据上述定义，一个企业成为跨国公司需要具备如下条件：

①必须包括在两个或两个以上国家经营的企业实体，不论这些实体的法律形式和活动领域如何；

②在一个决策体系下运行，具有相互协调的政策和共同战略；

③各实体通过所有权或其他方式结合在一起，并分享知识、资源和承担责任。

可见，该定义强调的是企业内部管理、战略实施的统一，但同时突出了与外部建立联系时的控制问题。应该说，联合国的上述综合性定义确实比较合理地把有关的因素都包括进去了，既点明了跨国性及在跨国经营下的独有经营和管理特征，又强调了控制力，特别是涉足的行业的广泛性，这也是该定义目前仍被人们普遍接受的原因所在。

除联合国的定义之外，国内外许多学者和机构还从不同角度对跨国公司进行了界定，这里不一一列出。

第二节 跨国公司的类型

一、按跨国经营项目分类

1.经营资源型跨国公司

经营资源型跨国公司的生产经营活动主要涉及种植业和矿产、石油采掘业等自然资源型的行业。寻求自然资源是进行对外直接投资（FDI）和跨国公司参与其他形式上游（勘探和采掘）活动的主要动机。跨国公司寻求资源有的是为了满足其下游冶炼或制造活动的自身需要，有的是为了直接在东道国、母国或国际市场上销售矿产品，还有的是为了保障母国对能源或其他矿物质的战略需要（出于该国政府拟定的战略需要）。

跨国公司涉足采掘业的历史盛衰交错。20世纪初，采掘业在各国对外直接投资中所占份额最大，这反映出殖民强国的公司进行国际扩张。第二次世界大战后，随着越来越多的前殖民地获得独立和石油输出组织创建，这种类型的跨国公司的支配地位衰落了，采掘业在全球对外直接投资中的份额也随之下降。从20世纪70年代中期开始，石油、天然气和金属采矿业在全球对外直接投资中的份额不断下跌，其他部门的增长速度很快。然而，由于矿产品价格上升，近些年来采矿业在全球对外直接投资中的份额有所增长，尽管仍远远低于服务业和制造业。

世界上一些较大的跨国公司都活跃于采掘业，近些年来在资源采掘方面新出现了一些跨国公司，发展中经济体和转型经济体也不逊色。跨国公司在采掘业进行投资的驱动力的决定因素因经营活动和公司不同而有所不同。例如，亚洲国家跨国公司向海外扩张的一个主要驱动力是满足战略需要。

2.加工制造型跨国公司

加工制造型跨国公司的生产经营活动主要涉及机械、运输设备和电器产品等加工制造行业。20世纪50年代后，跨国公司大多转向了制造业和服务业。

3.服务提供型跨国公司

服务提供型跨国公司的生产经营活动主要涉及技术、信息、贸易、广告、咨询、金融和交通运输等行业。目前，这一类型的跨国公司在日益增多。

二、按跨国经营结构分类[①]

1.横向型跨国公司

这类跨国公司的母公司和子公司所从事的生产经营活动属于同一行业领域，内部很少有专业分工，但在公司内部转移技术、商标和专利等。服务提供型跨国公司往往属于这种类型。世界上著名的横向型跨国公司有可口可乐公司、百事公司、百

① [1] 张素芳. 跨国公司与跨国经营 [M]. 北京：经济管理出版社，2009：6-7. [2] 克拉克. 工业经济学 [M]. 原毅军，译. 北京：经济管理出版社，1990：195. [3] 原毅. 跨国公司管理 [M]. 大连：大连理工大学出版社，1999：11-12.

胜餐饮集团、雀巢公司等。

2.纵向型跨国公司

这类跨国公司的母公司和子公司各自生产经营不同的产品和服务，但其产品和服务具有关联性。母公司和子公司之间实行纵向一体化专业分工。纵向一体化有两种含义：

一是指组织结构的现存状态，即单个经营单位向某种产品的生产和经销各阶段的延伸程度。

二是指行为或行动，即企业通过纵向兼并或新建设施进入另一生产或经销阶段的行动，如石油的勘探、开采、提炼和加工，又如电子产品零部件的装配、测试、包装和运输等。

3.混合型跨国公司

这类跨国公司的母公司和子公司所生产经营的产品和业务无关联性。混合型跨国公司是企业在世界范围内实行多样化经营的结果。这类跨国公司的特点是可以分散经营风险，增强公司规模扩大的潜力。日本三菱重工便属于这一类型的跨国公司，涵盖核能部门，能源部门，机械部门，物流、热能和驱动部门，综合防御和空间部门，民用航空部门等多个不同部门。①

三、按跨国经营范围分类

1.工业型跨国公司

跨国公司形成的基础是对外直接投资，工业型跨国公司就是通过在国外工业领域中投资而形成的跨国经营企业。

2.综合商社型跨国公司

综合商社是一个以贸易为主，多种经营，集贸易、金融、工业、交通运输、保险业务于一体的企业集团。它集商业资本、金融资本和产业资本于一身，具有交易职能、金融职能和情报职能。最早的综合商社产生于日本，是日本独特的政治、经济和文化的历史发展产物。

第三节　跨国公司的特征

跨国公司作为从事国际化生产的企业组织，要对产品的生产、营销、融资及资金投放等各种经济活动进行国际化的安排。西方企业跨国化的过程也就是垄断资本统治国际化的过程，标志着剩余价值的生产和实现已经国际化了，反映了现代资本主义积累规律在世界范围内的作用大大加强。发展中经济体的跨国公司体现了民族资本主义的生产关系，是民族资本发展外向型经济的必然结果，标志着民族资本已经壮大，进入了比较成熟的阶段。我国的跨国公司还处在初步发展时

---

① MITSUBISHI. Outline of MITSUBISHI Heavy Industries Group〔EB/OL〕.〔2021-12-25〕. https://www.mhi.com/company/aboutmhi/outline/catalogue.html.

期，是我国大企业沿着国际化、集团化道路发展的结果，内部关系在不同程度上体现着公有制的性质，但在国际环境中必须按照资本主义的市场规则经营，因此其企业行为体现了国家资本主义的性质。尽管有上述各种不同生产关系的体系，但作为一种现代化的国际企业组织形式，在经营活动方面，跨国公司大体上仍具有共同的特征。

一、全球化战略目标

所谓全球化（globalization）战略，就是在世界范围内有效配置公司的一揽子资源，将公司的生产要素优势与国外的政治、关税、非关税壁垒和生产要素优势等投资环境的差异条件联系起来考虑，优势互补，使有限的生产要素发挥最大的效用，使公司的整体利益达到最大化。跨国公司的战略以整个世界市场为目标，总公司对整个公司的投资计划、生产安排、价格体系、市场分布、利润分配、研制方向以及重大的决策实行高度集中、统一的管理。跨国公司在作出经营决策时，所考虑的不是一时一地的局部得失，而是整个公司在全球的最大利益。跨国公司在评价子公司或分公司的业绩时，主要考虑其对总公司的贡献程度，而不一定是其自身盈利金额；关心的不仅是公司目前的经营状况，而且更关注公司未来的发展。也就是说，它所追求的是公司长期的、整体的利益。例如，跨国公司使用"交叉补贴"，即以甲产品或地区的盈利补贴乙产品或地区的亏损，以达到整体利益最大化。[①]

跨国公司在实现全球化战略目标的过程中，必定要有资源（产品、服务、资本和技术等）跨越国界的转移，因此，跨国公司在指导各个业务环节、协调国外分支机构的经济活动中，要有"全球思维"（global thinking）和"全球心态"（global habit of mind）。

二、一体化的生产经营体系

跨国公司实现其全球战略的关键在于实施"公司内部一体化"。这一原则要求实行高度集中的管理体制，即以母公司为中心，把遍布世界各地的分支机构和子公司统一为一个整体，把投资、科研、生产、销售和服务等经营活动进行一体化部署，以达到管理成本更低、管理效率更高的目的。其中，跨国公司的生产经营体系实际上是企业内部分工在世界范围内的再现，母公司与国外的附属公司之间以及各附属公司之间的交易正是上述分工的表现形式。通过这种内部交易，跨国公司才能作为一个国际化生产体系正常运转，因为跨国公司的经营不仅要涉及国内经营中必须要面临的环境因素，更为重要的是它必须面临东道国环境因素的差异和国际环境因素的变化。特别在外部市场不完善的条件下，跨国公司更会鼓励其各分支机构之间的内部贸易。从商品贸易来看，由于内部交易成本低于外部交易成本，同时为了避税，跨国公司内部交易占国际贸易的比重越来越高。从技术转移来看，跨国公司转移到国外的技术主要流向其拥有多数或全部股权的国外子公司。借助内部贸易，

① 王林生. 跨国经营理论与实务 [M]. 北京：对外经济贸易大学出版社，1994：45-48.

特别是良好的内部经营信息平台，跨国公司能够及时、准确地了解其在全球范围内的生产经营动向，加强全球化经营的计划性、预见性，同时有利于跨国公司对其全球生产经营体系的有效控制。

三、国际化的经营业务

跨国公司运用其掌控的巨额资本实行国际化经营业务。资本的本性就是扩张，它要冲破在其扩张道路上的一切地理的、民族的障碍，进行漫无止境的对外渗透。跨国公司对外扩张有两条途径：一是商品出口；二是海外投资和海外生产。

为了扩大商品输出，跨国公司在国外建立销售公司，这种销售公司是最简单的所有权式投资，其作用有三：

①推销母公司和母国的产品；

②了解当地市场行情，收集所在国的经济和商业情报；

③扩大公司的影响，作为进一步向外投资的跳板。

这种销售公司的规模主要取决于母公司的规模、产品的类型、公司本身所处的发展阶段以及当地市场的消费需求。

随着竞争的加剧，以向外输出商品为主的做法已经满足不了争夺世界市场的需要，跨国公司已越来越多地利用对外直接投资建立工业企业，以代替直接的商品输出。海外直接生产与跨国公司从母国出口相比较，更满足跨国公司全球战略的需要和最大限度地扩大盈利的需要。跨国公司是当今全球经贸活动的主体，也是经济全球化趋势的主要推动者。跨国公司的产品在一个国家设计，产品的零部件在其他一些国家生产，然后运到另一个国家组装。这时的产品是真正意义上的国际产品，其采用最先进的技术设计，利用最廉价的劳动力和原材料，由最熟练的工人生产最好的产品。

四、多样化的经营活动

企业的多样化（diversification）经营活动分为三种类型：

一是产品扩展多样化，是指企业的业务扩展到与现有产品生产或需求有一定程度联系的产品领域；

二是地域市场扩展多样化，是指将一处产品的销售扩展到不同地理区域的市场中；

三是混合多样化，是指企业的业务扩展到与现有产品的生产和需求不相关的产品领域。

从市场营销学的角度说，为了适应不同层次、类型的市场需求，同一产品还需要进行"差异化"（differentiation），如不同的档次、款式等，这也就是将市场"细分化"。还需注意另一种趋势的存在，那就是许多国家消费的同步化。发达经济体的经济水平较接近，人均居民收入差别不大，生活方式相似，故一种新产品在甲国市场推出后，会很快引致乙国、丙国的消费者购买，这就是所谓"示范效应"

（Demonstration Effect）。同步化与差异化、多样化并不矛盾，而是相辅相成的，这也充分反映在跨国公司的经营活动中。例如，可口可乐、麦当劳、雀巢、宝洁等都采取了"全球产品-地方口味"（global product and local tastes）的营销战略。它们首先要使自己的产品具有"全球性"的形象，成为"世界产品"，故使用统一的商标及广告中某些统一的标志和形象，在这个前提下，推出系列化产品，实现多样化、差异化，以适应不同国家、不同类型消费者的需要。即使同一规格的产品，为了迎合当地口味，也可作某些调整。例如，肯德基公司为了适应日本人的口味，在菜单中取消了土豆泥，对凉拌卷心菜少放糖。

这种多样化的经验是根据生产、销售过程的内在需要，将有关联的生产联系起来，进而向其他行业渗透，形成生产多种产品的综合体系。这种经营方式的好处是：

①增强跨国公司总的经济潜力，防止过剩资本的形成，确保公司顺利发展，有利于全球战略目标的实现；

②有利于资金合理流动和分配，提高生产要素和副产品的利用率；

③便于分散风险，稳定企业经济效益；

④可以充分利用生产余力，延长产品生命周期，增加利润；

⑤能够节省共同费用，增强企业的机动性。

五、杠杆化的资本控制

跨国公司借助"参与制"，以少量自有资本（采用对外直接投资的方式）控制他人的巨额资本，即杠杆化经营。从如今的跨国公司所支配的外部资本和外部利润来看，为控制一家公司所需要占有的股份已经降到10%~25%。美国商务部研究报告证实，美国跨国公司国外分支机构的资产相当于其对外直接投资累计总额的5~6倍。跨国公司利用自己手中的金融资本，控制他人的巨额资本，把触角伸向世界市场的任何一个角落。

跨国公司作为控股公司，控制海外子公司，并以这种方式建立控制的金字塔。为了对别的公司实行控制，就要有不是很多的股票控制额，这样，该资本就能够对超过自己许多倍的资本实行控制。公司完全不把少量股票持有者看作有权插手公司事务的业主，而是把他们看作有权得到一部分公司收入的人。甚至持有大宗股票的人，通常不仅不关心他们所持有股票公司的业务，而且往往不知道它们究竟是些什么样的公司。这是股权分散过程的一种表现。占有股票可以和行使控制权联系在一起，但也不是必然的，因为控制权不是占有股票的结果，而是完成所有权职能的结果。大公司股权广为分散妨碍了股票持有者真正行使自己的权利，因为大量的股票持有者实际上既不能任免公司的经营者，也不能对经营者实行控制。在较大的公司中，股票持有者的人数高达10万，而在美国电话电报（AT&T）公司中超过100万。绝大部分的股票持有者拥有的股份很少，他们实际上对公司生产资料所有权的支配和对这些生产资料生产出来的产品的支配，都丝毫没有影响。他们购买股票的目的与在银行和其他信贷机构储蓄的目的相似。

第四节 跨国公司的衡量指标

从概念中可以看出，跨国公司具有国际化经营的本质特征。如何衡量跨国公司国际化经营的程度一直是学术界关注的重要问题之一，最常使用的是以下几个指标。

一、跨国指数

跨国指数（transnationality index，TNI）是根据一家企业的国外资产比重、国外销售比重和国外员工比重这几个参数所计算的算术平均值。

$$跨国指数 = \left(\frac{国外资产额}{资产总额} + \frac{国外销售额}{销售总额} + \frac{国外员工数}{员工总数} \right) \div 3 \times 100\%$$

跨国指数反映的是跨国公司的国外经营规模与国内经营规模的相对大小，其中，国外资产比重、国外销售比重和国外员工比重共同构成该指数的三个要素。[①]该指数的影响因素包括：

1.母国国内市场容量

对于国内市场较小的企业来讲，母国市场无法满足企业发展所需要的市场规模和竞争条件，企业必将其中一部分生产经营活动转移到国外；母国市场较大的，该国企业则不如母国市场较小国家的企业那么急迫。

2.产品生命周期

处于产品生命周期不同阶段的产品生产和销售存在差异，以致处于不同阶段的跨国指数有所不同。在产品生命周期第三阶段，技术已经成熟，生产已经标准化，跨国公司开始将产品生产和销售转移至母国之外的其他国家。

3.政治环境

这主要取决于母国政府和东道国政府双方对跨国公司对外直接投资的态度，态度不同，采取的政策亦不同。如果母国采取限制政策，跨国公司的跨国指数自然就低；相反，如果母国采取鼓励政策，跨国公司的跨国指数自然就高。

4.国内外生产要素的相对价格

当国内生产要素的价格较国外高时，跨国公司的生产经营活动便会向国外转移，这是对外直接投资产生的一个直接原因。

二、网络分布指数

网络分布指数（network distribution index）是用以反映企业经营所涉及的东道国的数量。

网络分布指数=N/N*×100%

式中：N为企业国外分支机构所在的国家数；N*为公司有可能建立国外分支机构的国家数，即世界上有FDI输入的国家数，在实际运算中，从已接受FDI输入存量的

① 杨大楷. 国际投资学 [M]. 3版. 上海：上海财经大学出版社，2003：90.

国家数目中减去1（排除母国）即可得出 N*。

三、外向程度比率

外向程度比率（outward significance ratio，OSR）是用来反映一个行业或企业在国外与国内产量、资产、销售、员工数其中之一的相对比率。

$$\text{外向程度比率} = \frac{\text{一个行业或企业的海外产量（或资产额、销售额、员工数）}}{\text{该行业或企业在其母国的总产量（或资产总额、销售总额、员工总数）}} \times 100\%$$

四、研发费用的国内外比率

研发（R&D）费用的国内外比率是用来反映一个行业或企业投资于国外分支机构的研发费用占其国内外研发费用总额的相对比率。

$$\text{研发费用的国内外比率} = \frac{\text{一个行业或企业投资于国外分支机构的海外研发费用}}{\text{该行业或企业的国内外研发费用总额}} \times 100\%$$

以上指标反映了企业国际化经营的不同方面，其中前两项指标最常用，但它们不能完整和全面地说明企业国际化经营的"深度"，还需要其他指标的配合，如第4项指标就非常关键。研究表明，跨国公司规模与其经营的国际化程度呈现一定的负相关关系。

第五节 跨国公司的形成与发展

21世纪是全球企业跨国经营的鼎盛时期，一切高水平、高层次、大规模的贸易与投资活动均以跨国公司为主体进行。跨国公司作为企业国际化经营的产物，在世界经济的发展过程中已具有决定性的作用，其发展速度异常迅猛，因此有必要对跨国公司的形成与发展进行回顾、总结和展望。

一、早期的跨国公司

跨国公司不是普遍存在于任何社会之中的，而是以社会化大生产和市场经济为特征的社会的产物。跨国公司也不是突然出现的，而是在漫长、复杂的经济发展过程中逐渐形成的。新的企业组织——特权贸易公司的出现，意味着以往商人个人冒险事业的消亡和现代企业的诞生。

特权贸易公司是指在十七八世纪由英国皇室赐予特权，对海外殖民地贸易享有独占权利的公司。其中最有影响的特权贸易公司是英国东印度公司，其垄断了英国与中国及印度的贸易，并且对印度行使政府职能，有权组建军队和行使司法权，同时有税收权。除英国东印度公司外，当时著名的特权贸易公司还有英国的哈德逊湾公司、荷兰东印度公司等。这些公司以经营贸易和航运业为主，并逐步扩大到金融业。它们的活动范围由一国到另一国，由沿海伸向内地，并在所在地扶植亲信（在中国称之为买办，在君士坦丁堡称之为向导，在西非沿海地区称之为试用中间人）。

特权贸易公司不利于各国民族经济的发展，因此遭到各国反对。1856年英国正式颁布股份公司条例，随后大批股份公司纷纷出现，这标志着现代资本主义企业问世。[1]19世纪60年代，德国的拜耳（Bayer）化学公司在美国纽约州的奥尔班尼开设了一家制造苯胺的工厂；瑞典的阿弗列·诺贝尔公司在德国的汉堡开办了一家炸药厂；美国的胜家（Singer）缝纫机公司在英国的格拉斯哥建立了缝纫机装配厂。西方把这三家公司看成对外直接投资的先驱。[2]

19世纪末到20世纪初，许多企业纷纷开始跨国经营，进行海外投资，设立海外制造厂及销售机构。这些企业的市场范围和生产地已从国内延伸至国外，开始实行国内工厂与国外工厂同时生产和同时销售，成为世界上第一批以对外直接投资为主要特征的跨国公司。今天活跃在世界经济舞台的知名企业和巨型跨国公司，有一半以上在那个时期就已经成了跨国公司，如美国的埃克森美孚公司、福特汽车公司、通用电气（GE）公司、西屋电气公司等，欧洲的西门子公司、巴斯夫（BASF）公司、雀巢公司、飞利浦公司等。[3]

当时，跨国公司对外直接投资的流向主要是经济落后的经济体。例如，在1914年的对外直接投资累计总额中，投向发展中经济体的占62.8%，[4]其中，英国和欧洲其他国家主要投向各自的殖民地和附属国。当时，对外直接投资主要投向铁路、公用事业、矿山、石油业和农业，这一时期制造业所占比重还较低。[5]

二、两次世界大战期间的跨国公司

第一次世界大战的爆发使许多企业跨国经营进程处于停滞状态，大企业因战争几乎停止了对外投资。第一次世界大战后至第二次世界大战爆发，受各国医治战争创伤及第一次世界大战后1920—1921年、1929—1933年和1937—1938年的3次世界性经济危机等因素的影响，世界金融秩序混乱，对外投资额徘徊不前，增长缓慢。从整体来看，全球对外投资总额增幅不大，对外间接投资额停滞不前，但对外直接投资绝对额增加了两倍，而且在对外投资总额中所占比重有较大提高。比如1913年，美国对外直接投资额仅为35亿美元，居于英国、法国和德国之后；1938年，美国对外直接投资额上升为120亿美元，居世界第二位，仅次于英国（见表1-1）。同时，对外直接投资的范围扩大，对制造业投资比重有较大提高，尤其是美国的变化更为明显。美国1914年对外直接投资以矿业居首位，1940年以制造业为首位。

随着各国企业实力的增强，一些实力接近的部门，如铝制品、电气设备、化学和重型机械等，纷纷建立国际卡特尔，以维护相互的利益。其内容也从单纯限制产量和价格发展到分割世界市场和投资场所等方面。在各国企业发展不平衡的工业部门，国

① 本部分及前两段来自：林康. 跨国公司经营与管理 [M]. 北京：对外贸易教育出版社，1988：35-37.
② 叶刚. 遍及全球的跨国公司 [M]. 上海：复旦大学出版社，1989：18.
③ 徐康宁，陈万华. 跨国公司与中国企业跨国经营 [M]. 南京：东南大学出版社，1995：6-7.
④ 滕维藻，陈荫枋. 跨国公司概论 [M]. 北京：人民出版社，1991：38.（转引自：DUNNING J H. Changes in the level and structure of international production [M] //CASSON M. The growth of international business. London: Allen and Unwin，1983：94.）
⑤ 冼国明. 跨国公司与当代国际分工——对企业内部国际分工的剖析 [M]. 天津：南开大学出版社，1994：55-58.

表1-1　　　　　　主要资本主义国家两次世界大战期间的对外直接投资额　　　　单位：亿美元

国　　别	1913年	1938年
英国	180	230
法国	90	40
德国	58	10
美国	35	120
其他国家合计	77	130
总计	440	530

资料来源　伊诺泽姆采夫，等. 现代垄断资本主义政治经济学（下册）[M]. 杨庆发、王金存，马景增，等译校. 上海：上海译文出版社，1978：102.

际卡特尔则很少出现。如在汽车工业方面，通用和福特拥有很强的技术和市场销售方面的优势，迅速扩大了在欧洲的对外直接投资额。[1]事实上，国际卡特尔是各国垄断资本集团的国际联合，目的是瓜分世界市场，垄断市场价格，避免在势均力敌、互不相让的情况下，造成两败俱伤的局面，实行暂时的妥协而形成列宁称之为超级垄断的组织。与国际卡特尔不同，跨国公司是一个或多个国家的企业从事国际生产，形成跨国企业的网状组织。[2]

三、第二次世界大战后到20世纪70年代的跨国公司[3]

第二次世界大战以后，跨国公司经历了空前发展的时期。这一时期，由于第三次科技革命的发生和国际分工的进一步深化，跨国公司的发展呈现出一些新的特点。

（一）跨国公司数量增多，规模不断扩大

据联合国跨国公司中心的资料，主要发达经济体的跨国公司1969年有7 276家，到1978年已达到10 727家。自20世纪60年代开始，发达经济体跨国公司子公司的数量快速增长，从1969年的2.73万家增加到1980年的9.8万家。1972年，年销售额10亿美元以上的制造业（含石油业）跨国公司有211家，1976年此种规模的工矿业跨国公司已达422家。同时，在一些资本密集型和技术密集型的工业中，整个世界的生产集中在几家或十几家巨型跨国公司手中。例如，1980年农机工业世界销售总额的80%以上集中在11家跨国公司手中；在10家最大的计算机跨国公司总销售额中，IBM一家就占了将近一半。随着跨国公司的发展，其在一些工业部门中不仅控制了国内市场，而且控制了相当份额的国际市场。

（二）对外直接投资迅速发展并主要集中于少数几个发达经济体

自20世纪60年代以来，全球对外直接投资的增长速度超过了同期世界生产总值和世界贸易的增长速度。例如，1960—1973年，世界生产总值年均增长率为5.5%，世界贸易年均增长率为8%左右，而同期世界对外直接投资年均增长率高达15.1%。1974—1980年，世界生产总值和世界贸易的增长率分别为3.6%和4.0%，

---

① 罗进. 跨国公司在华战略 [M]. 上海：复旦大学出版社，2001：8-9.
② 滕维藻、陈荫枋. 跨国公司概论 [M]. 北京：人民出版社，1991：26.
③ [1] 罗进. 跨国公司在华战略 [M]. 上海：复旦大学出版社，2001：10-12. [2] 滕维藻、陈荫枋. 跨国公司概论 [M]. 北京：人民出版社，1991：34-40.

而同期对外直接投资年均增速高达18.9%。

从投资来源国看，第二次世界大战后，美国取代英国成为世界上最大的对外直接投资国。1960年，在全球的对外直接投资总额中，美国占71.1%，英国占17.1%；1970年，美国占62.9%，英国占10.9%。20世纪70年代后，联邦德国、日本的对外直接投资的比重也分别由1960年的1.2%和0.8%上升至1981年的8.6%和7.0%。

（三）跨国投资的流向逐步由发展中经济体转向发达经济体

据联合国秘书处《国际组织年鉴》，20世纪60年代中期到末期，跨国公司投资额的78%被投向发达经济体；70年代中期到末期，这一比例更高达87%。

发达经济体相互间对外直接投资较战前显著增加的原因在于：

①发达经济体经济发展水平较高，接受投资容量大；

②消费习惯、市场结构比较接近，容易组织国际生产；

③各国产业结构不同，技术优势各异，可以相互取长补短；

④政治稳定，对对方的法律规范熟悉；

⑤语言障碍少，技术、管理人才可以就地招聘；

⑥交通、通信等基础设施较为完善；

⑦寡占市场的反应等。

发达经济体跨国公司对发展中经济体的对外直接投资大都集中在工业化进程快、人均国民收入高、市场容量较大的新兴工业化经济体，如亚洲的韩国、新加坡、中国台湾和中国香港，拉美的阿根廷、秘鲁、巴西、墨西哥等。

（四）跨国投资的行业分布从第二次世界大战前的初级产品生产转向制造业和服务业

以美国为例，其国外的制造业投资比重1945年为31.9%，到1970年和1980年分别提高到41.3%和51.7%；对矿业和石油业的投资比重则从1950年的38.3%下降至1975年的26%。第二次世界大战后各国对包括金融、饭店、电信、交通运输、信息加工和咨询在内的服务业投资比重在20世纪70年代为29%左右，到1990年升至47%。另据美国《经济影响》资料，1980年美国服务业的国外收入达到600亿美元，相当于当年出口贸易额的1/3左右。

（五）发展中经济体新兴的跨国公司

据联合国跨国公司中心资料，1970—1972年，发展中经济体年均对外投资额为4 300万美元，但在1978—1980年已增加到6.82亿美元。截至20世纪80年代末，有41个发展中经济体的企业在海外从事生产经营和资源开发活动。20世纪80年代初，发展经济体对外投资总额已达200亿美元左右，占全球对外投资总额的3.2%，其在国外的子公司和分支机构已猛增到6 000～8 000家。

发展中经济体的跨国公司在性质上和具体业务做法上与发达经济体的跨国公司不同，其特点是：

1.强调企业所有权控制

跨国公司一般采用与当地企业合资经营的方式，在海外的子公司有90%是合资企业，因此深受当地企业和政府的欢迎。

2.强调地区性

跨国公司的子公司大多数分布在邻近的一些国家和地区。以东亚为基地的跨国公司，其海外子公司87%设在亚洲地区；以拉丁美洲为基地的跨国公司，其子公司75%设在本地区。同时，它们的对外直接投资多数是"顺流而下"的运动，也就是投向生产水平比自己低的国家和地区。

3.强调适应性

发展中经济体进行对外直接投资，积极开发和转让"适用技术"，即适合发展中经济体当地技术、经济、社会条件的各种应用性技术。这种"适用技术"的好处是：①最大限度满足当地市场的需要；②节省能源、资源，减少污染；③提供更多就业机会；④提高工业化水平，缩小发展差距。

4.强调小型、灵活、多功能的技术设备

与发达经济体跨国公司采用大规模、专门化、标准化的技术设备不同，发展中经济体的跨国公司多采用相对小型、灵活、多功能，即小规模的技术设备，一机多用或主机和附件灵活转换，以投入较少的技术设备生产较多的产品品种，适应当地市场需要。投入的项目资金少、周转快、收益大，有利于发展中经济体的经济发展。

总之，发展中经济体"新兴"的跨国公司的崛起，将对民族经济的发展、发展中经济体与发达经济体间经济贸易的发展以及世界经济贸易新格局的形成日益产生重大的影响。新兴跨国公司的形成和发展，有利于合理利用各国资源，发挥各国的优势，共同提高经济效益；有利于促进各自经济独立和自力更生，加强发展中经济体的经济合作；有利于发展中经济体和发达经济体的经济合作，提高和发达经济体谈判的地位；有利于推动发展中经济体对外贸易的发展，改变少数发达经济体垄断世界经济贸易的不平衡状况。

四、20世纪八九十年代跨国公司的发展[①]

（一）20世纪80年代跨国公司经营的转变

20世纪80年代以来，随着经济全球化趋势的加剧，国际市场竞争更加激烈，新贸易保护主义有所抬头，在此期间跨国公司经营呈现出与以往不同的特征。

1.对外直接投资规模继续扩大，发展中经济体对外直接投资增长迅速

20世纪80年代中期以来，全球跨国公司对外直接投资持续迅速增长。与此同时，西方国家的汇率、利率和股市频繁大幅波动，间接投资风险加大，在一定程度上助推了国际资本向直接投资方面转移。同时，发展中经济体的对外直接投资总额

---

①　[1]崔日明，徐春祥.跨国公司经营与管理［M］.2版.北京：机械工业出版社，2009：38-40.［2］徐康宁，陈万华.跨国公司与中国企业跨国经营［M］.南京：东南大学出版社，1995：17-18.［3］张纪康.跨国公司与直接投资［M］.上海：复旦大学出版社，2004：102，103，113.［4］邹昭晞.跨国公司战略管理［M］.北京：首都经济贸易大学出版社，2004：26-27.

虽然所占比重不大，但增长速度很快，成为全球对外直接投资中的新生力量。

2.建立全球战略，实施战略联盟

20世纪80年代中期以后，区域经济一体化发展迅速，跨国公司的海外扩张遇到越来越多的挑战。这样迫使跨国公司调整经营战略，越来越多的跨国公司开始采取开放型的跨国联合经营战略。不同跨国公司之间的资金、技术、生产设备、销售、融资能力等方面相互渗透，形成一种国际经营联合体。该种联合体不同于一般的合资企业，其中的各家企业都采用同一目标，即共同开发、共同生产、共享市场。这样，跨国公司的全球经营战略又发展到了一个新的阶段，即不同国家的大型跨国公司彼此联合起来实施全球的战略联盟。

3.投资方式由新建企业转变成并购，经营范围更加广泛

20世纪80年代以来，由于科学技术的发展，新产品、新工艺不断涌现，新兴产业部门形成，需要各个部门之间进行新的调整。在此期间，不仅企业进行经营结构的调整，而且整个世界经济进入了产业结构大调整的时期。主要跨国公司的对外直接投资中用于新建企业的比重相对减少，而进行跨国并购的比重急剧上升。

随着跨国公司跨部门、跨行业的混合并购高潮的到来，生产和资本更加集中，跨国公司的经营范围变得愈加广泛，出现了越来越多的跨领域和跨行业经营的跨国公司。在这种公司内部，母公司和子公司制造不同产品，经营不同的行业，这些产品与行业之间可能既无联系，又互不关联。如美国通用汽车公司在汽车行业继续保持垄断地位的同时，控制了美国铁路基本生产总量的85%、柴油机引擎生产总量的75%、电冰箱生产总量的30%。

（二）20世纪90年代跨国公司的发展变化

20世纪90年代，美国等发达经济体开始了技术创新推动经济发展的阶段，经济发展进入从工业经济向知识经济转型的时期。这一时期，跨国公司的发展也表现出了一些新的特征。

1.投资方式多元化

过去，跨国公司一直以资金投入为主要方式在国外投资设厂、办分公司，或收购国内公司作为子公司。跨国公司的对外投资参与方式主要是股权参与和合作经营。到了20世纪90年代，由于各发达经济体的新贸易保护主义盛行，国际经济领域竞争日趋激烈，跨国公司以股权方式进行国际投资的成本和风险不断地增加，所以跨国公司的投资方式已从原来单一的股权式合资方式逐步向投资方式多样化转变。越来越多的跨国公司无须投入过多的资金，而是用技术、管理诀窍、生产工艺、配方等无形资产进行对外直接投资，创办合资、合营企业。

2.主要发达经济体仍是投资主体

1998年，发达经济体跨国公司对外直接投资总额达5 974亿美元，比1997年增长36%，占全球对外直接投资的比重由1997年的72%上升为1998年的86%，同期发达经济体吸收的对外直接投资达到4 664亿美元，比1997年增长68%，引进外资比重由 1997 年的 59% 上升为 1998 年的 72%，全球经济实力向发达经济体高度集中，南北经济差距日益扩大。在发达经济体中，美国、欧洲和日本又是重中之重，其相互投资和内部投资占发达经济体总资本输出的 90% 和资本输入的 93%。

3. 北美、欧盟、亚太三大经济圈内部投资加强

世界经济发展的一个显著特征是区域经济一体化加强，其中一体化程度最高的当属北美、欧盟、亚太三大经济圈；体现在对外直接投资上，就是一体化的区域内部国家之间的相互投资占了主导地位。

为了充分利用统一大市场的有利条件，欧盟各国加大了相互之间的投资，使其成为各国对外投资的重要组成部分；在北美自由贸易区内，美国和加拿大成为最大的贸易伙伴，加拿大对外投资的 2/3 流向了美国，而美国对外投资的 1/5 投向了加拿大；亚太地区（含日本）区域内部的相互投资增加迅速，特别是日本、中国和亚洲"四小龙"之间的相互投资占这些国家和地区投资总量的 50%。

五、21 世纪跨国公司的发展趋势

进入 21 世纪，世界经济形势风云变幻，特别是 2008 年的全球金融危机以及始于 2011 年夏季的国际金融动荡，之后经济回升，致使跨国公司发展呈现新趋势。

（一）跨国公司国际生产遇阻

跨国公司国际生产是指跨国公司海外子公司创造的增加值占跨国公司总增加值的比重。尽管全球金融危机期间，全球 FDI 流量急剧下降，但国际生产继续在拉动经济增长和发展方面发挥重要作用。FDI 流量总体上保持正增长，增加了外国分支机构网络积累的资本存量。[1] 2018 年，跨国公司外国子公司销售额和附加值分别为 32 030 亿美元和 82 540 亿美元，比上一年均有所增长。然而，新冠肺炎[2]疫情以后，跨国公司国际生产遇阻。2020 年，FDI 流入量和流出量分别只有 9 990 亿美元和 7 400 亿美元，比 2017—2019 年下降明显；外向型 FDI 回报率亦下降，仅为 4.9%（见表 1-2）。

（二）国有跨国公司私有化脚步放缓

国有跨国公司是指那些完全由政府拥有控股权（完全控股、多数股权或重要的少数股权）的母公司和外国子公司组成的企业，无论这些企业是否在股票市场上市（但不包括近些年来异军突起的主权财富基金的国际投资）。[3]控股权是指拥有 10%

---

① 联合国贸易和发展会议. 2021 年世界投资报告：投资于可持续复苏 [R]. 南开大学跨国公司研究中心，译. 日内瓦：联合国贸易和发展会议，2021.
② 2022 年 12 月 26 日，国家卫生健康委员会发布公告，将新型冠状病毒肺炎更名为新型冠状病毒感染。经国务院批准，自 2023 年 1 月 8 日起，解除对新型冠状病毒感染采取的《中华人民共和国传染病防治法》规定的甲类传染病预防、控制措施；新型冠状病毒感染不再纳入《中华人民共和国国境卫生检疫法》规定的检疫传染病管理。2023 年 5 月 5 日，世界卫生组织宣布，新冠肺炎疫情不再构成"国际关注的突发公共卫生事件"。
③ 依据法国国家统计和经济研究所的定义，国有企业是指这样的企业：政府通过拥有公司的多数资本或拥有公司公开发行股份的多数投票权，获得公司的财产或财务参与权，进而可以直接或间接地获得对公司的支配权。此定义强调了"控制权"，而不是"所有权"。依此定义，国有企业可被划分为四类：第一类是完全由政府拥有的非上市公司，即所谓公共设施企业。这些企业有特定的职能，因而难以进行多元化经营，如巴黎大众运输公司、法国国家铁路公司和法兰西银行等。第二类是完全由政府拥有的上市公司。在自由市场的法律框架内，这类公司可以进行多元化经营。若无法律明确禁止，法国政府的持股比例可以随时减少，甚至完全丧失股份，如法国邮政公司。第三类是法国政府持有 50% 以上股份的上市公司，政府能完全控制公司的管理，如法国电力（EDF）集团以及全国其他大型的机场和港口。第四类是法国政府直接或间接持有的股份低于 50% 的上市公司，如法国电信集团。

或以上投票权的股权或者政府是最大的单一股东；国有是指由国家政府或地方政府（如省、自治区、直辖市等政府）所有。

表1-2　　　部分年份FDI和国际生产部分指标（按当年价格计算）　　金额单位：十亿美元

项　目	1990年	2005—2007年（全球金融危机前均值）	2017年	2018年	2019年	2020年
FDI流入量	205	1 425	1 647	1 437	1 530	999
FDI流出量	244	1 464	1 606	871	1 220	740
内向FDI存量	2 196	14 607	33 162	32 784	36 377	41 354
外向FDI存量	2 255	15 316	32 851	31 219	34 351	39 247
内向FDI总收入	82	1 119	2 084	2 375	2 202	1 745
内向FDI回报率（%）	5.4	8.8	6.3	6.9	6.2	4.7
外向FDI总收入	128	1 230	2 101	2 330	2 205	1 802
外向FDI回报率（%）	7.6	9.5	6.4	6.8	6.3	4.9
跨境并购	98.0	729.2	694.0	815.7	507.4	475.0
外国子公司的销售	7 615	28 444	30 866	33 203	—	—
外国子公司的增加（产品）	1 588	6 783	8 244	8 254	—	—
外国子公司的总资产	7 305	70 643	114 441	110 220	—	—
外国子公司的员工人数（千人）	30 861	68 057	82 600	85 504	—	—
备注：						
GDP	23 627	52 546	74 664	85 893	87 345	84 538
固定资本形成总额	5 748	13 009	18 731	22 743	23 090	22 260
特许权使用费和许可费收入	31	179	321	427	410	394

资料来源　联合国贸易和发展会议. 2021年世界投资报告：投资于可持续复苏［R］. 南开大学跨国公司研究中心，译. 日内瓦：联合国贸易和发展会议，2021.

许多国家国有企业的国际化构成了对外直接投资的重要组成部分。自新冠肺炎疫情以来，各国政府采取了大量措施来支持商业部门。在某些情况下，救助计划包括收购陷入财务困境的公司股权，此做法有可能会增加国有企业的数量和存在（如图1-1所示）。除少数亚洲新兴经济体以外，所有的股权注入都发生在发达经济体，特别是欧洲。在新兴经济体，资本注入仅仅是针对已经存在的国有航空公司（如新加坡航空有限公司、国泰航空有限公司、中国东方航空集团有限公司和中国南方航空集团有限公司）。发达经济体采取了两种不同的方式。美国和新西兰的方案优先考虑股票担保贷款和可转换债券，而欧洲国家在一定的情况下选择购买股权。由于不确定性增强和市场需求下降，新冠肺炎疫情减缓了正在进行的私有化方案。例如，巴西和越南的方案遭遇了挫折。巴西在2018年启动了私有化计划，计划将国有企业的数量从134家减少到12家。2020年，巴西只完成了两项私有化：出售拉凯萨（La Caixa）保险公司位于拉凯萨联邦的子公司和巴西国家石油公司的两家子公司。2016—2020年，越南批准了174家国有企业的私有化。新冠肺炎疫情大大推迟了几家公司的计划，包括越南移动运营商MobiFone、越南农业银行Agribank、越南采购商Northern Food、越南煤炭矿业集团Vinacomin和越南国家化工集团Vietnam National Chemical Group。总之，2020年中小型跨国公司的数量比2019年增加了7%，达到约1 600家。除了参与新冠肺炎疫情相关救助方案的公司外，还有几家公司是因非疫情原因被收归国有。由于少数公共养老基金或主权财富基金的参与，约有2/3的新国有跨国公司被纳入其中。除少数来自非洲的公司外，其他公司都位于转型经济体（白俄罗斯和乌克兰等），通常是较小的公司，在邻国（如俄罗斯联邦）有一个附属机构。这些公司往往是高度一体化市场的传统产物，在国际资本市场上并不活跃。[①]

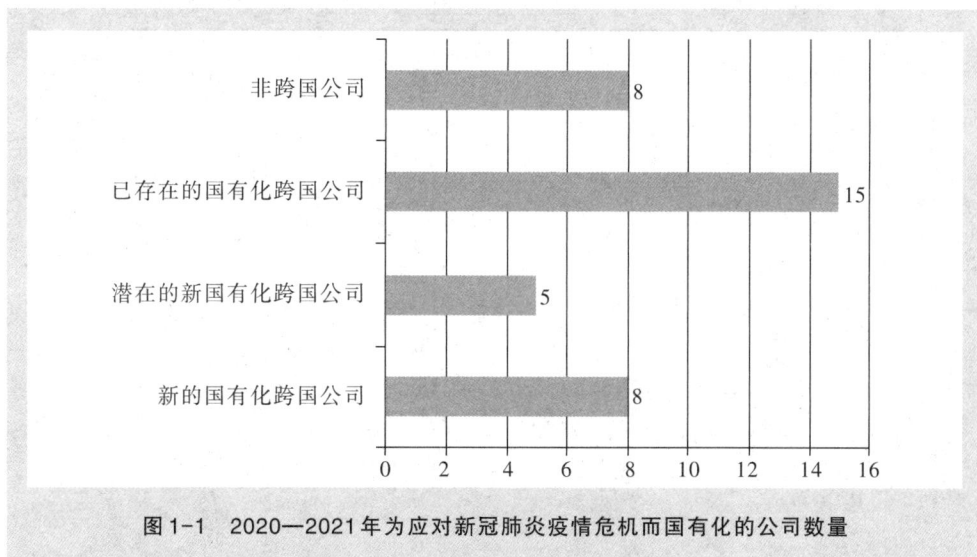

图1-1　2020—2021年为应对新冠肺炎疫情危机而国有化的公司数量

（三）最大跨国公司的国际化水平停滞不前

2020年，全球前100名跨国公司的国际化水平停滞不前，从表1-3中可见一斑。不同行业之间的国际化水平存在巨大差异。能源和重工业的跨国公司减少了其在海外的业务。其他行业的公司，包括制药公司和电信公司，其国际业务则有所扩展。轻工业、公用事业以及汽车和贸易公司，尽管销售额是下降的，但其国际生产

---

① 联合国贸易和发展会议. 2021年世界投资报告：投资于可持续复苏［R］. 南开大学跨国公司研究中心，译. 日内瓦：联合国贸易和发展会议，2021.

结构保持稳定。采掘业、重工业和建筑业跨国公司的海外销售额下降了15%以上。受2020年年初油价暴跌的影响，油气跨国公司销售额下降了30%，导致外国投资陷入停滞，甚至在一些情况下，还出现了重组和资产剥离，使得外资企业的规模缩小。例如，荷兰皇家壳牌集团①在2020年剥离了约15%的外国资产，挪威国家石油公司Equinor和英国石油公司剥离了约10%的外国资产。美国埃克森美孚公司有望在2021年从撤资中获得150亿美元（主要是海外资产），并在2025年达到250亿美元。加拿大管道公司TC能源公司和西班牙能源巨头雷普索尔（Repsole）公司等主要能源跨国公司减少了海外业务和产量，以至于跌出了前100名。②

表1-3 前100强非金融跨国公司的国际化统计：全球以及发展中经济体和转型经济体

变量	全球前100位非金融跨国公司					发展中经济体和转型经济体前100位非金融跨国公司		
	2018ᵃ	2019ᵃ	2018—2019年变化幅度（%）	2020ᵇ	2019—2020年变动幅度（%）	2018ᵃ	2019	2018—2019变化幅度（%）
资产额（十亿美元）								
国外	9 334	9 403	0.7	9 639	2.5	2 593	2 700	4.1
国内	6 711	7 869	17.3	8 286	5.3	5 691	6 021	5.8
共计	16 045	17 272	7.7	17 924	3.8	8 284	8 720	5.3
国外资产额占比（%）	58	54		54		31	31	
销售额（十亿美元）								
国外	5 937	5 843	-1.6	5 335	-8.7	2 614	2 476	-5.3
国内	3 899	4 491	15.2	4 158	-7.4	3 047	3 370	10.6
共计	9 836	10 333	5.1	9 493	-8.1	5 661	5 846	3.3
国外销售额占比（%）	60	57		56		46	42	
受雇员工数（1 000人）								
国外	9 544	9 339	-2.1	9 076	-2.8	4 931	4 532	-8.1
国内	8 571	10 431	21.7	10 495	0.6	8 231	9 238	12.2
共计	18 115	19 770	9.1	19 571	-1.0	13 162	13 770	4.6
国外受雇员工数占比（%）	53	47		46		37	33	
未加权平均跨国指数	64	61		61		49	48	
跨国指数的中位数	63	61		60		45	47	

注：数据是指在基准年4月1日至下一年3月31日之间报告的会计年度结果。来自发展中经济体和转型经济体的100家最大跨国公司2020年的完整数据尚未获得。a表示修改后的结果；b表示初步结果。

资料来源 联合国贸易和发展会议. 2021年世界投资报告：投资于可持续复苏［R］. 南开大学跨国公司研究中心，译. 日内瓦：联合国贸易和发展会议，2021.

① 2022年1月，荷兰皇家壳牌公司正式更名为壳牌公司。
② 联合国贸易和发展会议. 2021年世界投资报告：投资于可持续复苏［R］. 南开大学跨国公司研究中心，译. 日内瓦：联合国贸易和发展会议，2021.

（四）科技类跨国公司前景光明

加速的数字化技术使科技类跨国公司受益匪浅。对于硬件和IT公司来说，国际收入的增长（10%）并没有导致跨境收购的增加，正如2020年第二季度宣布的交易数量所预测的那样。[①]2020年下半年，对顶尖科技跨国公司活动和市场地位的监管审查加强，减缓了海外投资，如苹果（美国）等公司。相比之下，谷歌母公司Alphabet（美国）、腾讯（中国）和亚马逊（美国）等纯数字技术和快递服务公司的海外收入平均增长了2/3。在2020财年末，其海外资产的价值增长了近30%。2020年，亚马逊宣布了约120亿美元的绿地投资，来加强其物流和零售网络。作为电子商务和快递服务热潮的一支，德国邮政（Detusche Post）也大举投资海外资产，重新进入前100名。[②]

数字技术的使用可以影响跨国公司的供应链和国际生产：

①尽管至今还没有针对数字采用影响国际生产的统计数据，但是的确可以证明横跨不同产业的企业转变其国际经营方式、与客户及供应商之间互动以及管理其国际供应链的潜力。许多跨国公司集中于全球功能和后台管理运营，同时使用云计算分享跨国公司网络内的资源，促进分摊式管理的新形式，如人力资源管理。

②可以影响价值链的各个环节。在价值链上游，在入站流程（inbound process）与供应商互动方面，电子拍卖能产生多重效应。在内部生产流程中，更高的自动化驱动更高的资本密集度，并支持高熟练、高价值工作。在价值链下游，数字化给非中间化（disintermediation）提供更多机会，同时中间产品和最终产品的生产商不再受零售商和批发商的约束，但可以通过新渠道直接到达最终客户。跨国公司的合作关系会发生改变，即从传统的分销伙伴关系到新型服务伙伴关系以及非股权安排。因此，数字化跨国公司拥有光明的前景。[③]

拓展阅读1-1　数字与经济

学思践悟

外企在华发展机遇只多不少

中国欧盟商会发布一份调查称，《中华人民共和国国民经济和社会发展第十四个五年规划和2035年远景目标纲要》公布后，部分外资企业担心在中国的发展受到限制。这是对中国政策的误读。事实上，中国加快构建新发展格局，外资企业在

① 联合国贸易和发展会议. 2020年世界投资报告 [R]. 日内瓦：联合国贸易和发展会议, 2020.
② 联合国贸易和发展会议. 2021年世界投资报告：投资于可持续复苏 [R]. 南开大学跨国公司研究中心, 译. 日内瓦：联合国贸易和发展会议, 2021.
③ 联合国贸易和发展会议. 2017年世界投资报告 [R]. 日内瓦：联合国贸易和发展会议, 2017.

中国市场的参与度不仅不会降低，反而会迎来更多发展机遇。

多年来，外资企业对中国经济发展作出了重要贡献。如今，外资企业以占全国各类企业总数约2%的比重，创造了全国约2/5的对外贸易额、1/6的税收收入，直接或间接拉动了1/10的城镇就业。许多外资企业进入中国市场后，在满足中国消费者需求的同时，很好地发挥了带动效应和鲶鱼效应，对中国经济发展起到了显著的推动作用。

2021年10月，商务部印发的《"十四五"利用外资发展规划》强调，以更大力度推动高水平对外开放、更加有效吸引和利用外资，并提出了系列预期性量化指标，包括累计实际吸收外商直接投资7 000亿美元等，充分体现出中国政府对利用外资工作的重视和信心。

正确理解中国经济的变化，将成为把握好中国机遇的关键因素。

首先，随着消费市场规模不断扩大，中国市场的全球化特征将越来越明显。中国将通过扩大进口等方式，推动全球企业产品满足国内消费需求。因此，中国加快构建双循环发展格局激发内需潜力，并不意味着外商在中国市场的机会少了，而是意味着将有更多机会共享中国市场。

其次，"十四五"期间，中国开放的领域将越来越广，外商也将在许多新的领域获得发展机遇。根据相关政策，中国将在"十四五"期间持续推进制造业、服务业、农业扩大开放，逐步放宽外商投资股比限制；有序推进电信、互联网、教育、文化、医疗等领域相关业务开放，推动放宽外商投资法律、运输等行业业务范围、人员资质等要求；减少仓储和邮政业，信息传输、软件和信息技术服务业，租赁和商务服务业等领域准入许可事项。

最后，"十四五"期间，中国利用外资工作的一个重要方向是在保持引资总量基本稳定的前提下，持续优化利用外资结构，引导外资更多投向数字转型、节能环保、绿色服务等产业，参与新型基础设施建设。相关部门还多次表示，支持外资企业参与承担国家科技计划项目。从实际投资情况看，外资企业也正不断优化在中国的投资布局。商务部数据显示，前10个月，高技术产业实际使用外资同比增长23.7%，其中高技术服务业同比增长27.9%，高技术制造业同比增长10%。

当前国际形势下，部分外资企业对在华发展环境有担忧，是可以理解的。不过，对中国市场持乐观态度和坚定信心的外资企业是多数的、是常态，尤其是在新冠肺炎疫情之下。相信只要外资企业紧紧把握中国经济变化的趋势和特点，必定会获得更广阔的发展空间。中国坚定不移欢迎更多外资企业加入中国市场，参与中国经济，共享中国机遇。

资料来源　金观平. 外企在华发展机遇只多不少［N］. 经济日报，2021-11-28.

关键术语

跨国公司　衡量指标

复习思考题

1.联合国对跨国公司的定义是什么?

2.与纯粹国内公司相比,跨国公司的特征表现在哪些方面?

3.怎样衡量跨国公司的跨国程度?

4.跨国公司的发展趋势是什么?

5.简述跨国公司的形成与发展。

第二章
跨国公司的对外直接投资

学习目标

学思践悟
关键术语
复习思考题

学习目标

◆ 重点掌握跨国公司对外直接投资的定义、分类；掌握对外直接投资的动机、特征、资金来源；了解对外直接投资的动机、影响因素。

第一节 对外直接投资概述

跨国公司是通过对外直接投资发展起来的一种国际性企业实体。因此，对外直接投资是跨国公司管理的一项重要内容。

一、对外直接投资的定义

对外直接投资有多种不同定义，各国或地区在具体操作时也有所不同。

国际货币基金组织：对外直接投资是"一国投资者为获得持久利益而在其他国家进行的长期投资。对外直接投资者的目的是在国外企业的管理中施加显著影响"。

美国商务部："对外直接投资指某一个人在某一国家对位于另一国家的企业具有持续性的利益或某种程度的影响。"投资者应该在国外企业中最低拥有多少股份才能对其管理行使有效发言权？对这个问题，没有统一答案。美国商务部规定的股份或控股权是10%以上。对于多数国家来说，这个比例介于10%～25%。

英国学者约翰·邓宁（John H. Dunning）对上述定义中采用"影响"（influence）一词而不是"控制"一词作为判别对外直接投资的标准，提出了不同看法。他认为，有些跨国公司对其拥有100%所有权的海外独资企业的日常经营管理决策施加很少影响，而另一些跨国公司在海外企业中拥有少数股份，却具有很大影响。即使没有进行对外直接投资，一个企业也可以通过签订承包合同对与之合作的另一国企业施加影响。因此，他定义的对外直接投资是："一个企业在其母国以外进行的投资，这种投资包括资本、技术、管理技能、进入市场的优势以及企业家声誉。投资者对投资资金的动用有控制权。"

综上所述，对外直接投资（foreign direct investment，FDI）是指投资者为了在国外获得长期的投资效益并拥有对企业或公司的控制权和经营管理权而进行的在国外直接建立企业或公司的投资活动，其核心是投资者对国外投资企业的控制权。

二、对外直接投资的类型

对外直接投资的两种基本类型是绿地投资和跨国并购。

（一）绿地投资

绿地投资（greenfield investment）即创建新企业，是指跨国公司等投资主体在东道国境内依照东道国的法律法规设置的部分或全部资产的所有权归外国投资者所有的企业。其包括以下三种形式：

1.独资企业

独资企业是指外国投资者依照东道国法律法规，在东道国境内创立的全部资本为外国投资者所有的企业。外国投资者对该新建企业拥有全部控制权。这种方式可以使投资企业独享投资的权益，充分利用企业的内部优势，同时要求投资者拥有较全面的经营实力和承担更多的经营风险。投资权益来自对专利权、专有技术、特许权和企业管理等优势带来的收益；经营风险主要来自东道国的国家风险。独资企业分国外分公司、国外子公司和国外避税地公司。

2.合资企业

合资企业是指跨国公司与东道国企业按照当地法律法规在其境内共同投资、共同经营的企业。这种方式既可以集中国内外双方企业的经营优势，又可以分散投资风险，是目前最为普遍的投资方式。这里需要特别提出的是，如果没有东道国企业参与，只是两个或两个以上外国跨国公司共同投资创立的企业，那么东道国视它为外资企业，而不是合资企业。

合资企业即股权式合资企业（equity joint venture），是指由两个或两个以上国家的投资者依照东道国法律法规联合起来，由各投资者提供资金、设备、技术知识，共同经营的以营利为目的的企业。它拥有独立的法人，负有一切法律责任，主要采用合资经营的股份有限制。

3.合作经营企业

合作经营企业是一种合伙制企业，是指由跨国公司和东道国投资者依据东道国有关法律法规以各自的法人身份共同签订合作经营合同，在合同中明确规定合作各方的投资条件、经营方式、收益分配以及责任风险，投资各方的权利和义务完全依赖合同，而非股权。

合作经营企业与合资企业具有明显区别：

（1）组织管理模式不同

合作经营企业的组织结构松散，没有一个统一的组织管理机构，管理方式比较灵活；合资企业则具有统一的组织管理机构，管理方式通常实行的是董事会领导下的总经理负责制。

（2）责任风险不同

合作经营企业没有安排股权比例，各投资方的权利和义务完成依靠合同约束，合同完成即意味着合作关系终止；在合资企业中，各投资者有明确的股权比例安排，各投资方依股权比例享有权利，承担风险。

（3）纳税人不同

在合作经营企业中，各投资方依照所在国的不同税法分别纳税；合资企业则依照所在国的税法统一缴纳企业所得税。

（4）收益分配方式不同

在合作经营企业按合同规定进行收益分配，分配方式比较灵活；合资企业按注册资本中各投资方的出资比例分配企业利润。

（二）跨国并购

跨国并购（cross-border merger and acquisition）是指涉及两个以上国家或地区的企业间的合并和收购，包括外国企业与境内企业合并；收购境内企业的股权达10%以上，使境内企业的资产和经营的控制权转移到外国企业（UNCTAD，2000）。跨国并购是外国投资者通过一定的程序和渠道，购买东道国企业的股票并达到一定比例，从而拥有对该企业进行控制的股权。更多内容请参见第八章。

（三）其他类型

对外直接投资还可依据其他标准进行分类。

1.按子公司和母公司的经营方向是否一致

（1）横向型投资

横向型投资（horizontal investment）也称水平型投资，是指母公司将在国内生产的同样产品或相似产品的生产经营扩展到国外子公司进行，使子公司能够独立地完成产品的全部生产和销售过程。其一般被应用于机械制造业和食品加工业。

（2）垂直型投资

垂直型投资（vertical investment）也称纵向型投资，是指一国企业到国外建立与国内的产品生产有关联的子公司，并在母公司与子公司之间实行专业化协作。具体来讲，它又可细分为两种形式：

①子公司和母公司从事同一行业产品的生产，但分别承担同一产品生产过程中的不同工序，多见于汽车、电子行业。

②子公司和母公司从事不同行业，但它们相互关联，多见于资源开采和加工行业。

（3）混合型投资

混合型投资（mixed investment）是指某一企业到国外建立与国内生产经营方向完全不同、生产不同产品的子公司。目前只有少数巨型跨国公司采取这种形式。例如，美国的埃克森美孚公司不仅投资于石油开采、精炼和销售，还投资于石油化学工业、机器制造业、商业和旅游业等。

2.按投资者是否参与股权

按投资者是否参与股权，可以将对外直接投资划分为：

（1）股权投资

股权投资（equity investment）是指以资金形式投资国外经营企业，并对企业拥有全部或部分所有权和控制权的投资。我们熟悉的合资经营和独资经营等投资方式均属于股权投资。

（2）非股权投资

非股权投资（non-equity investment）是指不以持有股份为主要目的的投资方式，如技术授权、管理合同、生产合同、共同研发、合作销售和共同承揽工程项目等。我们熟悉的合作经营和合作开发等都属于非股权投资。

三、对外直接投资的资金来源

跨国公司对外直接投资的资金来自内部融资和外部融资。

（一）内部融资

内部融资是指从跨国公司内部积累资金，是从公司的未分配利润和折旧提成中积累资金，包括母公司通过参股形式向国外子公司注入资本、从其他国外子公司调集资金，以及国外子公司盈利再投资。

（二）外部融资

外部融资是指从跨国公司系统以外的渠道进行融资，包括：

①在母国筹集的资金，包括跨国公司的母公司从母国银行或其他金融机构中获取的贷款、在母国证券市场上发行债券、从母国政府或其他组织中获取的贸易信贷及各种专项资金；

②在东道国当地筹集的资金，包括以母公司名义在东道国金融机构贷款、在东道国证券市场发行债券；

③国际资金来源，包括以母国名义在第三国筹集资金、向国际金融机构申请贷款、在国际主要资本市场发行债券。

虽然跨国公司资金来源渠道较多，但是选择合适的资金来源，必须综合考虑各种影响因素，如融资成本、汇率变化、东道国的有关政策等。

第二节 对外直接投资的动机

对外直接投资是跨国公司实现国际化经营所采取的主要步骤之一，但不同时期、不同规模、不同行业的跨国公司进行对外直接投资的动机不同。

一、资源追求型对外直接投资

资源追求型对外直接投资是指跨国公司为求得自然投入品资源的稳定，避免因为行业竞争因素导致上游产业被竞争者控制而进行的投资，是跨国公司对外直接投资的最早形态，也是20世纪二三十年代以来占主导地位的对外直接投资形式。资源包括很多种类，如自然资源、人力资源、智力资源、资金资源、资产资源以及信息资源等，但概括起来，跨国公司在境外更期望获得的资源包括自然资源、人力资源、技术和管理技能等。

资源追求型对外直接投资在一百多年以来更受跨国公司青睐，其原因在于：

1.保障稀缺资源供给

一些来自发达经济体或资源匮乏发展中经济体的跨国公司，为保证国内生产所需的矿石、能源、农产品和其他原材料的充分供给，选择在相应自然资源丰富的国家进行投资建厂。例如，汽车轮胎生产企业选择在橡胶生产国投资兴建橡胶种植园，石油公司则在中东地区投资勘探和开发油田。另外，跨国公司会出于充分利用东道国当地资源的原因而进行对外直接投资，这些资源包括旅游、汽车出租、建筑、医疗（特别是地方病的治疗）和教育服务等。

2.降低生产成本

一些跨国公司为获取比母国市场和国际市场成本更低但质量更高的各类资源而进行对外直接投资。例如，一些人力资本占总成本比重明显较高的专业服务业领域和产品、工艺技术创新开发领域的跨国公司，选择在一些发展中经济体直接投资建立软件公司、设计公司等，以削减产品和服务成本。

二、市场追求型对外直接投资

市场追求型对外直接投资是指跨国公司为开发东道国市场或进一步扩大东道国市场份额而进行的对外直接投资。概括来讲，跨国公司进行市场追求型对外直接投资的主要动机包括：

1.绕过东道国市场的关税和非关税壁垒

当东道国存在关税和非关税壁垒时，跨国公司为继续占有东道国商品和服务市场，会选择在东道国直接投资，此时的直接投资往往替代了出口贸易。当存在区域性关税同盟时，跨国公司也会进入第三国条件更为适宜的地点，以绕过关税壁垒，实现经由第三国投资生产从而最终进入目标国市场的目的。

2.追随上下游企业

企业的生产经营活动仅仅处于生产价值链中的某个环节，需要其他环节的相互配合才能完成。当某个企业的上下游企业都在某东道国建立生产基地时，该企业会出于贴近上游原料或中间产品供给商以及更好地为下游企业提供中间产品或更好的服务考虑而追随其上下游企业进入该东道国。比如，20世纪90年代之后，大批各国汽车零部件生产供应商追随世界汽车寡头纷纷涌入中国。

3.更好地满足东道国消费者的消费偏好

每个国家消费者的消费偏好都存在差异，甚至差异之大非常难以想象。跨国公司为更好地满足各东道国消费者的消费习惯、口味以及更好地适应东道国当地风俗，不至于在竞争中失败，会选择在东道国直接投资建厂进行生产经营。这类跨国公司往往在产品设计和包装、广告策划等方面都会非常注重东道国市场需求。

三、效率追求型对外直接投资

效率追求型对外直接投资是跨国公司为提高效率而进行的对外直接投资。其目的是在已有资源的基础上，对已经实施的对外直接投资进行区域性或全球性的战略性、效率性投资调整，或使其全球性的生产经营网络更加合理化。效率的提高产生于产品的专业化跨国生产、各类资源的合理配置以及生产经营区位在全球范围内的优化。通常情况下，只有具有丰富国际经验的大型跨国公司才能从事这类对外投资。

效率追求型对外直接投资能够取得成功的前提是：

1. 存在产品的全球性市场

这是指产品不需根据各国消费者的口味、偏好或其他要求进行适应性调整，就能被广泛接受。具有类似经济结构、收入水平和文化背景国家的市场需求通常有趋同现象。这是形成产品全球性市场的基础。

2. 有效利用不同国家生产条件的差异

因为全球范围存在需求趋同现象，所以跨国公司可以在世界范围内建立少数专业化程度很高的生产基地，大规模生产产品，销往各国市场。比如跨国公司在发达经济体建立资本、技术或信息密集型子公司，而在发展中经济体建立劳动密集型子公司，这样可以充分利用各国的不同生产条件提高效率。

四、战略追求型对外直接投资

战略追求型对外直接投资是指跨国公司国外生产和销售拥有一定基础之后，公司高层管理人员逐渐认识到国际经营产生的某些重要优势，及时调整公司战略目标。实现全球性战略目标是跨国公司对外直接投资的主要动机。

此时，跨国公司需要把世界经济作为一个整体来制定系统周密的跨国经营战略。在进行对外直接投资时，跨国公司考虑的不是如何利用某个国家的成本优势或如何进入某个国家市场，而是如何在全球范围内合理配置资源，增强公司在国际市场的整体竞争力。其原因在于：

1. 技术、经济和社会发展的需要

20世纪80年代中期以来，许多国家的技术、经济和社会发展使得一些行业发展成为国际性行业或全球性行业，其中最为典型的行业是集成电路和印刷电路板等电子产品生产行业、计算机生产行业、汽车制造业等。在这些行业经营中，企业必须达到很大生产规模才能形成竞争优势。为了生存和发展，企业必须围绕国际市场需求组织生产。

2. 技术进步加速的必然结果

技术进步速度加快导致研究与开发费用提高以及产品生命周期缩短，是促使一些产业国际化发展的重要因素。企业必须在新技术和新产品开发出来之前，尽可能多地销售现有产品，把已发生的研究与开发费用分摊出去。这需要企业以全球市场作为生产经营的目标市场。

3. 东道国市场之间交叉补贴的推动

通过各东道国市场之间的交叉补贴（cross subsidization）加强在国际市场上的竞争优势，是跨国公司进行对外直接投资期望达到的另一战略目标。例如，进入我国市场的一些外国大型跨国公司，在进入市场后的头几年并不把盈利作为目标，而

是致力于长期竞争优势的建立和市场开发。这一时期在中国市场的亏损由其他国家子公司的盈利来补贴。与东道国的当地企业相比，跨国公司凭借交叉补贴所形成的资本优势，能够更有效地长期占领当地市场。

第三节 对外直接投资的影响因素

影响对外直接投资的因素错综复杂，一般情况下，主要包括自然因素、经济因素、法律因素、政治因素、社会与文化因素。[①]

一、自然因素

自然因素是指对外直接投资所面临的并与其生产经营有直接关系的东道国的地理位置、地形、气候、自然资源、国土面积与人口等。

1.地理位置

地理位置是指某一国家或地区与外在客观事物在方位上和距离上的空间关系，是投资环境中一个十分重要的因素。由此，地理位置在理论上就形成了自然地理位置、经济地理位置、政治地理位置和文化地理位置等。其具体内涵包括：①与投资国的距离；②与重要国际运输线的距离；③与资源产地的距离；④与产品销售市场的距离。例如，新加坡就是由于其位于交通极其便利的马六甲海峡，从而吸引了大量的对外直接投资。

2.地形

地形是经过长时间的演变而自然形成的。多平原的国家和地带自然受到投资者的青睐；对于一个多山、多丘陵、多沙漠的国家来说，首先就是公路一般不会十分发达，即使有较发达的公路，山区的盘山路也会使同样的距离要多走上几倍路途，况且山路的风险要大于平路，汽车在爬山时的耗油量要远远多于走平坦公路时的耗油量。地形复杂的国家和地区往往会使投资者望而却步。

3.气候

气候主要研究气温、日照、降雨量、风暴以及台风等。气候的差异和变化不仅关系到企业的生产、运输，而且会影响到消费市场的潜力。很多产品的生产要受到气候的限制，有些怕潮和怕干燥的产品自然不适合在过潮或过干的国家和地区投资生产。例如，钢琴既不适合在过潮的国家和地区生产，也不适合在过干的国家和地区生产，因为会使在此地生产的钢琴销到其他气候不同的地区时产生变形，从而影响钢琴的质量。很多地区虽然资源丰富，但由于气候过于恶劣，吸引到的投资很少，如西伯利亚和加拿大北部。

4.自然资源

自然资源是指天然存在的、对人类生存和发展起着重要作用的各种资源，包括

① [1] 杜奇华，白小伟. 跨国公司与跨国经营 [M]. 北京：电子工业出版社，2008：71-75. [2] 杨大楷. 国际投资学 [M]. 上海：上海财经大学出版社，1998：233-240. [3] 郭信昌. 投资环境分析、评价、优化 [M]. 北京：中国物价出版社，1993. [4] 葛亮，梁蓓. 国际投资学 [M]. 北京：对外贸易教育出版社，1994.

矿产资源、水资源、各种原材料等。对于那些对自然资源依赖程度高的产品的生产者来说，在选择投资国或地区时，尤为注重选择其所需自然资源的产地。在选择投资地时，拥有某类资源的生产国往往成为依赖该类资源产品的投资者的首选。如世界上的大石油公司在中东一带均有投资，东南亚的天然橡胶和热带作物也吸引了不少投资者。当然，自然资源质地的好坏和开采成本也是投资者要考虑的因素。

5.国土面积与人口

一般说来，对那些市场导向性的投资者来说，在面积大和人口多的地区进行投资，可将其产品的大部分在东道国销售，避免了在面积小和人口少的国家生产，需要将大部分产品转运到其他国家销售而产生的关税成本。人口不仅决定着一国的市场水平、市场上的需求规模和种类，而且是企业员工的主要来源。面积大和人口多的国家是市场导向性的投资者的首选目标。

二、经济因素

经济因素是影响对外直接投资活动的最重要的因素。它主要包括经济发展水平、基础设施、经济政策、贸易及国际收支状况。

（一）经济发展水平

经济发展水平是体现一国整体经济状况的重要指标。一国的经济发展水平是影响投资者选择投资地点和投资产业的主要因素。它的内涵主要包括：①经济发达程度；②人均收入和消费水平；③人民的生活质量。

美国经济学家沃尔特·罗斯托（Walt W. Rostow）将世界各国分为传统社会、起飞前期、起飞、趋向成熟和高度消费五个发展阶段。发展中经济体在前三个阶段，发达经济体在后两个阶段。经济的发达程度决定着一个经济体的经济结构。发达经济体的产品多为资本密集型和技术密集型的；发展中经济体的产品则更多是劳动密集型的。投资者一般会将资本密集型和技术密集型产品选择在发达经济体生产，而选择在发展中经济体生产劳动密集型产品。

（二）基础设施

基础设施是任何投资活动都必不可少的物质技术条件，属于硬环境。基础设施可分为工业基础设施和生活服务设施。

1.工业基础设施

工业基础设施主要包括五个方面：

①能源供应设施，主要包括油气管道、供热和供电设施等动力燃料供应设施；

②供水和排水设施；

③交通设施，主要包括铁路、公路、水路、航空、管道等公共交通设施；

④邮电通信设施，包括电话、电报、传真等邮政设施和电信设施；

⑤各种救灾和防灾设施。

2.生活服务设施

生活服务设施主要有两个方面：

①环境设施，主要是环境美化和保护设施；

②服务设施，主要包括住宅、商店、旅馆、医院、学校、银行和其他一些服务性机构等。

对于投资者来说，工业基础设施的重要性远远大于生活服务设施，因为工业基础设施是投资者维持正常生产经营、获取超额利润的最基本的物质条件。因此，基础设施状况也就成了投资者选择投资国和投资区域的最重要因素之一。优质的基础设施条件必然是吸引外国投资者最好的资本。

（三）经济政策

经济政策主要是指东道国政府为实现其社会经济发展目标而采用的一系列政策，体现了东道国政府对待外资的态度和管理方法。

各国对待外国投资者的政策由于其经济发展水平的不同而大相径庭，因而经济政策将直接影响对外直接投资的可能性、收益性和持续性等多个方面。发达经济体由于经济发达，对资金的需求量比较稳定，而且多集中在高科技领域，所以发达经济体对外资的态度一般采用不鼓励和不拒绝的国民待遇原则。处于经济起飞中的发展中经济体，它们在迫切的发展中遇到了资金和技术不足的难题，亟待通过引进外资来解决经济发展中的瓶颈问题，这些发展中经济体往往给外国投资者以超国民待遇，以推动本国的工业化进程。它们甚至通过设立某些开发区、关税优惠区和经济特区，使外商在这里投资享有优于其他地区的政策。我国的经济特区深圳、珠海、厦门、汕头、海南、喀什、霍尔果斯就是在这种背景下出现的。

（四）贸易及国际收支状况

贸易状况主要包括一国的进出口总额、进出口产品结构、进出口产品的地区分布及对外贸易依存度等。通过对一国贸易状况的了解，外商可以了解东道国经济发展在世界经济中的位置，而东道国比较欢迎进口替代性投资和能扩大其出口、优化其出口产品结构的投资。

国际收支状况是一国同其他各国的经济交易状况，主要包括经常账户、资本和金融账户以及净误差与遗漏账户，用以表明一国的经济往来状况及国际清偿能力。投资者可通过一国的国际收支状况预测该国潜在的投资条件，从而作出正确的决策。

三、法律因素

法律因素不仅涉及投资者的利益和安全能否得到保护，同时体现出东道国对外国投资者的态度，即所采取的鼓励、保护或限制的政策措施，这些都需要以一定的法律形式表现出来。法律因素是投资环境的"晴雨表"和"风向标"，由法律的完备性、公正性、稳定性以及公民的法律意识等方面构成。

1.法律的完备性

法律的完备性主要是看投资目标国有关经济方面的各种法律法规是否健全和完备。有关经济方面的法律主要包括公司法、外商投资法、劳工权利保护法、知识产权保护法、税法等。健全和完备的有关外商投资方面的法律体系，会使外国投资者觉得有法可依和有安全感，吸引外国投资者前来投资；反之，投资者是不会选择在一个没有法律保障的国家或地区从事任何投资活动的。

2.法律的公正性

法律的公正性是指法律执行时能公正地、无歧视地以同一标准对待每一个国内外的诉讼主体。除健全的法律之外，目标投资国执法的公正性是投资者从事国际投资决策时必须考虑的，因为投资者在东道国投资的过程中难免与东道国的自然人、法人或政府产生纠纷，在出现纠纷时需要提请仲裁与法律诉讼。投资者一定会选择在一个能够被公正对待的国家里从事投资活动，以使投资者的投资利益得到保障。因此，外国投资者在作出投资决策之前，首先要分析东道国外贸法中有关投资争议的条款，并考察东道国已经仲裁过的有关投资争议的案例，以判断其仲裁的公正性。

3.法律的稳定性

法律的稳定性是指已经颁布的法律在一定时期内的稳定性和持续性。法律的稳定性非常重要。虽然各国的法律可以在客观情况发生较大变化的情况下进行相应的调整，但这种调整必须是理智的和适度的，并且不能过度损害外国投资者的投资利益。因为对一个对外直接投资者而言，其在东道国从事的直接投资活动是一种投资期限相对长的投资活动，其投资收益要在投资之后的很长一段时间内才能逐步实现，少则一两年，多则十几年，乃至更长的时间。如果一国的法制稳定，则有利于增强外国投资者的安全感和投资信心，制订长远投资计划；否则，外国投资者必然会望而却步。东道国法制的稳定性一般与其良好的政治因素呈正相关关系。

4.公民的法律意识

即使在法律健全的国家，也存在大多数公民法律意识淡薄，或者知法犯法、无视法律法规的情况。在大多数公民法律意识淡薄的国家或地区投资，会给投资者带来难以想象的风险。

四、政治因素

政治因素是对外投资中最敏感的因素，因为它直接与政府、政权等紧密联系在一起，直接关系到对外直接投资的安全性。在对外投资活动中，投资者所面临的政治因素导致的风险主要体现在政治制度、政权的稳定性、政府的工作效率、国际关系、社会与文化因素等方面。

（一）政治制度

一国的政治制度涉及国家的管理形式、政权组织形式、政党体系、选举制度等，它是影响对外投资的政治因素中的主要因素。政治制度一般决定了投资目标国的法律制度和经济体制，因为一国的政治制度一定会与其经济基础相适应。

（二）政治的稳定性

政治的稳定性表现为政权的稳定性和政策的连续性。

1.政权的稳定性

政权的稳定性往往会间接影响到其他投资因素的稳定性。国际投资者判断目标投资国政权的稳定性通常考察以下几个方面：①国家领导人更迭的频率；②反对势力的状况；③种族冲突。一般认为政权的稳定性不受任何内部与外部问题的困扰和动摇，政府应具有针对一切冲突的应变能力。

2.政策的连续性

政策的连续性是指一国政权发生换届时，该国的政策不会发生太大的变化，仍然保持一定的连续性。政策的连续性不仅在于本届政府的政策要有稳定性和连续性，而且在于其不受政府正常选举的影响，不会因为政府的正常更迭而改变政策的连续性。

（三）政府的工作效率

投资目标国政府部门的工作效率直接影响到外国投资者在该国的生产经营活动。有些国家办事拖拉扯皮，手续繁杂，部门间职权混淆，管理人员职权划分不清，甚至腐败现象泛滥。这些不仅会降低各地政府部门的工作效率和滋生腐败行为，还会给投资者的生产经营活动带来不便和额外成本负担。

（四）国际关系

在当今世界，国与国之间的联系日益紧密，任何一个国家都是整个国际经济关系的组成部分，因此，一国的经济环境不仅受本国内部因素的影响，也必然受到其他国家政治、经济状况的影响。一国的国际关系主要包括两个方面：

1.一国与周边国家的关系

若一个国家与周边国家关系紧张，则会增加该国与周边国家发生冲突的可能性。

2.该国在世界政治生活中的地位

政治地位高的国家的影响力较大，不仅降低了投资者的政治风险，还可以利用投资目标国的政治、经济地位来挤占更多的市场份额。保持良好的国际关系是提升其投资环境评级的重要因素。

五、社会与文化因素

世界各国和地区因为受不同的文化、社会背景及教育水平的影响，其消费者在生活方式、消费倾向、购买态度等方面，企业在生产、研究、发展、组织、人力资源各项活动中都存在差异。因此，对外直接投资必然受社会与文化因素的潜在制约，而且受社会与文化因素影响的敏感性较国内投资更大。社会与文化因素主要包括语言、文化、教育水平、宗教、社会习惯等，它们因国家和地区而异。

1.语言

语言是人类交流思想和信息的基本手段。投资者进行国际投资时，必须与东道国的各类机构和个人进行交流，语言的不同必然会给交流带来困难，从而会给投资者在东道国的经营带来很多不便，如签订各类合同、与当地政府和机构交流、与东道国员工交流等。有时即使在同一国家，也会遇上不同语言的机构和员工。例如，加拿大除有讲英语的地区，还有讲法语的魁北克省，瑞士也有法语和德语人群。

2.文化

不同发展环境和背景使世界各国的文化千差万别，千差万别的文化形成了不同的价值观念、消费习惯、生活准则和生活方式等，进而对国际投资活动产生影响。一般来说，东道国与投资国之间的文化差异越小越有利于相互投资，因为相同或相近的文化有利于经营管理，减少因文化差异产生的冲突。文化已经成为投资者能否与东道国的机构和个人进行顺利交流与合作的关键因素。

3.教育水平

教育水平关系到一个国家的劳动力素质、技术先进程度和国家文明程度，对经济发展起着十分重要的作用。此外，教育水平也决定了人口的消费倾向、价值观、行为方式以及对新产品的接受程度和接受过程的长短。一般来说，教育水平高的国家可以在较短的时间内接受新产品，并愿意超前消费，这样可以加快投资者的成本回收，提高投资收益，投资者当然愿意将教育水平高的国家作为投资的目标国。

4.宗教

宗教是某些文化的精神基础，是历史的产物。世界上有基督教、伊斯兰教和佛教三大宗教，若把众多的影响较小的宗教和各种教派加起来，应该有上万种。在某些国家，宗教已经成为人们生活的第一准则，不同的宗教信仰对人们的生活态度、价值观、购买动机、消费偏好等有重大影响。例如，佛教强调精神价值，弱化物质欲望；伊斯兰教禁食猪肉和禁止饮酒，反对妇女抛头露面，并规定很多道德规范；基督教中的东正教主张主教以外其他教士均可婚娶，天主教则不然。投资者只有了解并尊重东道国的宗教信仰和风俗习惯，才能使其投资活动产生最大的投资收益。

5.社会习惯

社会习惯是一个国家在长期的历史发展中积淀下来的为社会公众所普遍接受的风俗习惯，对人们的行为有着重大的影响。例如，东方国家普遍重视储蓄，储蓄率较高，而西方国家储蓄率较低；东方国家注重团队精神，而西方国家注重追求个性。尊重东道国的社会风俗也是关系到投资成败的因素。

上述国际投资的各项因素构成了一个有机系统，形成了国际投资的外在约束条件。各因素虽然在作用上各有侧重，但它们之间不是互相独立的，而是相互影响、相互渗透的，共同发挥作用。正如党的二十大报告所言，中国依托"超大规模市场优势，以国内大循环吸引全球资源要素，增强国内国际两个市场两种资源联动效应，提升贸易投资合作质量和水平"。

第四节 案例——德国拜耳公司的国际投资之路

一、基本案情

(一)背景资料

总部位于德国勒沃库森(Leverkusen)的德国拜耳(Bayer)公司,始于两个男人之间的友谊、天生的好奇心和两个厨房火炉。他们是商人弗里德里希·拜耳(Friedrich Bayer)和颜料大师约翰·弗里德里希·威斯考特(Johann Friedrich Weskott)。1863年8月1日,两人在德国乌珀塔尔(Wuppertal)市的巴门(Barmen)创立了弗里德里希-拜耳公司(Friedr. Bayer et comp.),这是一家19世纪潜力巨大的创业公司。创立伊始,公司快速增长。1865年,公司任命了一位美国销售代表。几年之后,公司收购了纽约州奥尔巴尼(Albany)的一家煤焦油染料厂的股份。自此,公司国际投资之路正式开启。1881年,公司转型为一家股份制公司,更名为"Farbenfabriken vorm. Friedr. Bayer & Co."。第二次世界大战之后,乌尔里希·哈伯兰德(Ulrich Haberland)于1951年重建了一家承袭拜耳公司传统的新的有竞争力的公司,在1972年更名为拜耳公司。拜耳公司在一百多年的发展历程中,虽历经两次世界大战,但依然是全球最大的化工和医药保健企业之一、全球制药巨头。截至2020年年底,拜耳公司在全球83个国家拥有99 538名雇员。[①]2021年,拜耳公司位列《财富》世界500强第227位,营业收入为484.84亿美元。

(二)案情简介

拜耳公司的国际投资之路始于公司创建期,贯穿于整个发展历程。继初创时期收购美国纽约一家公司之后的几十年间,拜耳公司为巩固和扩大在重要市场的地位,又建立了数家海外附属公司。在第一次世界大战之前的短短几年间,拜耳公司就在俄罗斯、法国、比利时、英国以及美国设立了子公司。1881—1913年,公司发展成为一家拥有国际业务的化工公司。尽管染料仍然是其最大部门,但已经开拓新业务领域。截至1913年,拜耳公司约有10 000名员工,其中近1/10的员工在德国之外的国家工作。

1.1951—1974年的重建和"经济奇迹"期

在此期间,拜耳公司快速进入海外市场。20世纪50年代,公司被允许收购海外附属公司,并率先集中在美国和拉丁美洲展开收购。与此同时,公司还在德国本土和欧洲进行扩张。1957年,拜耳公司和德国石油(Deutsche BP)公司合作在多尔马根(Dormagen)建立了Erdölchemie GmbH公司,从而成功进入了石化行业。1967年,拜耳公司在比利时安特卫普的生产基地开始投产。其间与生产一起恢复的还有研发活动。

① BAYER GLOBAL. History of Bayer [EB/OL]. [2021-12-15]. https://www.bayer.com/en/history.

2.1974—1988年的石油危机与整合期

1973年10月世界爆发第一次石油危机，化工原材料价格随之暴涨，拜耳公司也受到了影响。这场危机在20世纪80年代初期达到高峰，全球经济陷入严重衰退时期。尽管身处恶劣环境，拜耳公司还在坚持扩张其国际活动，但主要集中于欧洲和美国。在美国，拜耳公司分别于1974年和1978年先后收购了卡特实验室公司（Cutter Laboratories Inc.）和迈尔斯实验室公司（Miles Laboratories Inc.），由此拜耳公司赢得美国医药市场的重要地位。在德国本土，拜耳公司则扩大生产基地。与此同时，拜耳公司在药品和农作物保护方面成功的研发活动，引发销售结构的转变。就地区而言，北美和亚太地区的销售额在10年中增长速度超过平均水平。到1987年，拜耳公司78%的销售额源于德国以外地区，45%的员工服务于外国子公司。1988年，拜耳公司在全球的员工达到165 000名，也成为在日本东京股票交易所上市的第一家德国公司。

3.1988—2001年的转型和全球化时期

20世纪90年代，拜耳公司和其他公司一样要面对全球化挑战。北美洲对于拜耳公司的重要性依然在上升。1990年，拜耳公司收购了加拿大多伦多的宝利萨橡胶公司（Polysar Rubber Corporation），这是该公司历史上最重要的一次收购，也让拜耳公司成为全球最大的橡胶行业原料供应商。1994年，拜耳公司收购了Sterling Winthrop的北美自助医疗业务，此次收购成为该公司史上的一座里程碑，让其重新获得美国"拜耳"公司名称的使用权。这是拜耳公司75年以来第一次以自己的名义在美国经营。1995年，美国迈尔斯公司（Miles Inc.）更名为拜耳公司。为了更好地迎接未来挑战，拜耳公司在日本设立了全球第三家药物研究中心，之前是在德国的乌珀塔尔和美国康涅狄格州的西黑文（West Haven）。1995年，拜耳公司的日本制药子公司拜耳雅轩有限公司研究中心在京都关西科学城（Kansai Science City）成立。这标志着拜耳公司的欧洲、北美、日本"药物研发三角架构"基本完成。2000年，拜耳公司收购美国莱昂德尔化学公司（Lyondell Chemical Company）的多元醇业务，成为世界上最大的聚氨酯原材料生产商。2001年，拜耳公司以72.5亿欧元收购Aventis农业科学公司，成为世界农业作物保护的领导者。12月6日，公司宣布成立独立运营子公司的计划。

4.2001—2010年集团重组期

拜耳公司进行了一系列的内部重组活动，与此同时继续对外扩张。2005年1月，拜耳公司完成了对罗氏（Roche）消费者保健业务的收购，有望成为全球第三大非处方药供应商之一。2008年10月，全球最大的MDI生产基地在中国上海投产；11月，拜耳公司和德国癌症研究中心组成了一个合作期初定两年的战略研究联盟。2009年11月，拜耳农作物科学公司完成了对美国Athenix生物技术公司的收购。

5.2010—2020年投资未来期

2010—2013年，拜耳公司进行了一系列有利于气候的活动，并进行了一系列收购与剥离活动。2014年3月，拜耳公司收购了挪威的Algeta公司，以强化其肿瘤业务；10月，收购了美国默克公司（Merck & Co., Inc.）的消费者保健业务，并在

sGC调制器领域展开战略性制药合作；11月，收购了中国的帝宏制药集团有限公司，以增强消费者护理业务；12月，收购了杜邦农作物保护公司在美国、加拿大、墨西哥、澳大利亚和新西兰的土地管理资产。2016年9月，拜耳公司与孟山都（Monsanto）公司签署了合并协议，为以每股128美元的现金价格收购孟山都公司创造了法律框架。2017年11月，拜耳公司开启"飞跃"活动，有效补充了现有的研发能力，旨在实现医疗保健和农业领域的突破性创新。2018年，拜耳公司完成了对孟山都的收购，并成为唯一所有者。2020年12月，拜耳公司收购了美国Asklepios生物制药公司，并在制药部门推出一个新的细胞和基因治疗平台。

二、案例评析

本部分着重分析拜耳公司的国际投资之路，即以抢占战略性市场为主的投资策略、以跨国并购为主的投资方式、以创新研发为主的投资优势。

（一）投资策略以抢占战略性市场为主

拜耳公司以抢占战略性市场为主展开其国际投资活动的，即依次是北美洲—欧洲—拉丁美洲—亚太等地区。1865年，美国在南北战争结束之后出现了一次经济快速发展时期，即工业革命时期。在此期间，美国经济迅速发展，成为世界上最富有的工业国家，也为拜耳公司提供了战略市场，该公司选择美国作为其对外扩张的第一站。1914年，即第一次世界大战爆发之前，拜耳公司还对英国、法国、俄罗斯、比利时等欧洲其他实力强大的国家进行投资。以英国为例，当时工业革命已经完成，英国成为名副其实的"世界工厂"，其制造能力可想而知，对于拜耳公司的吸引力也是可想而知的。第二次世界大战之后的20世纪50年代开始，拉丁美洲经济的迅速发展引起广泛关注；从20世纪60年代开始的亚洲经济开始腾飞，特别是中国实施改革开放政策之后，亚太地区的战略性地位更是凸显。对此，拜耳公司都不失时机地抢占不同时期的不同战略市场，以实现其对外扩张。

（二）投资方式以跨国并购为主

拜耳公司主要采取跨国并购的投资方式进行对外扩张。从1863—2020年的公司发展史可以看出，拜耳公司历经数十次大大小小的跨国并购。从某种程度上说，拜耳公司的对外扩张史就是一部跨国并购史。这些并购活动对拜耳公司进行国际投资活动的好处在于：

①助力进入新的战略市场，成功实施海外布局。比如，第一次世界大战之前通过跨国并购进行的在欧洲和北美的布局。

②巩固原有市场地位。比如，拜耳公司在20世纪70年代末先后收购卡特实验室公司和迈尔实验室公司，赢得美国医药市场的重要地位。

③获得原有企业的生产经营网络。比如，拜耳公司在2000年收购美国莱昂德尔化学公司多元醇业务，成为世界上最大的聚氨酯原材料生产商，获得莱昂德尔化学公司的生产经营网络。

④获得原有企业的产品品牌。比如，2014年拜耳公司收购挪威Algeta公司，有效强化了其肿瘤业务。

（三）投资优势以创新研发为主

拜耳公司以创新研发保持其投资优势，主要体现于：

1.从创新研发开始，并贯穿整个公司发展历程

创新研发活动在拜耳公司一直扮演着非常重要的角色。比如，经过两次世界大战的洗礼，拜耳公司遭受到重创，但是第二次世界大战后积极的商业环境又为公司提供了重生机会，与公司重生的还有研发。当时，随着聚氨酯化学的进一步发展，新的农作物保护产品、聚丙烯腈纤维、热塑性塑料Makrolon、新合成纤维染料，以及许多其他发明都有助于拜耳公司的扩张。拜耳制药实验室还研制出了心血管药物、皮肤抗真菌药（dermal antifungals）和广谱抗生素（broad-spectrum antibiotics）等新产品。20世纪70年代全球出现对环境的担忧，对此拜耳公司着手强化其研发力度，稳步扩大了药品和农作物保护研发活动，1979年，拜耳公司成立了位于美国康涅狄格州西黑文的药物研究中心；2000年，推出了一种矮小的玉米新品种Vitala™，作为墨西哥试点项目的一部分。短茎使玉米更能适应极端天气，新品种需要更少的土地、氮和水。

2.布局创新研发架构

从拜耳公司设立研发中心的路径来看，依次是欧洲、北美、日本，最后形成"药物研发三角架构"，从而占据了当时在世界范围内科技力量领先的三个区位，为公司第一时间了解最新科技动态以及开展持续性的创新研发活动奠定了坚实基础。

三、思考

思考一：拜耳公司作为"百年老店"，对中国企业的启示是什么？

思考二：简述拜耳公司保持企业优势的方式。

拓展阅读2-1　《区域全面经济伙伴关系协定》（RCEP）有关"投资"的内容

学思践悟

中国良好营商环境为企业发展提供沃土

2020年以来，爱普生在中国市场业务迅速增长。爱普生家用墨仓式打印机销售持续走高，企业级墨仓式阵列复合机得到越来越多客户的认可，工业领域机器人产品销售也持续增长。在2020年进博会上，爱普生全球首创的PaperLab干纤维纸张循环系统

获得广泛关注，并于2021年正式向中国市场发售，给中国用户带来绿色技术体验。爱普生还展示了其他绿色技术、产品及方案。2020年进博会的圆满举办体现了中国在推动世界经济复苏，加强双边、多边、区域合作等方面的真诚愿望及强大能力。在2021年进博会上，爱普生展示打印、投影、机器人等领域的20多种创新产品及解决方案。进博会是跨国企业在中国市场展示自己的绝佳机会，也是与客户深度沟通的绝佳平台，让爱普生收获颇丰。

中国持续扩大开放，市场潜力巨大，对推动世界经济发展意义非凡。中国大力推动科技创新，很多中国企业不断加大创新和研发力度，这给爱普生带来更多与合作伙伴实现共创的空间。例如，爱普生在创新文化发展领域持续加强与中国伙伴合作，通过高亮激光工程投影机助力打造光影艺术展，探索城市文旅发展新方式，在激活城市文化活力同时，也有效带动公司产品销售。爱普生非常重视数字化转型，设计了相关产品和解决方案，如使用机器人手臂、增强现实技术的智能工厂生产线，提供一站式技术人才教学培训服务和一站式农业自动化解决方案等。

爱普生是最早进入中国市场的跨国企业之一，始终把中国市场视为全球最重要的市场之一，中国良好的营商环境为爱普生提供了沃土。

资料来源　宿亮. 专访：中国良好营商环境为企业发展提供沃土——访爱普生（中国）有限公司总裁深石明宏［EB/OL］.（2021-11-03）［2021-12-25］. https://baijiahao.baidu.com/s?id=1715391941654188343&wfr=spider&for=pc.

关键术语

对外直接投资　动机　绿地投资　跨国并购

复习思考题

1.对外直接投资的定义和分类分别是什么？

2.对外直接投资与对外间接投资的区别是什么？

3.对外直接投资的传统动机是什么？

4.跨国公司对外直接投资的特征是什么？

5.对外直接投资的影响因素是什么？

第三章
跨国公司的对外直接投资理论

学习目标

学思践悟
关键术语
复习思考题

学习目标

◆ 重点掌握垄断优势理论、产品生命周期理论、内部化理论、国际生产折中理论；掌握小岛清的比较优势理论；了解对外直接投资理论的新发展，特别是发展中经济体相关理论的新发展。

第一节　垄断优势理论

垄断优势理论又称特定优势理论，是产业组织理论在跨国公司和对外直接投资领域应用研究的结果，是关于跨国公司凭借其特定优势从事对外直接投资的一种跨国公司理论。

一、理论形成

（一）理论的出现

1960年，美国学者斯蒂芬·海默（Stephen H. Hymer）在其博士论文《国内企业的国际经营——对外直接投资研究》[①]中，在批判传统国际资本流动理论的基础上，首次提出了垄断优势理论（Monopolistic Advantage Theory），并得到其导师查尔斯·金德尔伯格（Charles P. Kindleberger）的支持。之后，金德尔伯格系统阐述了垄断优势理论，有力推动了对外直接投资理论从传统国际资本流动理论中独立出来。正因为如此，学者们通常将海默和金德尔伯格一同视为垄断优势理论的创始人，又将其理论分析称为"海默–金德尔伯格传统"。

（二）与传统理论的不同

海默认为，传统国际资本流动理论并没有区别对外直接投资和对外间接投资（也称对外证券投资（foreign portfolio investment，FPI）），只是强调各国间利率（或者利润率）的差异是引起资本跨国流动的原因。"利差论"在理论上的最大缺陷是没有考虑对外直接投资和对外间接投资的不同特征。

1.两种投资方式的投资目的不同

对外间接投资只涉及资金流动，仅限于控制资本；对外直接投资涉及技术、知识、管理以及不同程度的控制权，对外直接投资企业的主要目的是控制国际经营，从而控制国际市场。

---

① HYMER S H. The international operations of national firms: A study of direct foreign investment [M]. Cambridge, MA: MIT Press, 1976.

2.两种投资方式的运动形式不同

对外间接投资发生实际资本的国际流动；对外直接投资不一定发生实际资本的国际流动，如对外直接投资企业可以在当地市场融资进行投资，可将工业产权、专利技术或者机器设备等实物形态作为出资方式，还可将利润进行再投资。

3.两种投资方式的理论基础不同

传统国际资本流动的理论基础是要素禀赋理论，是以完全竞争市场为基础的，对外间接投资是从资本丰裕国流向资本稀缺国，从利率低的国家流向利率高的国家；现实市场则是不完全竞争的市场结构，传统理论已经不能解释，需要寻找新的理论解释。

（三）理论的主要内容

跨国公司对外直接投资时，相对于东道国竞争性企业来讲，在许多方面均处于劣势，比如对东道国市场的熟悉程度、信息获得的便利性以及语言文化的融合程度等方面。跨国公司要想顺利进入并占领东道国市场，就必须利用市场不完全性，依靠自己的垄断优势来弥补其相较于东道国竞争性企业的劣势及新增成本，以获得高额利润。垄断优势理论对市场不完全性和跨国公司垄断优势的具体表现进行了详细阐述，具体如下：

1.市场不完全性的主要表现

市场不完全性是跨国公司对外直接投资的先决条件。[①]这主要表现为：

（1）产品市场的不完全性

少数买主或者卖主通过控制购买量或者产量来影响市场价格的行为，如产品差别、商标、特殊市场技能或操纵价格等都可能产生产品市场的不完全性。

（2）生产要素市场的不完全性

在生产要素市场上，由于信息不对称的存在，往往会出现市场不完全性，如在技术市场上。

（3）规模经济引致的不完全性

当存在规模经济时，挤出未达到一定规模的企业，留下处于垄断地位的企业，从而导致不完全性的出现。规模经济包括内部规模经济和外部规模经济。内部规模经济存在于企业层面，意指随着企业规模的不断扩大，单位产品成本降低；外部规模经济存在于产业层面，意指随着同行业生产集中度的提高，厂商通过资源共享特别是知识共享来提高生产效率。

（4）政府干预引致的不完全性

政府是一只"看得见的手"，对市场的干预带有主观性，最终会引发市场的不完全性。

2.跨国公司垄断优势的主要表现

垄断优势理论认为跨国公司拥有的垄断优势主要表现为：

① 赵春明. 跨国公司与国际直接投资［M］. 北京：机械工业出版社，2007：24.

（1）技术优势

这是跨国公司拥有的最重要的垄断优势，主要表现为保持核心技术能力和技术创新能力，前者是跨国公司维持其垄断地位的保障，后者是跨国公司维持其垄断地位的手段。

（2）管理优势

跨国公司经过长期竞争的洗礼，一方面积累了丰富的人力资本和智力资本，能够保证公司高效运作；另一方面积累了丰富的管理技术，足以满足公司在世界范围内进行一体化生产的需要。

（3）资金优势

跨国公司的资金来源于内部融资和外部融资。内部融资来源于公司内部未分配利润和从折旧提成中抽取资金，各国政府对此都会给予相应的优惠政策，因此跨国公司本身就有雄厚的资金实力。外部融资来源于银行借款以及在国内外金融市场的融资，跨国公司凭借其良好资信能够顺利地得到公司外融资，在较大程度上降低融资成本，从而降低公司总成本，有利于跨国公司增加对外投资。

（4）信息优势

跨国公司的分支机构、销售网络、地区总部等从组织结构层面上构成了跨国公司的信息网络，而通信设备为信息网络的正常运行提供了基础，它们共同创造了跨国公司在信息服务上的垄断优势。

（5）规模经济优势

跨国公司可以从两方面获得规模经济优势：

一方面，跨国公司通过横向一体化以及纵向一体化，可以使其生产达到最佳规模并获得最低成本；当一体化达到一定程度时，跨国公司就可以控制产品价格和原材料价格，从而获得更多利润。[1]

另一方面，跨国公司与同行业其他跨国公司同时集聚于某一地区，彼此可以共享高技术劳动力市场和知识外溢所带来的利益。[2]

（6）全球网络优势

跨国公司在全球范围内都布有采购、生产和销售网络，加快了企业价值链的运转效率，增强了跨国公司的垄断优势。

3. 垄断优势理论的形成逻辑

跨国公司进行对外直接投资的先决条件是市场不完全性，市场不完全性又促使跨国公司形成垄断优势。当垄断优势能够使得跨国公司进行对外直接投资的额外收益（或者边际收益）超过进入东道国市场而增加的额外成本（或者边际成本）时，跨国公司才开始进行对外直接投资（如图3-1所示）。

① 滕维藻，陈荫枋. 跨国公司概论 [M]. 北京：人民出版社，1991：311.
② 张纪康. 跨国公司与直接投资 [M]. 上海：复旦大学出版社，2004：132.

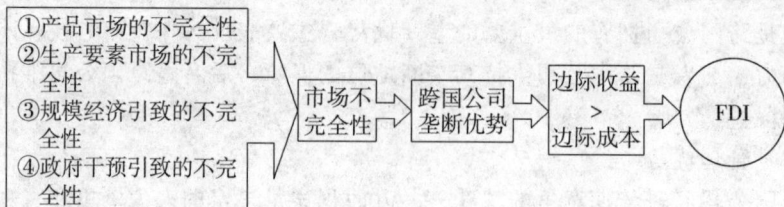

资料来源 赵春明. 跨国公司与国际直接投资 [M]. 北京：机械工业出版社，2007：25.

图 3-1 垄断优势理论的形成逻辑

二、理论发展

垄断优势理论开辟了西方学术界将 FDI 从传统国际资本流动理论分离出来进行单独研究的先河，为跨国公司理论的发展奠定了坚实的基础。自垄断优势理论提出之后，学者们从不同角度对其进行了补充、完善与发展。哈瑞·约翰逊（Harry G. Johnson）和理查德·凯夫斯（Richard E. Caves）继续沿着海默等人的思想，通过微观角度的跨国公司经营决策行为来解释对外直接投资的决定因素；罗伯特·阿利伯（Robert Z. Aliber）从宏观经济的角度补充了垄断优势理论，将货币视为影响跨国公司对外直接投资的因素之一；弗雷德里克·尼克博克（Frederick T. Knickerbocker）则另辟蹊径，分析了寡占反应行为与企业对外直接投资的关系以及影响寡占反应行为的种种因素。

（一）约翰逊的知识资产论

约翰逊于 1970 年发表了题为《国际公司的效率和福利意义》[①]的文章，指出："知识的转移是直接投资过程的关键。"知识包括技术、专有技术、管理与组织技能、销售技能等一切无形资产，对各种知识资产的控制构成了跨国公司的垄断优势。知识资产与其他类型的资产相比具有不同的特点：

其一，知识资产的形成成本很高，但是通过对外直接投资使用知识资产的边际成本很低，或者说边际收益递减规律在此失效；

其二，知识资产的供给弹性非常大，可以在世界不同地方同时使用。

基于上述特点，当知识资产对外转让成本很高或者其他条件不具备时，或者为了保护本企业的知识资产，跨国公司通过对外直接投资直接把知识资产转让给分支机构，分支机构就可以以低成本获得母公司的知识资产，有望在竞争中获得更高利润，也充分显示了跨国公司的垄断优势。与此相反，东道国企业要付出高额成本才能获得此类知识资产，其竞争力大减。

① JOHNSON H G. The efficiency and welfare implications of the international corporation [M] //KINDLEBERGER，C P. The international corporation. Cambridge，MA：MIT Press，1970.

（二）凯夫斯的产品差异论

凯夫斯于1971年2月在《经济学》杂志上发表了题为《国际公司——对外投资的产业经济学》[1]的文章，强调了跨国公司拥有的使产品产生差异的能力。产品差异源于两个方面：

其一，实物形态的显性差异，如产品质量、外形及包装等的不同从直观上给消费者形成产品存在差异的印象。

其二，营销技巧等引起的隐性差异，如商标、品牌等的不同从心理上给消费者形成产品存在差异的感觉。

跨国公司利用其技术、营销技巧等优势可以不断地创造出差异性产品，满足不同层次、不同地区、不同偏好的消费者需求，同时能够从一定程度上控制相关产品价格及市场占有率。

（三）阿利伯的货币差异论

阿利伯于1970年发表了题为《直接投资理论》[2]的文章，引入了"通货升水"（currency premium）的概念，认为在国际金融市场上，存在以各种货币定价的债券。不同债券持有人需要承担对应货币相对贬值的汇率风险。为弥补该汇率风险，必须包括一项"通货升水"。不同货币中，坚挺货币的"通货升水"低，疲软货币的"通货升水"高，因此决定各种债券预期收入流量的货币贴现率各不相同。基于此，身处货币相对坚挺国家的跨国公司就能够依赖其"通货升水"低而获得贷款优势，以较低的市场利率在国内外金融市场上融资。第二次世界大战后一段时期的美国跨国公司便是典型案例。

阿利伯理论为人们提供了一个探析跨国公司对外直接投资影响因素的新角度。但是阿利伯理论也存在缺陷，它不能解释不同货币区域之间的交叉投资，也不能解释跨国公司对两个使用同样货币的国家同时进行对外直接投资，更不能解释疲软货币国家的跨国公司向坚挺货币国家进行对外直接投资的理由。

（四）尼克博克的寡占反应论

尼克博克于1973年发表了题为《寡占反应与跨国公司》[3]的文章，强调寡占反应行为是第二次世界大战后美国跨国公司对外直接投资的主要原因。尼克博克把对外直接投资分为进攻型投资与防御型投资。进攻型投资是指第一个在国外市场建立子公司的寡头公司的投资；防御型投资是指同行业其他寡头公司追随进攻型投资而至同一地点进行的投资。跨国公司采用两种类型投资的动机不同，前者可以用雷蒙德·弗农（Raymond Vernon）的产品生命周期理论（Product Life Cycle Theory）来解释；后者则需要由寡占反应行为来解释。后者是尼克博克的研究重点。

① CAVES R E. International corporations: The industrial economics of foreign investment [J]. Economica, 1971, 38 (149): 1-27.
② ALIBER R Z. A theory of direct foreign investment [M] //KINDLEBERGER C P. The international corporation. Cambridge, MA: MIT Press, 1970: 17-34.
③ KNICKERBOCKER F T. Oligopolistic reaction and multinational enterprise [M]. Cambridge, MA: Harvard University Press, 1973.

寡占是指由少数国家的几家大公司组成的或者由几家大公司占统治地位的行业或市场结构。身居其中的各家寡头企业实施寡占反应行为。寡占反应行为意指每一家寡头企业都对其他竞争对手的行为非常敏感，紧盯竞争对手的行动，一旦竞争对手进行对外直接投资，就紧随其后实施追随战略，以期保持与竞争对手一样的增长速度，维持本身的相对市场份额。寡占反应行为的主要目标在于抵消竞争对手率先行动所取得的"先行者优势"，规避本企业的经营风险。寡占反应行为的必然结果是引发对外直接投资的成批性，这种成批性与企业集中度正相关程度高，与盈利率以及东道国市场容量的正相关程度较高。美国1948—1967年对外直接投资的情况是最好的例证。

三、理论评价

垄断优势理论开创了对外直接投资理论的先河，对后来的理论研究与实践具有积极的指导意义：

①第一次将对外直接投资从传统的国际资本流动理论中分离出来，使其成为一个独立的研究领域；

②强调指出跨国公司对外直接投资的先决条件是存在市场不完全性，并详细解释了市场不完全性的具体类型；

③强调指出跨国公司对外直接投资的根本原因是跨国公司具有垄断优势，并详细阐述了垄断优势的来源。

垄断优势理论也有其历史局限性，主要在于垄断优势理论的研究对象是美国寡头企业的对外直接投资，它无法解释始于20世纪60年代的发展中经济体跨国公司的对外直接投资，也不能解释发达经济体非寡头企业的对外直接投资。正是因为该局限性，垄断优势理论随着跨国公司对外直接投资各种新现象的不断涌现而逐渐失去其普遍意义。

第二节 产品生命周期理论

1965年，美国哈佛大学学者弗农运用动态研究方法，将国际贸易和国际投资相结合，解释美国企业第二次世界大战后对外直接投资的动机、时机和区位选择。在研究过程中，他发现美国企业对外直接投资活动与产品生命周期有关，故提出对外直接投资的产品生命周期理论。[①]该理论提出之后，弗农又先后多次对其进行阐述和补充。

一、理论的主要内容

在最初的理论中，弗农认为产品生命周期是产品市场运动的普遍现象，其包括创新、成熟和标准化三个阶段。在整个产品生命周期运动中，企业之所以选择对外

---

① VERNON R. International investment and international trade in the product cycle [J]. The Quarterly Journal of Economics, 1966, 80（2）: 190-207.

直接投资而非产品出口或者技术专利转让等方式，是因为企业需要同时考虑生产条件和竞争条件。

（一）创新阶段

在创新阶段，产品生产一般都集中在创新国国内，此时企业并不特别关注生产成本、配销成本等。这是因为：

①产品还没有达到标准化生产，所以需要企业不断改进产品设计以满足消费者的消费偏好，此时企业对于成本的关注自然退居次要地位。

②产品在达到标准化生产之前，原材料投入和零部件需求处于不断变化之中，此时与成本相比，企业更希望能够及时获得适宜的原材料和零部件的稳定供给。

③企业开发新产品之后，总是希望将差别产品作为竞争手段，以能够获得垄断利润。此时需要关注的是竞争对手的反应，以及市场上是否会出现竞争对手的仿制品等。

④一般情况下，处于创新阶段的产品往往满足的是愿意尝试新产品、新工艺的追求时尚的消费群体，这个群体对于新产品的需求价格弹性非常低，生产成本自然对企业的生产区位影响不大。

（二）成熟阶段

在成熟阶段，产品和技术逐渐标准化，企业开始考虑在国外进行生产。这是因为：

①产品逐渐标准化，价格因素在竞争中的作用不断提升，产品的需求弹性增强；同时，新产品的种类和式样日益增多，产品的交叉需求弹性增强。基于此，企业开始考虑扩大生产，以期通过规模经济降低生产成本和产品价格，扩大市场占有率。

②新产品和新技术趋于稳定，市场上的仿制品开始增多，产品成为大众产品，创新企业的垄断局面被打破，垄断地位下降，垄断利润减少，市场的价格弹性趋于减弱，生产经营成本成为企业在竞争中获胜的关键。

③国内市场饱和，国外需求增加；同时，成本已经成为企业竞争成败的关键因素，企业开始核算对外出口、许可证经营和对外直接投资等三种方式进入国外市场的成本与收益，开始考虑进行对外直接投资。

（三）标准化阶段

进入标准化阶段，产品和技术都已经完全标准化，企业选择对东道国对外直接投资是必然结果。这是因为：

①创新企业的垄断优势已经完全消失，价格和成本成为企业之间的竞争基础，因此企业期望能够将生产地点设立在成本较低的区位，劳动力成本较低的发展中经济体成为跨国公司进行海外生产的最优区位选择。发展中经济体生产出来的产品，要么在国内销售，要么返销母国，要么销往其他国家。

②企业在母国的生产规模已经逼近规模经济临界点，如果再进一步扩大生产规模，则会出现规模不经济，生产效率会下降。为避免此种情况发生，企业选择海外生产。

③受当地化战略驱使，跨国公司需要满足东道国当地消费者的需求，从而选择对东道国对外直接投资，来维持在当地的市场份额。

二、理论的完善与发展

产品生命周期理论适用于解释企业最初作为一个投资者进入国外市场的情况，但它不能解释跨国公司的投资行为。[①]为此，弗农于1974年引入国际寡占行为来解释跨国公司的投资行为，重新将产品生命周期划分为基于创新的寡占阶段、成熟的寡占阶段、衰老的寡占阶段。

（一）基于创新的寡占阶段

在这一阶段，具有创新优势的企业不再仅限于美国，还包括欧洲国家和日本的企业。各国创新企业均投入大量的研发费用，依据本国的生产要素状况集中在某个特定行业进行产品创新，既向市场推出新产品，也向市场提供现有产品的差异化产品，以维持其垄断优势。新产品的研发与生产集中于母国国内生产基地，以方便协调生产、研发以及销售活动。当出现技术扩散、产品和工艺标准化以及国外竞争的情况时，跨国公司就会把生产向国外转移，维持和延续基于创新的寡占优势。但是各国企业的技术和生产成本结构不同，它们的区位选择可能会存在差异。

（二）成熟的寡占阶段

进入成熟的寡占阶段之后，跨国公司竞争优势发生改变，从以创新为基础的竞争优势变为利用生产、销售与研发的规模经济优势，或者说从确保技术优势转向设置进入壁垒，以排斥竞争对手进入，维持其本身的寡占地位。此时，跨国公司往往采用两种战略：

一是相互牵制战略，即跨国公司各自在竞争对手的主要市场上设厂经营，以此牵制竞争对手，避免其在自己的市场上削价竞争；

二是追随战略，即领先跨国公司开辟新市场时，同一行业的寡头成员紧紧追随，进入同一市场，以维护寡占均衡。

（三）衰老的寡占阶段

在这一阶段，产品标准化已经完成，规模经济优势逐渐消失，跨国公司不得不寻求建立新的竞争优势。跨国公司通常采用的方法是：

其一，跨国公司之间缔结卡特尔，通过操纵市场价格等限制竞争并瓜分市场；

其二，利用产品广告等宣传手段实现产品差异化，建立新的进入壁垒，以维持市场份额。

---

① 滕维藻，陈荫枋. 跨国公司概论 [M]. 北京：人民出版社，1991：324.

但是竞争者不断进入，成本竞争和价格竞争成为跨国公司考虑的关键因素，高成本的跨国公司被迫退出，去寻找新的以创新为基础的优势；低成本的跨国公司继续留下，成为最后的寡占者，并依据成本因素来选择生产区位，将市场距离和寡占反应置于次要位置。

三、理论评价

（一）产品生命周期理论的主要贡献

①弥补了古典贸易理论中比较优势理论静态分析方法的局限性，第一次从比较优势的动态转移角度将国际贸易和国际投资作为整体考察企业的跨国经营行为；[①]

②比较清楚地解释了发达经济体向发展中经济体进行对外直接投资的经济现象；

③补充了垄断优势理论无法清楚解释第二次世界大战后美国跨国公司为什么在世界范围内居于支配地位的不足。

（二）产品生命周期理论的局限性

产品生命周期理论关注的是以美国为代表的发达经济体对发展中经济体的对外直接投资，理论有如下的局限性：

①无法解释20世纪70年代以后出现的新现象，比如发展中经济体向发达经济体的"逆向"投资。

②缺乏对资源开发型投资、技术开发型投资以及非出口替代型投资动因的解释能力。

③无法合理解释与美国经济结构不一致的发达经济体对外直接投资的动因，以及20世纪60年代以后迅猛发展起来的跨国公司全球化经营浪潮，特别是制造业国际经济活动的主要变化。[②]因此，产品生命周期理论失去普遍意义。

第三节　内部化理论

内部化理论（Internalization Theory）又称市场内部化理论，是在对跨国公司内部贸易增长的现象进行深入细致的研究之后提出的一种解释对外直接投资的动机及决定因素的理论。其在当代西方较为流行，有影响力。所谓内部化，是指把市场建立在公司内部的过程，以内部市场取代原来的外部市场，公司内部的转移价格起着润滑内部市场的作用，使之像外部市场一样有效地发挥作用。

一、理论的主要内容

在内部化理论中，市场不完全性和企业性质是核心内容。英国里丁大学皮

① 赵春明. 跨国公司与国际直接投资 [M]. 北京：机械工业出版社，2007：69.
② CANTWELL J. Technological innovation and multinational corporations [M]. Oxford：Basil Blackwell, 1989.

特·巴克利（Peter J. Buckley）和马克·卡森（Mark C. Casson）[①]以及加拿大阿兰·拉格曼（Allan M. Rugman）[②]对该理论的形成与发展作出了贡献。

（一）前提假设

市场不完全是内部化理论的关键性假设。巴克利和卡森认为市场不完全并不是由规模经济、寡头行为、贸易保护主义或政府干预造成的，而是由于市场失效（market failure）以及某些产品的特殊性质或垄断势力的存在，企业市场交易成本增加。市场失效是指由于市场的不完全性，企业在让渡自己的中间产品时无法保障自身的权益，也不能通过市场来合理配置其资源，以保证企业利润的最大化。

内部化理论特别强调了包括知识在内的中间产品市场的不完全性。中间产品不仅包括半加工的原材料和零部件，更重要的是包括专利、专有技术、商标、商誉、管理技能和市场信息等知识产品。中间产品市场是企业完成从研发到销售一系列经营活动的纽带，但是中间产品，特别是知识产品市场的不完全性使得企业无法通过外部市场有效协调完成其经营活动，因此企业必须对不完全的外部市场实行内部化。当内部化行为超越国界的时候，企业就演变成了跨国公司。

（二）内部化的动机

内部化理论强调企业通过内部组织体系以较低成本在内部转移知识产权优势的能力，并把这种能力当作企业进行对外直接投资的真正动因。[③]在市场不完全条件下，跨国公司出于企业整体利润最大化的经营目的，往往倾向于将中间产品特别是知识产品在企业内部转让，实现中间产品市场内部化。

跨国公司实行市场内部化的动机与企业产品的性质及市场结构有关，其中知识产品的特殊性质、市场结构及知识产品在现代企业经营中的重要地位决定了知识产品市场内部化的动机最强。

知识产品及其市场结构的特点包括：

1.技术研发耗时长、费用多、风险高

跨国公司为获得垄断竞争优势，每年都会投入大量的费用来进行现有产品的更新改造以及新产品的研发，并高薪聘请数量庞大的研发人员。跨国公司技术研发投入的人力和财力巨大，但是研发活动从开始到产品推向市场都充满着不确定性，本身就是一项高风险活动。

2.在一定时期内具有自然天成的垄断优势

知识产品往往会给其拥有者和应用者带来超额利润，因而其使用和处置一般具有专有性，在一定时期内形成知识垄断及市场垄断，并且大部分知识产品要受到法律保护，禁止非所有者侵占。

---

① BUCKLEY P J, CASSON M. The future of the multinational enterprise［M］. London：Macmillan, 1976.
② RUGMAN A M. Inside the multinationals：The economics of internal markets［M］. New York：Columbia University Press, 1981.
③ 张纪康. 跨国公司与直接投资［M］. 上海：复旦大学出版社, 2004：148.

3.难以通过市场决定其价格

生产知识产品的劳动个体存在差异，知识产品中的不确定性和非程序性使知识产品生产的投入与产出在不同的劳动个体之间不具有可比性，这使得对知识产品的估价具有一定难度，难以通过市场决定其价格。

4.通过外部市场进行交易极有可能增加额外的交易成本

知识产品具有可复制性和公共物品的性质，因此也是外部性很强的产品。当知识产品在外部市场上转让时，很可能发生知识产品的外溢，造成企业的巨大损失。

由于知识产品及其市场结构具有上述特点，企业必须对知识产品实行内部化，将知识产品限制于企业内部使用，以维持企业在较长时期内拥有垄断优势，为企业谋求最大利润。

（三）内部化的收益

跨国公司实现市场内部化的目的是获得内部化本身的收益。内部化的收益源于消除市场不完全而带来的经济收益：

1.协调价值链各个环节带来的经济收益

跨国公司把生产经营价值链相互依赖的各个环节统一于企业内部，可以避免外部市场不完全所造成的生产经营活动的"时滞"，或者外部市场价格信号失真对企业短期生产经营活动以及长期投资发展战略产生的负面影响。

2.跨国公司实行差别性内部转移价格带来的经济收益

中间产品特别是知识产品的外部市场运行更多体现为低效运行，而中间产品又是跨国公司生产经营活动顺利完成的关键，因此跨国公司通过内部化中间产品制定差别性转移价格，可以避免外部市场的低效运行。

3.稳定买卖双方供求关系带来的经济收益

跨国公司实行市场内部化，以避免当外部市场存在买卖双方垄断时，供求关系不稳定导致延迟签订合同或者执行合同，增加企业经营风险。

4.长期维持技术垄断优势带来的经济收益

处于外部市场中的技术很容易产生外溢，威胁跨国公司的技术优势，而技术优势是跨国公司最重要的垄断优势。为减少或者避免此类情况发生，跨国公司通过市场内部化建立技术的内部市场，将技术限制在企业内部转移，以长期维持企业本身的技术优势。

5.避免政府干预带来的经济收益

在外部市场上，价格公开可能导致东道国政府出面干预。比如，东道国出于保护民族工业的目的而制定市场价格控制政策，或者东道国政府通过税收、汇率政策等调控手段对外部市场进行干预等。跨国公司通过市场内部化，可以有效避开上述政府干预，获得更多经济收益。

（四）内部化的成本

跨国公司在获得内部化收益的同时，也要承担内部交易成本。内部交易成本是

指企业为克服外部市场交易障碍而额外增加的成本，即内部化成本。内部化成本
包括：

1.资源成本

跨国公司内部化市场就是把一个统一的、完整的竞争性市场分割为若干独立的
非竞争性的市场，限制社会资源的最优配置，造成社会资源的浪费，企业只能在低
于最佳规模经济的水平上从事生产经营活动。

2.通信成本

跨国公司内部化之后，竞争对手会想方设法地获得其商业机密。出于防止公司
商业机密外泄的目的，跨国公司会考虑内部通信网络，从而增加通信成本。另外，
生产地点、销售网络遍布世界各地，跨国公司各分支机构之间彼此联络以及与当地
政府、社会团体等之间进行公关联络都会增加通信成本。

3.国家风险成本

一方面，跨国公司实行内部化之后，会改变东道国的市场结构，形成一定程度
的垄断，对东道国经济发展产生不利影响；另一方面，东道国政府从本国利益出
发，会出面干预跨国公司的生产经营行为，甚至实行国有化，这些干预行为会把跨
国公司的投资、生产经营活动置于风险之中，增加跨国公司的风险成本。

4.管理成本

市场内部化增加了跨国公司分支机构的数量，为实现有效管理，跨国公司只能
不断创新其组织结构，完善或修正其规章制度，调整其管理方式，这就迫使跨国公
司增加人力和物力的投入，从而增加了跨国公司的管理成本。

（五）内部化的实现条件

跨国公司实现内部化的初衷是消除外部市场的不完全性，获得内部收益，但是
与此同时要承担内部化带来的各种额外成本。跨国公司内部化的实现条件是：跨国
公司内部化的边际收益等于其边际成本。

二、理论评价

（一）内部化理论的意义

内部化理论是西方跨国公司理论研究的重点转折，是一种研究跨国公司运行机
制的新型理论。[①]内部化理论从跨国公司面临的内外部市场的差异、国际分工以及
国际生产组织形式等方面研究了对外直接投资的行为和动机，其理论意义在于：

①具有较为广泛的适用性，既可以解释发达经济体的对外直接投资，也可以解
释发展中经济体的对外直接投资。

②较好地解释了跨国公司选择出口贸易、许可证安排以及对外直接投资这三种
参与国际经济方式的依据。三种方式中，对外直接投资占据主导地位，因为跨国公
司可以通过对外直接投资实现市场内部化，保持其在世界范围内的垄断优势。

① 林康. 当代跨国公司论 [M]. 北京：中国青年出版社，1996：263-264.

（二）内部化理论的局限性

内部化理论也有其局限性，主要在于：

①跨国公司市场内部化形成了一定程度的技术垄断，既阻碍了企业之间的公平竞争，也阻碍了新技术、新产品在世界范围内的迅速传播，从而阻碍了社会生产力的顺利发展。

②内部化理论只考虑了如何维持跨国公司垄断优势、如何发挥企业本身的效率，却没有考虑东道国市场是否具有推动跨国公司发挥效率的基础与条件。

第四节　国际生产折中理论

国际生产折中理论（International Production Eclectic Theory）是英国里丁大学邓宁提出的。邓宁在20世纪70年代通过一系列论文系统阐述了其理论思想，并于1981年将这些论文汇编成论文集《国际生产与多国企业》。[①]

一、理论的形成基础

前文所述的各理论缺乏普遍意义上的解释能力，邓宁力图摒弃这个共同弱点，开创一种"通论"。邓宁有机结合了厂商理论、区位理论以及产业组织理论等相关内容，对跨国公司的行为动机和条件进行了系统研究，并提出了国际生产折中理论。该理论具有一定的理论背景，并以现实条件为基础。

（一）理论背景

邓宁认为从20世纪60年代开始，对外直接投资理论已经分化出以下发展方向：

①依据产业组织理论，研究跨国公司对外直接投资所拥有的净优势，集中表现为海默-金德尔伯格的垄断优势理论；

②运用动态分析方法，把对外直接投资和对外贸易结合在一起进行研究，其代表是弗农的产品生命周期理论模型及修正模型；

③根据区位理论，研究跨国公司选择某个经济体作为对外直接投资的东道国而非其他经济体的原因；

④以厂商理论为基础，强调外部市场的不完全性对跨国公司对外直接投资的影响，即以巴克利和卡森为主要代表的内部化理论。

（二）现实条件

邓宁认为鉴于当时世界经济的发展以及国际生产格局的变化，需要用更系统、更合理的理论来解释现实。这些现实主要包括以下方面：

①投资主体多元化。投资主体不再仅仅局限于欧、美、日等发达经济体，发展中经济体也加入到对外直接投资的行列里。

① DUNNING J H. International production and the multinational enterprise [M]. London: George Allen & Unwin Press, 1981.

②投资行业分散化。投资行业从制造业扩展到了资源开发业、服务业以及其他行业。

③投资方式多样化。投资方式除独资之外，合资和合作经营更是迅速发展。

④投资流向多样化。投资流向既包括从发达经济体向发展中经济体的传统投资，也出现了发达经济体之间的横向投资以及发展中经济体向发达经济体的逆向投资。

二、理论的主要内容

国际生产折中理论是以三种优势为前提的，即所有权优势、内部化优势和区位优势。企业要成为跨国公司，应该同时具有这三种优势，缺一不可；否则，就只能以其他方式进行国际经营活动。比如，当具有所有权优势和内部化优势而不具备区位优势时，企业只能选择出口贸易；当只具有所有权优势时，企业最好选择许可证安排。

（一）所有权优势

所有权优势又称企业优势、厂商优势等，是指一国企业具有或者能够获得而其他企业不具有或者无法获得的资产或者所有权，或者企业通过本身不断积累而形成的特定优势。它回答了企业为什么进行对外直接投资的问题。

所有权优势包括可通过市场转让的优势和不可转让的优势两部分，可细分为技术优势、规模优势、管理优势以及资信优势等。

（二）内部化优势

内部化优势又称一体化优势，是指企业本身作为替代外部市场的一种组织制度优势。它回答了如何实现企业所有权优势的问题。

邓宁认为，企业将其拥有的各种特定优势加以内部化的动机在于避免外部市场的不完全性对其产生的不利影响，以实现资源的最佳配置，并继续保持和充分利用其特定优势的垄断地位。市场不完全性既存在于中间产品市场，也存在于最终产品市场。市场不完全性可以分为结构性的和知识性的，前者是指由竞争壁垒、交易成本高而导致的市场不完全性；后者是指由难以获得或需要付出高成本才能获得生产和销售信息而导致的市场不完全性。

（三）区位优势

区位优势是指东道国本身具有的生产要素优势，比如优良的地理位置、丰富的自然资源以及潜在的市场容量等。它回答了企业对外直接投资的选址及国际生产布局的问题。

区位优势取决于以下因素：

①生产要素投入和市场的地理分布状况；

②生产要素成本；

③运输成本、通信成本和基础设施状况；

④政府干预经济的范围以及程度；

⑤金融市场发展状况和金融制度；

⑥国内外市场的差异程度；

⑦历史、文化、语言、风俗、偏好以及商业惯例等的差异。

这些因素影响着企业的国际生产活动，只有在国外的综合区位优势较大时，企业才会选择对外直接投资。

区位优势不仅决定着企业是否选择对外直接投资，还决定着其对外直接投资的类型和部门结构。对外直接投资的类型包括资源开发型、进口替代型、生产或加工专业化型、贸易和销售型、服务型以及其他类型。每一类型的对外直接投资都是由不同的所有权优势、内部化优势和区位优势共同组合决定的。

三、理论发展

20世纪80年代，邓宁研究了1967—1979年世界上67个国家的对外直接投资流出与流入量和人均国民生产总值之间的关系，提出了投资发展周期理论，认为一国的对外直接投资净额与该国的经济发展水平存在密切的正相关关系。对外直接投资净额即一国的对外直接投资流出总额与流入总额的差额。

投资发展周期理论按人均国民生产总值把各国分为4个组别，对应于投资发展的4个不同阶段：

1. 第一阶段

第一阶段是指人均国民生产总值低于400美元的发展中经济体的对外直接投资阶段。此时，所有权优势、内部化优势和区位优势都缺乏，这些国家的对外直接投资流入量非常小，流出量几乎为零，对外直接投资净额为负值。

2. 第二阶段

第二阶段是指人均国民生产总值介于400~2 500美元的大多数发展中经济体的对外直接投资阶段。此时，这些国家的对外直接投资流入量上升，但流出量很小，故对外直接投资净额继续保持负值。

3. 第三阶段

第三阶段是指人均国民生产总值介于2 500~4 000美元的新兴工业化国家或地区的对外直接投资阶段。此时，这些国家的直接投资流出量大幅增加，其速度可能超过流入量，因此净流入量在减少，但对外直接投资净额依然为负值。

4. 第四阶段

第四阶段是指人均国民生产总值高于4 000美元的发达经济体的对外直接投资阶段。此时，企业的所有权优势、内部化优势和区位优势很强，这些发达经济体的对外直接投资迅速增加，对外直接投资净额转为正值。

四、理论评价

(一) 国际生产折中理论的贡献

国际生产折中理论的贡献在于：

①综合吸收了其他理论有关跨国公司对外直接投资影响因素的分析，从中总结出3组变量，即所有权优势、内部化优势和区位优势，进而利用这3组变量来解释跨国公司对外直接投资应该具有的各种条件。

②为投资发展周期理论奠定了基础。投资发展周期理论从动态角度研究了经济发展阶段与对外直接投资的相互关系，不仅能够解释欧、美、日等发达经济体的对外直接投资，还能够解释20世纪70年代之后发展起来的发展中经济体特别是"亚洲四小龙"的对外直接投资，推动了对外直接投资理论的发展。

(二) 国际生产折中理论的缺陷

不过，国际生产折中理论不是完美无缺的，也有其缺陷：

①3种优势彼此相互联系、相互决定，限制了该理论的解释能力。比如，所有权优势过度依赖内部化因素，如果没有内部化因素，则很多所有权优势可能并不存在或根本不能被利用；所有权优势往往又由区位因素决定等。[①]

②现实解释能力受限。国际生产折中理论强调某国企业必须同时具有3种优势，才能发生对外直接投资；但是在现实中，很多发展中经济体的企业并没有同时具有3种优势，却不仅发生了对外直接投资，而且具有良好的发展趋势。

第五节　小岛清比较优势投资论

小岛清比较优势投资论简称小岛清理论，又称小岛清模型、边际产业扩张论、边际比较优势理论，是日本学者小岛清于20世纪70年代在对日本企业对外直接投资特点进行研究的基础上提出的。其主要观点集中体现于《对外直接投资论——一个日本多国企业经营的模型》（1977）一书中。

一、理论提出背景

小岛清理论的诞生与20世纪70年代日本对外直接投资的兴起密切相关。日本学者用垄断优势理论和产品生命周期理论来解释日本的对外直接投资，却不能得出令人信服的结论，于是他们认为上述理论只适用于美国的对外直接投资情况，不适用于日本的情况。比如小岛清认为，海默等人提出的有关结构性研究方法强调的是微观经济学的分析方法和在微观层面上对公司管理的考察研究，而忽略了宏观经济因素对跨国公司及其对外直接投资的影响，尤其是忽视了在国际分工基础上的比较

① ITAKI M. A critical assessment of the eclectic theory of the multinational enterprises [J]. Journal of International Business Studies, 1991, 22（3）：445-460.

成本理论的作用。

小岛清利用国际分工的比较成本理论从宏观层面上详细比较分析了日本式对外直接投资与美国式对外直接投资的差异，并提出了比较优势投资论。

二、理论的主要内容

小岛清认为，日本与美国两国的对外直接投资存在明显差异：

①从投资主体来看，美国多是具有雄厚资本的垄断型企业，而日本集中于中小型企业；

②从投资动机来看，美国的跨国公司能够通过内部市场顺利向国外转移创新型技术，以长期垄断这些技术，而日本是向国外转移在本国已经处于比较劣势的产业，即边际产业，以期能够优化本国产业结构；

③从投资类型来看，美国的投资集中于技术密集型产业，而日本的投资集中于劳动密集型产业；

④从与国际贸易的关系来看，美国型投资与国际贸易是一种替代关系，是一种逆贸易导向型对外直接投资，而日本型投资与国际贸易是一种补足关系，是一种顺贸易导向型对外直接投资。

基于上述对比分析，小岛清认为，对外直接投资应该从本国已经处于或即将处于比较劣势的产业（边际产业）开始按顺序依次进行。边际产业不仅包括渐趋比较劣势的劳动密集型产业，还包括一些产业中的装配或生产特定部件的劳动密集型的生产部门。这些产业或企业的生产可以统称"边际型生产"。与国际贸易按照既定的比较成本开展贸易相比，对外直接投资是按照从趋于比较劣势产业开始投资的原则，因此可以扩大两国的比较成本差距，创造出新的比较成本格局。这是小岛清理论的核心思想。

三、理论评价

（一）小岛清理论的贡献

小岛清理论对对外直接投资理论的发展作出了积极贡献：

①拓展了对外直接投资领域的研究范围。在小岛清理论提出之前，对外直接投资理论都局限于研究欧美等发达经济体跨国公司的对外直接投资，而无人关注欧美之外经济体的对外直接投资，这不能不说是对外直接投资理论的一个缺憾。而小岛清理论针对日本对外直接投资展开研究，正好部分地弥补了上述缺憾。

②将国际贸易与对外直接投资融为一体。在小岛清理论之前，学者们倡导的是国际贸易与对外直接投资之间的替代关系，或者说是一种转移行为，而小岛清强调的是国际贸易与对外直接投资之间的补足关系，或者说是一种创造行为，这就说明国际贸易与对外直接投资不再对立，而是一种融合。

③突破了以往欧美学者局限于一种产品、一个企业、一个产业的研究基础，而

是拓展至多种产品、多个企业、多个产业。

(二) 小岛清理论的缺陷

小岛清理论也有其缺陷：

①缺乏普遍的解释能力。小岛清理论的研究对象仅限于日本的对外直接投资，而日本的自然地理位置及要素禀赋决定了日本经济属于自然资源匮乏型的海岛经济，再加上第二次世界大战后日本需要恢复经济、提升产业结构，这就决定了日本的对外直接投资必然集中于经济发展水平较低的资源型产业或劳动密集型产业。因此可以说，小岛清理论是充分体现特定历史条件下寻求具有日本特色国际分工的理论，并不具有普遍的解释能力。

②缺乏长期的解释能力。小岛清理论的研究集中于20世纪70年代中期之前的日本式对外直接投资，即垂直型投资方式。而事实上20世纪70年代中期之后，日本的对外直接投资也转为美国式的对外直接投资，即水平型投资方式。这种投资方式的转变自然不是小岛清理论所能解释的。

③忽略了日本比较劣势产业向发展中经济体转移后给发展中经济体带来的制约，比如阻碍发展中经济体的产业结构升级，加速发展中经济体的资源消耗，加剧发展中经济体的环境污染等。

第六节　跨国公司对外直接投资理论的新发展

对外直接投资理论不断推陈出新，形成了许多学说，其中最为著名的是刘易斯·威尔斯（Louis T. Wells）的小规模技术理论[1]和迈克尔·波特（Michael E. Porter）的对外直接投资竞争优势理论[2]。

一、威尔斯的小规模技术理论

1977年，威尔斯在发表的《发展中国家企业的国际化》一文中提出了发展中经济体对外直接投资的小规模技术理论，并在1983年出版的《第三世界跨国公司》中对该理论作了较系统的阐述。

威尔斯认为，发展中经济体跨国公司的相对优势来自低生产成本和反映母国市场规模的特点。这种低生产成本是与其母国的制成品市场需求有限、规模很小紧密相关的。威尔斯主要从以下方面分析了发展中经济体跨国企业的相对优势。

1.拥有为小市场提供服务的小规模生产技术

低收入国家的制成品市场需求量有限，大规模生产技术无法从这种小市场需求中获得规模效益，而这个市场空档正好被发展中经济体的跨国公司所利用，它们以此可以开发满足小市场需求的生产技术而获得竞争优势。

① WELLS L T, Jr. Third world multinationals: The rise of foreign investment from developing countries [M]. Cambrige, MA: MIT Press, 1983.
② 波特. 国家竞争优势 [M]. 李明轩, 邱如美, 译. 北京: 华夏出版社, 2002.

2.发展中经济体在民族产品的海外生产上具有非常大的优势

发展中经济体的一些海外投资主要是为服务于海外某种团体的需要而建立的。比如，为旅居海外的华人提供食品加工、餐饮以及新闻出版等，带动了来自中国、东南亚国家和地区的海外投资。这些民族产品的生产利用母国资源，在生产成本上占有优势。

3.低价产品营销战略

物美价廉是发展中经济体产品最大的特点。这一特点成为发展中经济体跨国公司提高市场占有率的有力武器。发展中经济体跨国公司的营销费用明显低于发达经济体的水平，产品和服务适用于中低收入水平的消费者阶层。

威尔斯的小规模技术理论对于发展中经济体发展对外直接投资具有重要意义。随着世界市场向多元化发展，即使是处于技术不够先进、生产规模不够大的发展中经济体中的小企业也有机会实现对外直接投资，参与世界市场的竞争。

二、波特的对外直接投资竞争优势理论

1990年，美国哈佛大学教授、著名企业战略专家迈克尔·波特出版专著《国家竞争优势》，提出了对外直接投资竞争优势理论，简称竞争优势理论，又称战略管理理论。该理论研究的核心问题是国际竞争环境与跨国公司竞争战略和组织结构之间的动态调整及相互适应的过程。

波特认为，构成竞争优势的四项因素包括生产要素、需求条件、相关与支持性产业，以及企业战略、企业结构和同业竞争，这些因素相互影响，可能会加快本国企业创造国内竞争优势的速度，也可能造成企业发展停滞不前的状况（如图3-2所示）。其中，生产要素是指一个国家在特定产业竞争中有关生产方面的表现，比如员工素质或基础设施方面的差异；需求条件是指本国市场对该项产业所提供产品或服务的需求如何；相关与支持性产业的表现是指这些产业的相关产业和上游产业是否具有国际竞争力；企业战略、企业结构和同业竞争强调的是企业采取的组织和管理形态，以及国内市场竞争对手的表现。

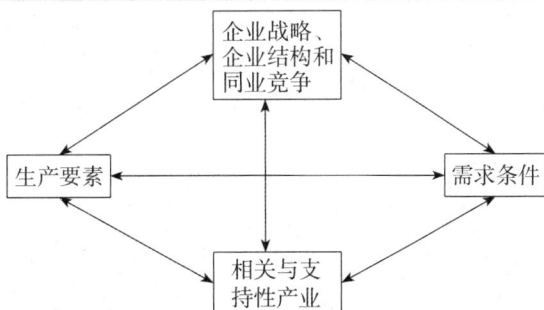

资料来源　波特.国家竞争优势［M］.李明轩，邱如美，译.北京：华夏出版社，2002：68.

图3-2　国家竞争优势的关键因素

波特认为，对于高度依赖自然资源或技术层次较低的产业，可能只需要具备其中两项因素就能得到竞争优势，但是这样的优势往往是不能持久的，因为竞争对手能非常轻松地战胜此优势。即使是以知识密集型产业为主的跨国公司，也必须各项因素都具有优势，才能保持竞争力。而竞争自身越激烈，越有可能带来成功，因此，一国要想在全球竞争中战胜对手，国内需要有激烈的竞争。这样的竞争一方面促使企业向海外发展对外直接投资，另一方面为企业在国际竞争中获胜创造了条件。

对外直接投资竞争优势理论是对外直接投资理论的新发展，以构成国家竞争优势的四项要素组成的模型为出发点，从动态角度阐释了国内竞争会促使企业获得竞争优势进而进行对外直接投资这种先国内、后国外的投资顺序，具有很强的理论和现实意义。但是该理论是基于对日本企业的研究得出的，对于其他国家的企业是否适用还有待进一步的实证检验。另外，波特没有详细分析四项要素之间的相互关联情况，只是进行了简单粗略的归纳，这不能不说是该理论的不足。

第七节　案例——英国石油公司利用三大优势对外扩张和日本三洋电机公司的发展壮大

一、案例一：英国石油公司利用三大优势对外扩张

（一）基本案情

英国石油公司（以下简称为BP公司）是由前英国石油、阿莫科、阿科和嘉实多等公司整合重组形成，是世界上最大的石油和石化集团公司之一。BP公司总部设在英国伦敦。作为一家全球性的能源企业，公司业务范围覆盖全球能源体系，在欧洲、北美洲、南美洲、大洋洲、亚洲和非洲均设有经营机构。2021年《财富》世界500强排名榜中，BP公司位列第18名，营业收入为1 835亿美元，员工数为68 100人。

目前，BP公司主要围绕三大重点领域展开活动，包括低碳电力和能源、便利性和移动性、富有弹性且聚合的碳氢化合物；集中于扩大价值的三个差异性来源，包括一体化能源体系，与各国、各城市和各产业合作，推动数字化和创新。

BP公司自1973年开始在华拓展业务。在华业务中，BP公司经历了三个发展阶段：

①20世纪70年代初，公司主要从事化工技术转让和营销。1979年，BP公司在北京民族饭店有了自己的代表处。

②20世纪80年代，公司开始进行海上油气勘探和生产。1984年，BP公司与第一位"中国合伙人"——中国海洋石油总公司南黄海石油公司[①]开始密切合作，一起勘探开发的中国南黄海第一口石油探井正式开钻。

---

① 1989年11月15日，中国海洋石油总公司决定从1990年1月1日起将南黄海石油公司改名为东海石油公司，1992年1月1日起再次改名为中国海洋石油东海公司。

③从20世纪90年代开始，公司业务范围开始扩大，拓展到航空燃油供应、液化石油气和天然气的进口与销售、加油站零售、润滑油的生产与销售、太阳能发电装置的开发应用等业务。90年代是BP公司在中国快速成长的几年。1991年，深圳承远航空油料有限公司成立，它不仅是BP公司在中国运营的首个合资企业，也是中国的第一家航油合资企业。

进入21世纪，BP公司继续与中国企业合作，为中国消费者提供服务。2004年，公司与中国石油在广东、与中国石化在浙江共同运营双品牌加油站，开展油品零售业务；和中海油等11家中外企业在深圳合资成立了广东大鹏液化天然气有限公司。2005年，公司与中国石化合资成立南京扬子石化碧辟乙酰有限责任公司。2010年，公司在上海浦东金桥高科技园区成立嘉实多润滑油中国技术研发中心，致力于为中国的汽车、航空、船舶以及工业等领域提供完善的润滑技术解决方案。2014年，公司与中国海油签署长达20年的液化天然气供应协议。2015年，在国家主席习近平与英国首相卡梅伦的共同见证下，BP公司与中国石油签署战略合作框架协议。2017年年底，公司宣布在天津建立嘉实多润滑油调配厂。

未来，BP公司将继续致力于成为中国能源领域可信赖的合作伙伴。

（二）案例评析

BP公司在对外扩张过程中主要依赖并购这种投资方式；在经营战略方面主要采用多样化经营，并能够充分利用国际生产折中理论的三大优势。

1.选择并购投资方式

BP公司的投资方式主要是并购。1970年年初，BP公司将其阿拉斯加油田的大部分股份及部分辛克莱公司下游资产转让给俄亥俄标准石油公司，获得其25%的原始股，以后的增资扩股不得超过54%。这么做可以保持俄亥俄标准石油公司的独立性，避免受到美国反托拉斯法的惩罚。随着美国石油业的进口保护减弱，美国市场对于BP公司来讲显得更为重要，BP公司决定进一步全面收购和整合，于是在1987年以76亿美元完成了对俄亥俄标准石油公司剩余股份的收购，终于获得全面控制权。1998年，BP公司又对阿莫科公司进行了收购。

2.奉行多样化经营

BP公司一直奉行多样化经营。为适应其广泛及多样化业务活动的需要，从1981年以来，BP公司先后建立了10多个下属分公司，有BP国际石油公司、BP国际化工公司、BP石油勘探公司、BP国际天然气公司、BP煤炭公司、BP国际矿产公司、BP食品公司、西康国际公司、BP船舶公司、BP国际金融公司、BP国际洗涤剂公司等。

3.充分利用自身优势

BP公司对俄亥俄标准石油公司的收购过程通过国际生产折中理论得到很好的诠释：

①BP公司拥有所有权优势，如雄厚的资金、先进的技术、丰富的企业管理经

验以及广泛的市场营销网络。

②BP公司具有良好的一体化整合优势。公司从油田开采到中间产品再到最终产品的整个生产链条都可以通过内部化市场来完成。

③美国作为东道国具有明显的区位优势。美国以其稳定的政治环境、活跃的私人企业、巨大的市场需求、较高的产品利润率成为世界石油企业趋之若鹜的理想之地。

（三）思考

思考一：BP公司对外扩张为什么采用并购方式，而不是绿地投资？

思考二：BP公司成功实现对外扩张，对中国能源企业"走出去"有何启示？

二、案例二：日本三洋电机公司的发展壮大

（一）基本案情

日本三洋电机公司创立于1947年，当时的名字为三洋电机制作所，创始人为井植岁男先生，主要生产供联合国驻军使用的电灯、民用室内灯以及自行车用发电灯1号机47型。1950年，三洋电机株式会社成立。"三洋"之意为连接三大洋的各个国家，即全世界，体现了公司面向全球，以"人""技术""服务"为三大支柱向前发展的抱负。井植岁男还秉承"作为公司，我们致力于像太阳那样普照万物，不论种族、信仰、宗教或贫富"的指导理念，面向全球，立志成为世界上人们不可缺少的存在。也正因为如此，三洋公司成为第二次世界大战后迅速发展壮大起来的大型跨国公司。

三洋公司迅速发展壮大的主要原因在于远大的战略眼光和不断推陈出新的创新精神。三洋公司的行动口号是"Generating Synergy"，其中，"generating"指"创造"，即主动创造新事物；"synergy"的含义为"协同，协同效应"。三洋公司积极倾听消费者的声音和要求，以独创技术和解决方案的实力来为消费者解决问题。三洋公司在最初成立的10年间，连续研制出了5种创新产品，并成功推向市场，由此奠定了三洋公司在日本电器工业的地位。1952年，三洋公司研制出的第一批塑料壳收音机（SS-52）开始进入市场销售。塑料壳收音机携带轻便，外观秀美，性能优良，价格合理。其远远优于原来的木壳收音机，一上市就受到欢迎，市场占有率快速上升，使三洋公司成为日本当时收音机市场占有率仅次于松下电器公司的大企业。1953年，三洋公司又推出日本第一台喷流式电动洗衣机SW-53。日本评论家大宅壮一将该年命名为"电气元年"。喷流式电动洗衣机在性能上优于传统的洗衣机，但是价格仅为搅拌式洗衣机的一半，一经推出就备受青睐，使得三洋公司不断提高其产量，日产量超过1万台。喷流式电动洗衣机的成功使得三洋公司成为日本最大的洗衣机厂家。1957年，三洋公司开始进行电冰箱的研制与生产，同年开始销售第一批电冰箱。经过几年的研制，三洋公司研制出了磁性门封，取代了插销式冰箱门；还用二级压缩机取代了传统的四级压缩机，大大提高了冰箱的有效使用面

积。1959年，东京三洋电机株式会社成立，主要从事空调的研发与生产，于1961年率先生产分体式空调（SAP-200E），从而克服了窗式空调噪声大、安装复杂的问题。1960年，三洋公司率先生产出了双缸脱水干燥式洗衣机（SW-400）。在那10年间，三洋公司除抓紧创新新产品之外，还先后涉足了其他相关产品的生产。比如1953年，三洋公司推出了第一批电视17C-C231；1956年，开始生产第一批晶体管收音机（6C-1）；1958年，开始销售第一批吸尘器（SC-100）和第一批音响（STG-100）；1960年，开始销售第一批21-CT彩色电视机等。

三洋公司进军海外市场始于1958年。当时，三洋公司与一家美国公司签订了关于晶体管收音机的协议，由此开始了三洋OEM（代工）的历史。1961年，三洋公司正式走向海外，先在美国成立了三洋产品销售公司，后在中国香港设立了第一家海外制造公司，名为三洋电机（香港）有限公司。1975年，三洋公司成立了驻美国的第一家制造工厂，并于1979年开始进入中国内地，是最早进入中国内地市场的外资企业之一。三洋公司与中国建立了密切友好的合作关系，相继设立了多家独资和合资企业。三洋公司在中国的足迹遍及北京、上海、大连、合肥、苏州、广州等地，拥有包括民用产品、商用产品、电子产品等领域在内的40多家关联企业，在中国有近6万名员工。1995年，三洋公司成立三洋电机（中国）有限公司，这是一家投资管理性公司，负责三洋公司在中国相关业务的开展与管理工作，还要向在中国的关联公司提供财务会议、法律、IT、信息、宣传、公关、环境、售后服务、销售等方面的协助。此外，三洋公司还在新加坡、马来西亚、印度尼西亚、泰国、韩国及菲律宾等国建立了一批生产型的电子公司。至此，三洋电机公司成为蜚声世界的著名跨国公司。①

（二）案例评析

三洋公司短短几十年迅速发展为一家全球著名跨国公司，究其原因，主要在于其一贯坚持创新经营理念、正确的投资策略以及迅速调整的经营战略。

1.经营理念：不断创新

正如三洋公司的宗旨所说的一样："开发独创技术，提供卓越商品和真诚服务，成为受全世界人们喜爱和信赖的企业集团。"创新是三洋一贯坚持的经营理念。

三洋公司不断进行技术创新，在销售量较大的产品上都研制出了创新型产品，包括收音机、洗衣机、空调、电冰箱等。创新型产品的不断推出进一步推动了三洋公司的对外扩张。

---

① 20世纪90年代，三洋公司的洗衣机和电冰箱占据日本一半以上的市场份额。三洋公司为规避家电量贩店过高的进场费而自建销售网络，并与家电量贩店大打价格战。为降低产品生产成本，三洋公司继而将一部分洗衣机和电冰箱的生产委托给了中国海尔集团。但是当时被贴上"中国制造"的三洋产品被消费者认定是"垃圾"货，因此身价暴跌，直接影响了三洋公司家电的市场份额。为拯救企业，三洋公司决定投身于半导体行业。但遇2001年互联网泡沫破裂，三洋公司元气大伤；后加上2004年新潟大地震，其主力工厂被大火烧毁，最终导致三洋公司无法恢复元气。2004年，三洋公司经营赤字达1 715亿日元。无奈之下，其接受了包括美国高盛、日本三井住友银行和大和证券3家金融机构的3 000亿日元的援助，条件是三洋公司放弃经营权，经营权归属美国高盛等大股东们聘请的职业经理人。职业经理人致力于重振三洋公司的产业；投资人则希望将三洋公司分切后出售，以追求最高的投资利益。经营者与投资者之间的目标与利益冲突，直接导致三洋公司艰难度日。加上受2008年全球金融危机冲击，高盛等投资者拥有的三洋公司股份大幅缩水，其酝酿退出三洋公司。2009年12月21日，日本松下公司取得50.27%的三洋公司股权，三洋公司成为松下公司的子公司。

为鼓励创新，从2001年开始，三洋公司设立了"品牌奖励制度"，鼓励开发能提升三洋技术含金量的产品。对于能够引起媒体注意、得到广泛宣传，或者开发并被其他公司所追随，进而提高销售价格的新产品，公司对开发者给予200万日元的奖励。受此奖励措施鼓舞，三洋公司开发与生产出了一系列技术含量较高同时深受消费者欢迎的家电产品，其中最功不可没的当属充斥全球的充电电池。

另外，为减少无谓的竞争，加快开发进度，三洋公司还对竞争对手实施收购。比如，在2001年4月，三洋公司收购了东芝公司的镍氢电池业务。该收购使三洋公司的市场份额增加到60%，收益也得到显著改善，最大的收获就是加快了产品开发的速度。产品开发速度的提高在很大程度上得益于三洋公司与东芝公司对于试验资源的整合。在充电电池方面，三洋公司通过改变电极的材料与形状、电解液的成分等来探索更佳的组合，对提升电池性能颇为关键；通过共同开发、共享试验数据，大幅度减少了重复性试验，既节约了试验成本，又提高了开发速度。

2. 投资策略：重点进攻

在三洋公司的海外投资过程中，最为成功的策略就是选择重点区位，大举进驻。三洋公司的第一家海外生产企业选择建在了中国香港。之后随着中国内地改革开放政策的实施，三洋公司又把中国内地作为其海外投资的重点区位，于1979年开始进入中国内地市场，是中国人民最早熟知的洋品牌之一。三洋公司在中国的各类关联企业主要通过独资、合资、技术合作、投资控股等方式完成。

三洋公司又将广东省和辽宁省大连市作为主要的投资生产区位。其中，广东省是我国最早开放的区位之一，容易接受新事物，投资环境优良。三洋公司最先进入广东省，使其有更多时间去了解中国的相关政策，熟悉中国的市场，为日后继续北上打下了坚实的基础。

3. 经营战略：迅速调整

三洋公司独特的经营之道被称为难波经营术。"难波"是日本古地名，在今天的大阪一带，三洋公司就是在大阪起家的。"难波经营术"意为三洋公司独特的迅速调整的经营战略。

20世纪80年代初期，三洋公司为适应经营环境的变化，提出了企业经营由以资本为核心向以技术为核心转变的经营战略。20世纪80年代后，三洋公司建立了三洋研究中心和人才培训中心，强调科研成果和科研人才，将二者视为公司日后在家电领域有所成就的工作重点。三洋公司在1982年扩建大阪中央研究所，1985年在东京建立了三洋电机筑波研究所。东京和大阪是日本的两个经济核心城市，同时是科研人才集聚的地方，三洋公司同时在这两个核心城市建立研究所，形成"双子"型研究态势。这种态势可以便于三洋公司了解市场动态，更好地满足市场需求，同时与两地的科研机构合作，快速推出创新型产品，还便于招募更多的优秀科研人员。

三洋公司经营战略的转变为其带来了收益，比如三洋公司先后在锂电池技术、太阳能光电技术及冷冻储运技术等方面的激烈竞争中保持了竞争优势，市场份额居于前位。

（三）思考

思考一：哪种对外直接投资理论可以有效解释三洋公司成功的海外投资之路？

思考二：三洋公司海外扩张的特点是什么？

学思践悟

"中国机遇"吸引跨国投资持续加码

党的二十大报告指出："高质量发展是全面建设社会主义现代化国家的首要任务。"当前，在世界范围内，数字经济成为跨国公司追逐的热点，绿色低碳蕴藏投资合作新空间，持续扩大开放带来强劲"引力"。中国以高质量发展的综合优势，吸引更多国际资本投资合作。

一、全球投资减速，我国吸引外资额逆势增长

联合国贸易和发展会议2021年发布的《2021年世界投资报告：投资于可持续复苏》显示，2020年全球对外直接投资额下降超过1/3，降至1万亿美元，远低于全球金融危机后的低点，其中发展中经济体工业绿地投资受到的影响尤其严重。

在全球投资额大幅下降的背景下，2020年我国引进外资规模达到1 493亿美元，逆势增长5.7%；2021年前7个月，全国吸引外资同比增长30.9%，规模超过1 000亿美元，达到1 007.4亿美元。2020年我国不仅吸收外资规模创历史新高，还实现了引资总量、增长幅度、全球占比"三提升"。

当前境外新冠肺炎疫情起伏不定，全球贸易投资减速，经济格局重塑，而中国成为全球最大的外资流入国，吸引着更多国际资本投资合作。

中国疫情防控形势向好，经济迅速恢复，产业结构不断优化，同时出台了一系列改革措施，进一步完善了外商投资环境。这使得中国成为跨国公司投资的重要目的地，吸收外资创新高，外资质量不断优化。

戴尔在全球近1/3的专利和75%的产能，是由在中国的研发机构和工厂创造的。中国对于跨国公司最大的吸引力在于其市场规模、生产成本、供应链配套、基础设施和人才的综合优势，不仅有潜力巨大的市场，更是生产和服务的基地。

二、跨国公司加码"新经济"

绿色低碳、数字经济成为国际投资合作的热点。

中国正在大力发展数字化基础设施建设，疫情加快了各行业数字化赋能的速度。在数字经济领域，中国拥有较好的投资环境。戴尔从2016年开始跟踪全球4 000多家企业的数字化转型趋势，其中中国企业表现突出，领军型企业数量不断增长。这说明中国产业智能化升级的步伐坚实，数字经济的前景广阔。目前戴尔已将先进存储设备的生产产能转移到厦门工厂，未来还会进一步加快数字经济和电子信息产业的投资。

　　绿色低碳创新是吸引国际投资者的另一大热点。空气化工产品（中国）投资有限公司近几年大力开拓中国市场，在中国投资建设了200多个生产设施。该公司希望自己能够参与中国碳中和技术的合作，为"双碳"目标的实现作贡献。

三、持续开放"引力"增强

　　外资看好中国，不仅基于中国当前稳健复苏的经济，更因为中国持续深化改革、全面扩大开放带来的长久机遇。《中华人民共和国国民经济和社会发展第十四个五年规划和2035年远景目标纲要》表明，中国将继续欢迎和吸引外资，这对外国投资者来说是一个非常好的信号。中国持续开放、优化营商环境的改革举措取得巨大成就，得益于此，很多外资企业希望与更多中国企业携手，共促双边经贸关系深入发展。

　　资料来源　李慧颖，付敏，张逸之."中国机遇"吸引跨国投资持续加码——从投洽会看外资新动向［EB / OL］.（2021 – 09 – 10）［2021 – 12 – 25］. https://baijiahao. baidu. com / s? id=1710530592621986312&wfr=spider&for=pc.

关键术语

　　垄断优势　市场不完全性　产品生命周期　内部化　所有权优势　内部化优势区位优势

复习思考题

　　1.简述垄断优势的主要内容，并作出适当评价。
　　2.简述约翰逊的知识资产论和凯夫斯的产品差异论的主要内容。
　　3.简述内部化理论的主要内容。
　　4.简述国际生产折中理论的形成基础、主要内容，并作出相应评价。
　　5.简述威尔斯的小规模技术理论的主要内容。

第四章
跨国公司的组织与管理

学习目标

学习目标

◆重点掌握跨国公司组织的概念、形态和结构类型；掌握跨国公司管理的形式、内容和特点；了解跨国公司组织结构创新的含义和原因。

第一节　跨国公司的法律组织形态

企业的法律组织形态是指法律规定的企业组织形式，由企业的组织方式、法律资格等方面的内容构成。

根据不同标准，企业的法律组织形态有不同的分类。例如，根据投资主体不同，企业可分为国有企业和非国有企业；根据承担的职能不同，企业可分为竞争性企业和非竞争性企业；根据是否独立享有权利、承担义务和责任，企业可分为法人企业和非法人企业。

企业的法律组织形态对该企业产生多方面的影响，主要有：①资金来源；②利润分配和风险承担的主体和形式；③资金运用与战略决策的主体和方式。企业的法律组织形态并不是一成不变的，在一定条件下可以发生转化，如人员组成、财产构成或创办目的等来自企业内部的变化，或是由国家法律和经济政策的改变所引起，如所有制的变化，以及某一国家或某一地区特定的商业和法律习惯的差异。

对于跨国公司来说，其复杂的组织结构中主要存在三种法律形态：母公司、子公司和分公司。本节主要阐述跨国公司这三种法律组织形态的概念和法律特征。

一、母公司与子公司

（一）母公司与子公司的概念

母公司（parent company）是指通过拥有其他公司一定数量的股权或通过协议方式能够实际控制支配其他公司的人事、财务、业务等事项的公司。判断是不是母公司，最基本的特征是看其是否参与子公司的业务经营，而不仅仅是持有子公司的股份。

子公司（subsidiary）是指一定比例的股份被另一公司拥有或通过协议的方式受到另一公司实际控制、支配的公司。母公司与子公司之间存在的"所有权"关系，实质上是母公司对其经济上的实际控制和参与决策权。

国际上有时也把母公司称为控股公司（holding company），并分为两类：

①纯粹的控股公司（pure holding company），其设立的目的只是掌握子公司的

股票（份）或其他有价证券，其本身不再从事任何业务活动。

②混合控股公司（mixed holding company），或叫控股－营业公司（holding-operating company），其除了掌握子公司的股份之外，本身也经营其他业务活动。目前，母公司的概念主要就是指这类混合控股公司。例如，美国电话电报公司、通用汽车公司等就是既控制许多子公司，又经营自身的通信、工业生产及其他业务的公司。

目前，各国对母子公司的法律规定和解释不尽相同。例如，按照《美国模范商业公司法》的规定，若某一公司的一类股份中，至少有90%已公开发行，并且售出的股份为另一公司所拥有，则前者为子公司，后者为母公司。日本法律则规定，如果某公司拥有另一公司50%以上之股本，则前者为母公司，后者为子公司。我国理论界通常认为，母公司是指拥有另一公司一定比例以上的股份，能对另一公司实行实际控制的公司；与此相对应，一定比例以上的股份为另一公司所控制的公司即为子公司。

母公司与控股公司是可以通用的两个概念，子公司也可以通过控制其他公司一定比例以上的股份而成为控股公司，被控股的公司成为孙公司。母公司通过控制众多的子公司、孙公司而成为庞大的公司集团。母公司只要通过较少的资本就可以利用子公司的资本购买别的公司，组建起金字塔形的公司集团模式。

（二）母公司与子公司的法律特征

1.子公司具有独立法人资格

法律上，子公司是独立法人，拥有独立的公司名称和章程，拥有独立的财产并自负盈亏，可以公开发行股票以及独立借贷，可以以自己的名义从事各种经济、民事活动；独立承担公司行为所带来的一切后果及责任。子公司在东道国注册登记后被视为当地公司，须受东道国法律管辖和保护，不受母国政府的外交保护。

2.子公司受母公司的控制

子公司在经济上和业务上被母公司实际控制，即母公司实际控制子公司的董事会组成，其重要决策要经过母公司的同意。子公司的财务状况和经营成果要纳入母公司编制的合并会计报表之中。

3.母公司控制子公司的经营

母公司实际控制子公司的经营管理权。母公司以参股或非股权安排行使对子公司的控制。参股方式是指通过拥有子公司一定比例的股权来获得股东会的多数表决权，进而获得对公司重大事务的决策权，达到控制公司的目的。非股权安排是指通过各种协议达到实际控制的目的。

4.母公司对子公司承担有限责任

母公司对子公司承担的责任通常以其出资额为限；母公司对子公司的债务不承担责任，这是由于母公司与子公司在法律上是相互独立的法人。母公司与子公司的关系实质上是股东与公司的关系，很多国家除对二者之间的一般关系作了规定以外，也对母公司与子公司之间的特殊关系作出了特殊规定，进行特殊的法律管制。

二、分公司

(一) 分公司的概念

分公司 (branch) 是总公司的分支机构。许多大型企业的业务分布于全国各地甚至国外,直接从事这些业务的是公司所设置的分支机构或附属机构,这些分支机构或附属机构就是分公司。分公司是与总公司相对应的一个概念,是总公司的一个部分,在法律上和经济上都不具有独立性。分公司与总公司的关系虽然同子公司与母公司的关系有些类似,但分公司的法律地位与子公司完全不同。

(二) 分公司的法律特征

1.分公司没有法人资格

分公司不具有法人资格,因此不能独立承担责任,其一切行为后果及责任由总公司负责。分公司由总公司授权开展业务,自己没有独立的公司名称和章程。

2.分公司没有独立的财产

分公司的所有资产均属于总公司,其本身也作为总公司的资产列入总公司的资产负债表中,总公司对其承担无限责任。

3.分公司与总公司同为一个法律实体

设立在东道国的分公司被视为"外国公司",不受当地法律法规保护,而是受母国的外交保护。它从东道国撤出时,不能出售资产和转让股份,也不能与其他公司合并。

三、跨国公司设立子公司和分公司的考虑

在市场竞争日趋激烈的条件下,跨国公司总在考虑如何达到经济效益的最大化,并由此选择有利于公司经营的组织形式。由于子公司和分公司在税收待遇等方面各有优势,世界各国对这两类公司在税收待遇等方面有着许多不同的规定,这就为企业或跨国公司设立附属企业的组织形式提供了选择空间,所以出现了在不同国家和地区分别设立子公司或分公司的现象。

(一) 设立子公司的好处

子公司在东道国仅承担有限的债务责任(有时需要母公司担保)。子公司向母公司报告企业成果只限于生产经营活动方面,而分公司要向总公司报告全面情况。子公司的所得税计征独立进行。子公司是独立法人,可享受东道国给其居民公司提供的包括免税期在内的税收优惠待遇,而分公司由于是作为企业的组成部分之一派驻国外,东道国大多不愿为其提供更多的优惠。东道国税率低于母国时,子公司的累计利润可得到递延纳税的好处。子公司利润汇回母公司要比分公司灵活。这有利于母公司的投资所得、资本利得留在子公司,或者可选择税负较轻的时候汇回,得到额外的税收利益。许多国家对子公司向母公司支付的股息规定减征或免征预提所得税。

（二）设立分公司的好处

分公司一般便于经营，财务会计制度的要求也比较简单。分公司承担成本费用可能要比子公司节省。分公司利润由总公司合并纳税。由于分公司不是独立法人，在经营初期出现亏损时，其亏损可以冲抵总公司的利润，减轻税收负担。分公司交付给总公司的利润通常不必缴纳预提所得税。分公司与总公司之间的资本转移，因不涉及所有权变动，不必负担税收。

综上所述，子公司和分公司的税收利益存在较大差异，公司在选择组织形式时应细心比较、统筹考虑、正确筹划。一般说来，如果组建的公司一开始就取得盈利，设立子公司就更为有利。子公司在取得盈利的情况下，可享受到当地政府提供的各种税收优惠和其他经营优惠。如果组建的公司在经营初期发生亏损，那么组建分公司更为有利，可减轻总公司的税收负担。

第二节　跨国公司的组织结构

一、跨国公司组织结构的类型

现代跨国公司的组织结构分为五种：职能式结构、事业部式结构、区域式结构、混合式结构以及矩阵式结构。

（一）职能式结构

在一个职能式结构中，组织从上至下按照相同的职能将各种活动组合起来。简单的职能式结构如图4-1所示。

图4-1　简单的职能式结构

1.职能式结构的特点

当外界环境稳定，技术相对成熟，而又不需太多的跨职能部门间的依存时，这种结构是最有效的。组织目标在于内部效率和技术专门化，规模从小型到中型。所有这些特征意味着公司可以主要通过纵向层级来实现控制和协调，并不需要太多的横向协调。在公司中，员工被安排去完成各自职能部门的工作目标。计划和预算依据职能来制定，并且反映了各个部门的资源耗用成本。正式的权力和影响来自职能部门的高层管理者。

2.职能式结构的优劣势

该结构的优势是有助于形成职能部门的规模经济。规模经济的概念本来是指扩大生产规模引起经济效益增加的现象，职能部门的规模经济是指组合在一起的员工可以共享某些设施和条件，从而产生成本或投入的节约。例如，只准备一套设备，而不是为每个产品线都提供独立的设备，就会减少重复建设和浪费。职能式结构也鼓励员工技能的进一步提高。在组织内部，员工被安置从事一系列的职能活动。对于只生产一种或少数几种产品的中小型企业而言，职能式结构是一种最佳模式。

该结构的劣势在于，对外界环境变化的反应太慢，而这种反应又需要跨部门协调。如果环境发生变化或者技术是非例行、相互依存的，则会出现纵向层级超载现象，决策堆积，高层管理者不能快速作出反应。职能式结构的其他缺点还有：协调少导致缺乏创新，每个员工对组织目标认识有限。

目前，由于环境的不确定性，组织结构有转向更加扁平化、横向化的倾向。成功的公司之中几乎没有保持那种严格意义上的职能式结构的。我们将在下一节具体讨论这种横向化的组织模式。

（二）事业部式结构

1.事业部式结构的特点

事业部式结构的显著特点在于，基于组织产出划分部门，每个部门又包括研发、生产、财务和市场等职能部门，以增强部门内协调，鼓励灵活性和变革，因此能够适应环境的变化。此外，事业部式结构实行决策分权，职能式结构总是将决策集中在高层。

事业部式结构又可细分为产品事业部结构和多事业部结构：

①产品事业部结构（product division structure）是指总公司设置研发、设计、采购、销售等职能部门，事业部主要从事生产，职能部门为事业部提供所需的支持性服务。

②多事业部结构（multi-division structure）是指总公司下设多个事业部，各事业部又设立各自的职能部门，用来提供研发、设计、采购、销售等支持性服务，各事业部自行生产产品，自行采购和销售。

这种结构模式在获得跨部门协调方面效果极佳。当环境不确定，技术又是非例行的，需要部门间相互依存，目标是外部有效性和适应性时，事业部式结构是适合的。该结构也适合将大型公司划分为一些较小的、自主经营的组织，以便于实现更佳的控制与协调。在这些大公司内部，这种单元有时被称为分部、事业部或战略经营单位。曾经的时代华纳公司[①]就是事业部式的一个例子，它主要经营的事业部有华纳音乐、华纳兄弟、时代公司等，涵盖影视制作、杂志出版和图书出版等领域。

2.事业部式结构的优劣势

该结构的优势在于，具有对不稳定环境的快速适应以及灵活的部门协调能力，使组织能够自我快速调整，对市场的变化作出迅捷的反应（如图4-2所示）。但它使组织失去了规模经济，10名工程师可能被分派到5个事业部。同时，该结构会导

① 2018年6月15日，美国电话电报公司正式完成对时代华纳公司的收购，时代华纳公司更名为华纳媒体集团。

致产品线之间相互分立，难以协调（见表 4-1）。

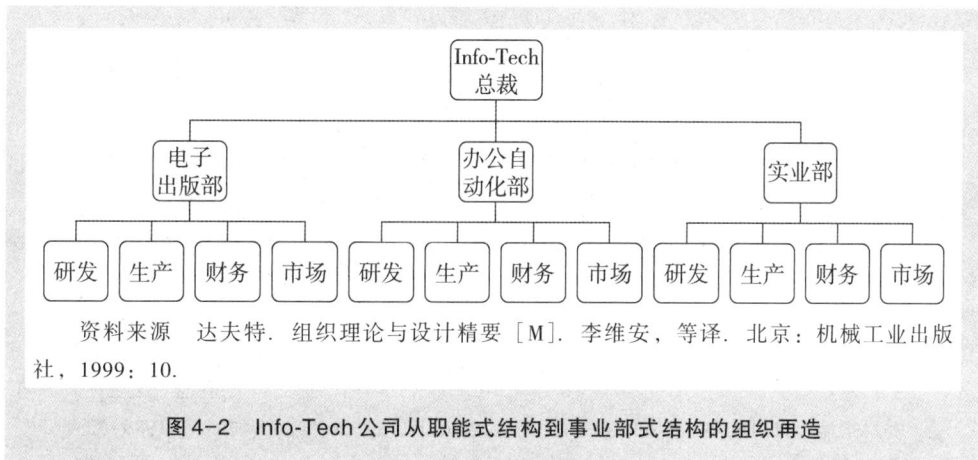

资料来源　达夫特. 组织理论与设计精要［M］. 李维安，等译. 北京：机械工业出版社，1999：10.

图 4-2　Info-Tech 公司从职能式结构到事业部式结构的组织再造

表 4-1　　　　　　　　　　　　　　事业部式结构概括

关联背景	内部系统
结构：事业部式 环境：中度到高度的不确定性、变化性 技术：非例行，部门间较高的相互依存性 战略目标：外部效益、适应、顾客满意	经营目标：强调产品线 计划和预算：基于成本和收益的利润中心 正式权力：产品经理
优　势	劣　势
1.适应不稳定环境下的快速变化 2.通过清晰的产品责任和联系环节实现消费者满意 3.跨职能的高度协调 4.使各分部适应不同的产品、地区和消费者 5.在产品较多的大公司中效果最好 6.决策分权	1.失去了职能部门内部的规模经济 2.导致产品线之间缺乏协调 3.失去了深度竞争和技术专门化 4.产品线间的整合与标准化变得困难

资料来源　达夫特. 组织理论与设计精要［M］. 李维安，等译. 北京：机械工业出版社，1999：107.

（三）区域式结构

区域式结构是基于用户或消费者对结构进行整合，以满足不同国家、不同地区的消费需求。每个地理单位包括所有的职能，以便在该地区生产和销售产品。区域式结构的优劣势与事业部式结构的优劣势相似。组织能够适应各自地区的特殊需求，员工按照区域性目标而非国家性目标来分派。强调区域内的协调，而不是跨地区协调或与全国总部的关系。

图 4-3 列示了苹果公司在 20 世纪 80 年代的区域式结构，说明了当时苹果公司的区域性扩展，以便于向全世界的用户生产和配送苹果电脑。这种结构将苹果公司的管理者和员工集中在专门的区域性消费者和销售目标上。

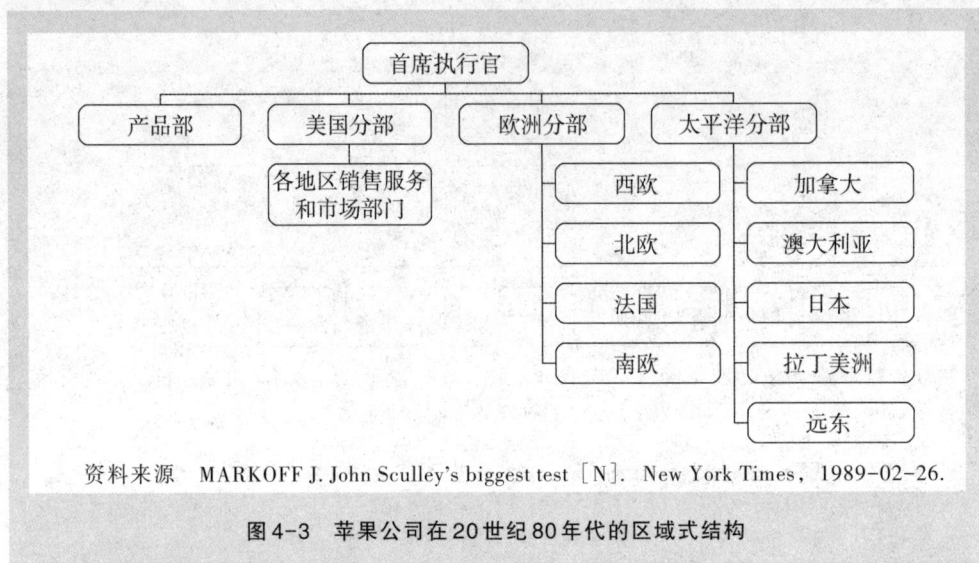

资料来源 MARKOFF J. John Sculley's biggest test [N]. New York Times，1989-02-26.

图4-3 苹果公司在20世纪80年代的区域式结构

（四）混合式结构

混合式结构同时强调两种特征，如产品和职能或产品和区域，而非以单纯的职能、事业部或区域的形式存在。当组织拥有多个产品或市场时，有些职能对每种产品和市场都重要，将被分权成为自我经营的单位；同时，有些职能也被集权，集中控制在总部。后者相对稳定，需要规模经济和深度专门化。

如图4-4所示的美国太阳石油公司的混合式结构，每个产品副总裁同时管理该产品的营销以及销售，从而增强了协调性及市场灵活性。每个产品副总裁也都有市场、计划与经济、供应与分配和生产部门对其负责。所有提炼厂由设备副总裁统管，有助于协调各精炼厂为共同燃料、润滑剂和化学产品等事业部提供产品，从而获得规模经济。其他为整个组织服务从而获得规模经济的部门主要包括人力资源部、技术部、财务部、资源与战略部等。

1.混合式结构的特征

混合式结构一般应用于与事业部式结构相同的环境背景，但前者趋向于在不确定的环境中应用，增强产品事业部的创新性和外部有效性。技术可能是例行或非例行的，产品群内存在跨部门的相互依存，公司规模巨大，以提供足够的资源满足产品部门重复的资源需求。公司的目标是消费者满意和创新，还有与职能部门相关的效率。

2.混合式结构的优劣势

混合式结构的优势在于，使组织在追求产品事业部的适应性和有效性的同时，实现职能部门内部的效率。这类结构也实现了产品事业部和组织目标的一致。产品的组合实现了事业部内部的有效协调，而集中的职能部门实现了跨事业部的协调。

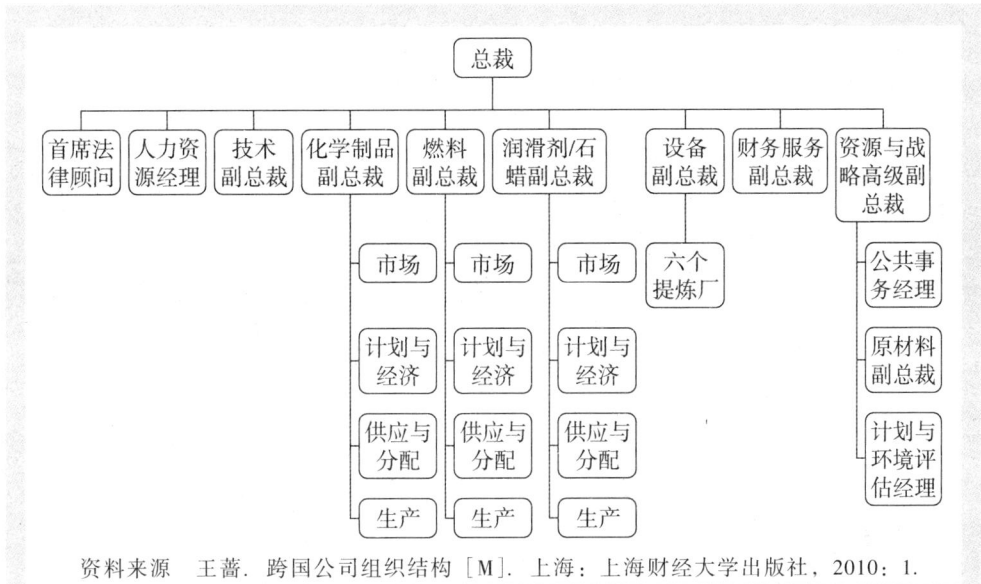

资料来源 王蔷. 跨国公司组织结构［M］. 上海：上海财经大学出版社，2010：1.

图4-4 美国太阳石油公司的混合式结构

混合式结构的一个劣势是管理费用的增加。组织需要增加人员以监督下面的决策；一些公司职能部门的活动存在重复，导致总部人员和管理费用不断膨胀；决策变得越来越集中，因而失去了对市场变化的迅速反应。因此，组织必须控制总部人员规模，以限制管理费用，并减少官僚主义，鼓励事业部的灵活性。

此外，混合式结构容易造成公司和事业部人员之间的冲突和相互的不理解。一般来说，总部的职能部门对事业部的活动没有职权，因而事业部经理可能会抱怨总部的干预，同时总部的管理者可能会抱怨事业部自行其是。

表4-2总结了混合式结构的特征及优劣势。

表4-2　　　　　　　　　　　　**混合式结构的特征及优劣势**

关联背景	内部系统
结构：混合式 环境：中度到高度的不确定性、变化性 规模：大 技术：非例行，职能间存在一定的依存性 战略目标：外部效益、适应性、消费者满意	经营目标：强调产品线和某些职能 计划和预算：基于事业部的利润中心，基于核心职能的成功 正式权力：产品经理，取决于职能经理协作的责任
优　势	劣　势
1.使组织在事业部内获得适应性和协调，在核心职能部门内实现效率 2.公司和事业部目标能取得更好的一致性效果 3.获得产品线内和产品线之间的协调	1.存在过多管理费用的可能性 2.导致事业部和公司部门间的冲突

资料来源 王蔷. 跨国公司组织结构［M］. 上海：上海财经大学出版社，2010：1.

（五）矩阵式结构

另一种注重多元效果的结构是矩阵式结构（如图4-5所示）。当环境既要求专业技术知识，又要求每个产品线能快速作出变化时，就可以应用矩阵式结构，它能够有力地实现部门间的横向联系。它的独特之处在于，能够让事业部式结构和职能式结构（横向和纵向）同时实现。

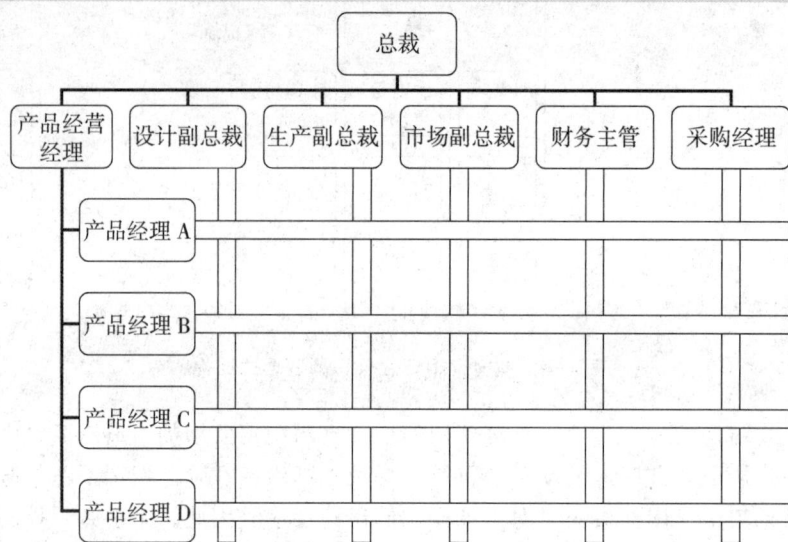

资料来源　达夫特. 组织理论与设计精要［M］. 李维安，等译. 北京：机械工业出版社，1999：10.

图4-5　矩阵式结构的双重职权结构

1.矩阵式结构的条件

条件一：产品线之间存在共享稀缺资源的压力。组织通常是中等规模，拥有中等数量的产品线，便于组织在不同产品上共同灵活地使用人员和设备。比如，工程师以兼任的形式被指派为多种产品或项目服务。

条件二：环境对组织的多种能力同时存在要求。例如对技术的质量（职能式结构）和快速产品更新（事业部式结构）的要求。组织必须能够达到职能和产品之间的双重职权的平衡。

条件三：组织面临复杂和不确定的环境，因此需要从纵向和横向两方面都进行大量的协调与信息处理。

2.矩阵式结构的关键角色

图4-5中所反映的矩阵式结构的独特之处在于：部分员工将有两个主管，因此在工作中他们可能有些吃力。该结构还需要担当关键角色的管理者承担特定的责任，如高层管理者、矩阵主管，以及有双重主管的员工。

（1）高层管理者

高层管理者是指两种权力结构的首脑。其主要责任在于维持职能经理和产品经理之间的权力平衡。高层管理者也必须愿意进行决策委托，鼓励他们直接接触，贡献信息，进行协调并共同解决问题。

（2）矩阵主管

矩阵主管是指横向的职能经理和纵向的产品经理。他们必须共同参与工作、面对诸多的反对与冲突，在一些事情上彼此合作，如绩效审核、提升、加薪等，因为受双重管理的员工向他们两方负责。这些活动要求主管付出大量的时间和耐心，具备沟通以及和别人共同工作的技巧。

（3）有双重主管的员工

有双重主管的员工可能会因两个方向的领导和两种命令直接冲突而感到焦虑与压力。他们必须学会综合决策，并且合理分配他们的时间，同时必须和两个主管都保持良好有效的关系。

3.矩阵式结构的优劣势

表4-3概括了矩阵式结构的特征及优势与劣势。其优势在于能使组织满足环境的双重要求。资源（人力、设备）可以在不同产品之间灵活分配，组织能够适应不断变化的外界要求。这种结构也为员工提供了同时获得工作和管理两方面技能的机会。

表4-3   矩阵式结构的特征及优劣势

关联背景	内部系统
结构：矩阵式 环境：高度的不确定性 规模：中等，少量产品线 技术：非例行，较高的相互依存度 战略目标：双重核心——产品创新和技术专门化	运作目标：同等地强调产品和职能 计划和预算：双重系统——职能和产品线 正式权力：职能和产品经理的联合
优　势	劣　势
1.获得适应环境双重要求所必需的协作 2.产品间实现人力资源的弹性共享 3.适于在不确定环境中进行复杂的决策和经常性的变革 4.为职能和生产技能改进提供了机会 5.在拥有多种产品的中等组织中效果最佳	1.导致员工卷入双重职权之中，降低人员的积极性并使之迷惑 2.意味着员工需要良好的人际关系技能和全面的培训 3.耗费时间，包括经常的会议和冲突解决 4.除非员工理解这种模式，并采用一种学院式的而非纵向的关系 5.来自环境的双重压力，以维持权力平衡

资料来源 达夫特.组织理论与设计精要［M］.李维安，等译.北京：机械工业出版社，1999：115.

矩阵式结构的一个劣势在于员工因双重职权领导而感到压力和困惑。他们需要出色的人际交往和解决冲突的技能。该结构也迫使管理者耗用大量时间来举行会议，进行充分的信息与权力的共享，相互协调合作，使组织结构有效运行。

在一个复杂多变的环境中，矩阵式结构使组织具有灵活性和适应性。然而，矩阵式结构并不能包治组织结构的所有问题。很多公司发现，矩阵式结构建立和维持起来很困难，因为权力结构的一方常常占据支配地位。这种趋势导致矩阵式结构衍生出两种演化形式——职能式矩阵和项目式矩阵。在职能式矩阵中，职能主管拥有主要权力，项目或产品经理仅仅协调生产活动。与之相反，在项目式矩阵结构中，项目或产品经理负有主要责任，职能经理仅仅为项目安排技术人员，并在需要时提供专业技术咨询。

二、跨国公司组织结构的发展

像飞利浦、联合利华或宝洁这样的大型全球性公司，为了同时获得全球和地方优势（技术、创新或职能），同时处理两个以上的竞争问题，往往使用更为复杂的跨国模式。跨国模式不仅是一种结构上的创新，更是一种新的思维模式和价值观，代表了完成世界系统工程所需的理想化结构。该模式能够解决组织过于庞大所带来的规模问题，调动各下属机构的参与意识，信息共享，促进全球协作。

跨国模式还没有完整的定义，我们通过描述其特征来界定它：

1.跨国模式细分为许多不同类型的中心

跨国公司不一定只有一个总部，遵循"弹性集中"原则，可能在某国集中一些职能，在另一国集中一些职能，而在其诸多按地区分布的业务上分散别的一些职能。这些活动可以由一个大型事业总部来协调。

2.下属机构管理者从事的战略和创新也成为整个公司的战略

在跨国模式中，组织的不同部分有不同的能力并影响公司。不存在单一总部的概念和明确的上下层级责任关系。各个国家所有层级的管理者都有权改善创新应变能力和创新工程，以适应新发现的本土化趋势，并将其创新传播到世界范围。跨国模式致力于一种世界范围的持续的学习。

3.通过横向结构实现协调与合作

作为一种横向结构，跨国模式通过公司文化、共同的愿景与价值观，以及管理风格来实现协调与合作，而不是通过纵向的层级制。这种共同的愿景、价值观和理想，实现了庞大组织的合作、协调与员工激励，是一种充分共享并具有凝聚力的组织文化。

4.与公司其他部分或其他公司创建联盟

跨国模式通过强有力的相互依存来整合过于分散的资源和职能。组织的各部分都可以作为独立的催化剂，与其他企业或下属机构集中起来，改进绩效。这些联盟可能包括合资企业、与政府的合作、特许经营。

跨国模式实际上是一种概括组织结构的复杂的方法，但它日益与大的全球公司联系在一起，这种公司将整个世界作为经营领域，而不再以单一国家为基础。组织各部分拥有自主权，使较小的单位更强有力，并使公司适应快速变化的环境，抓住竞争机遇，补充和支持公司的其他部分。

第三节　跨国公司的管理

一、跨国公司管理的内涵

跨国公司的管理是对国际企业生产经营活动进行计划、组织、指挥、协调和控制的过程。与一般的企业相比，跨国公司的管理内容具体包括生产与运营管理、营销管理、财务管理、人力资源管理以及技术管理。以上几项管理是跨国公司日常业务和职能管理的主要组成部分。

在 20 世纪末 21 世纪初，国际商务环境发生了深刻的变革：全球化只是 3/4 个世纪以来同时促进组织变革的几种重要和紧迫力量之一，在 20 世纪最后的几十年里，撤销管制和私有化也横扫全球；同时，信息时代和知识革命重新勾画了整个行业的战略特征，并为经济中服务行业的发展带来了新的推动力；兼并和收购的浪潮以及联盟和合作关系的激增都验证了获取规模经济和范围经济的必要性，迫使公司在更灵活的网状组织中执行管理。在这个加速发展、竞争激烈、知识密集和以服务为基础的世界里，跨国公司更应该关注组织的国际效率、灵活的差异化以及多元化创新与学习能力，以发展组织多元化的战略能力和灵活的组织能力。

（一）积极应对全球一体化

通用电气曾是电子消费品行业的领袖，其最初采取的国际化战略是在各国建立小通用电气（mini-GE），而这些小通用电气可以利用母公司庞大的技术与管理资源将其在美国成功的技术与产品推向世界市场。在一段时间里，这一策略很好地促进了通用电气电子消费品部门的发展。到了 20 世纪 70 年代，通用电气意识到需要将其全球分散的经营进行一体化，以适应国际竞争的需要。但是由于组织的高层管理者并未认识到这一战略任务的紧迫性，同时受到日本竞争对手对市场的激烈吞噬，通用电气最终退出了电子消费品市场。

通用电气失败的原因在于它对加剧一体化的市场缺乏一种国际效率。西奥多·莱维特（Theodore Levitt）认为，在过去的几十年里，科技、社会以及经济的发展共同造就了一个统一的国际市场，处在这一市场中的公司必须利用全球规模的经济，以保持自己的竞争力。在某些行业中，一项重要的技术创新会使该行业的经济发生根本性的重整，并使该行业的一些公司能在全球范围内推广及生产它们的产品，从而有效地利用各国消费者偏好及需求的逐步趋同。跨国公司的管理者必须清醒地认识到，组织不仅要参与国际化，寻求跨国效益，还必须洞察自己所在行业的一体化进程以及国与国之间差异显著的消费者偏好的趋同程度，以确定组织是否应该加速寻找一条更加全球一体化的道路来提高组织的国际效率。

（二）实行差异化经营

虽然全世界的需求同化的趋势以及世界各地消费者偏好的差异进一步缩小的趋势正在主导市场长期的发展方向，但是跨国公司的管理不能忽视这一长期过程中的短暂障碍与反复，在企业经营的 10 年或者更短的时间内，组织必须更加灵敏地应对诸多东道国的特征以及当地习惯。跨国公司的管理并不是寻找单一的理想化模式，而是根据自己所在的行业及环境，确立自己与众不同的多元化战略立场、组织结构和管理方法。

一直以来，各国市场结构及消费者偏好的差异都是跨国公司的管理不能忽视的部分。许多公司都通过进行标准化开发来迎合（同时也是促进）消费者偏好的趋同。但是跨国公司的管理者们必须注意到，在许多行业以及很多的细分市场中，有一个巨大的追求差异化和个性化的消费群体，他们拒绝使用设计与性能相同的产品，能够满足这部分消费者这种多元化理念的跨国公司就巧妙地抓住了赢得丰厚利润的市场机会。

这里所强调的就是，应用全球规模经济提高国际效率的同时，管理者们不能忽视规模经济的弊端，必须清醒地认识到没有一种模式是持久完美并具有竞争力的。地区差异化要求跨国公司管理具有灵活的响应能力。

（三）提升组织学习能力

跨国公司的管理除了需要协调规模经济与差异化之间的平衡，还必须重视组织如何在世界范围内进行创新并将其扩散，因为创新与学习能力直接关系到组织对知识的管理、技术与产品的升级进步，也就直接关系到组织的竞争优势和命运。国际市场的主要竞争对手在经营规模及国际市场地位方面都旗鼓相当，而它们有效利用知识的能力就愈加成为公司成败、能否存续的决定性因素。

很多跨国公司在进行全球化和地方化的进程中发现，在最初的阶段，技术与创新多发生在母国，并进一步向世界市场扩散，即中央创新；当组织的地方化发展过于强大，即分散在各国的子公司拥有相当大的自主权时，子公司会根据自己的需要进行技术开发与创新，即地方化创新。在全球化和地方化进一步灵活融合的今天，仅仅依靠中央创新或者地方化创新，会给企业在世界范围内的技术传播带来诸多问题。比如，中央创新过于迟钝，而地方化创新又过度差异化，会不利于资源与能力整合。在一个充满竞争的环境中，公司应该意识到它们需要各种可能的方法来创造新产品和新工艺，并且发展出一个能够推动多元化创新的组织。

二、跨国公司管理的特点

跨国公司管理是一种具有战略性、群体性和跨越性的管理，这是由其面临的错综复杂的国际商务环境以及相应的庞大复杂的组织结构所决定的。

（一）跨国公司管理的战略性

战略性影响到跨国公司管理的每一个细节，可以说，跨国公司每一个重大的面向全球市场的决策都带有战略性的思考。从对组织的战略规划，到组织战略、经营战略、生产战略，再到上面我们提到的全球化以及差异化战略，跨国公司的战略是有关其生存和发展的长期的、重大的、全局性的谋划。战略性管理要求组织必须敏锐地辨识机会——新产品畅销的可能性、新增的市场、效率倍增的制造方法、可以大量降低成本的创新……从本质上来讲，对这些机会的辨识得益于对企业发展的深刻的战略思考。跨国公司的管理者只有充分认识环境和企业之间的变量关系，正确处理风险和报酬之间的关系，在此基础上建立组织的战略思考，才能提高跨国公司的国际运营效率、灵活应对复杂环境的能力，以及学习和创新的应用与转化能力。可以说，跨国公司管理从本质上来说就是一系列的战略管理。

（二）跨国公司管理的群体性

跨国公司，特别是在世界范围内拥有复杂的组织结构的国际企业，其管理通常涉及它们的分支机构、分包商、消费者和工业领域的其他公司。宝洁、可口可乐等大规模跨国公司在几十个国家建立子公司，进行生产、营销、销售的国际分工，由此，跨国公司的经营管理已经不仅是对母公司本身的管理，而是一种整合世界范围内资源与能力的群体式的管理。如何应对并积极利用这种群体性所带来的多元化和差异化，如何协调跨国公司在世界范围内的资源和能力，如何界定复杂组织结构下各种角色的职责，如何管理组织从而使组织灵活应对复杂环境，这些是跨国公司管理的重要内容。

（三）跨国公司管理的跨越性

国内企业在相同的政治、经济、法律体制以及同种文化背景下从事生产经营活动，其管理方式也是针对单一环境并具有单一适应性。与国内企业不同，跨国公司要在不同的国家从事生产经营活动，而母国与东道国之间、东道国与东道国之间的政治、经济、法律、文化的差异比较大。因此，跨国公司管理必须适应环境的差异性和复杂性，以获得组织的生存和发展。地域和文化的差异导致管理的跨越性，这种跨越性要求组织对瞬息万变的环境的反应能力，不仅是建立单纯适应的结构，而是超越单纯的结构适应性，不断挑战组织在过去一段时间内领导组织成功的管理传统，持续更新和完善组织的管理思想，建立多元化战略组织和能力。

三、跨国公司管理的趋势

人类进入21世纪，信息技术、知识经济和经济全球化迅速改变了企业的竞争环境，迫使跨国公司以一种全新的方式进行资源配置，对其组织结构进行了一场广泛深入的调整、重组和创新，其发展趋势在内部主要表现为管理的网络化、扁平化和柔性化，在外部主要表现为战略联盟和研发国际化。

（一）网络化趋势

知识经济促使跨国企业进行组织结构的网络化改造，从而提高跨国企业的适应性、学习性和创新性。在网络化的结构下，跨国企业采取了全球经营方式，根据不同的区位优势，将研发、供应、生产、销售等环节分布于全球各地，把所有分支机构联结成一体化经营网络，这样使分散于世界各地的各种企业活动能够服务于跨国企业的全球发展战略。学习和创新不仅是跨国公司全球战略特征之一，也是其生存和发展的一种关键手段。多变的国际市场以及不同国家和地区的经济、社会、文化环境的差异，成为跨国公司建立学习型组织的动因，也要求有相应的组织结构作为保障。

传统大企业组织结构的主要特征表现为股权联系、边界清晰、金字塔形（多层级）。新型的企业组织结构则体现为：

1.多种联系

这是指既有股权联系，也有非股权联系，如战略性外包、战略联盟等。

2.边界模糊

未来的企业是以一个个的企业群（网状）而存在的，每个企业群的边缘与其他企业群有所交叠，如分包企业同时承接若干企业的外包业务。

3.多种形状并存的网状结构

互联网的普及是形成这种新型网状结构的主要技术基础。

（二）扁平化和柔性化趋势

由于传统的层级制下决策的迟缓性已经无法保证跨国公司对市场的变化作出迅捷的反应，跨国企业的组织结构就要尽可能保持扁平化。扁平化的组织结构简化了自上而下的多层的信息传递方式，大大加强了横向联系，使组织更具弹性。市场竞争的激烈迫使跨国公司保持持续的动力和能力，由此要求其组织结构也向柔性化方向发展。组织的灵活性加强，有助于对市场变化作出及时的应对。随着全球经营规模的扩大，跨国企业纷纷在主要投资区域设立地区总部，分管某区域的业务。伴随着组织结构重组的进程，现代跨国企业的母公司与子公司关系更加密切，母公司更倾向于控制核心功能，如研发和销售等。

（三）联盟化趋势

跨国企业间的战略联盟更多的是以技术、信息、管理等形式为基础的知识联盟，其着眼于未来先进技术的开发和竞争知识的创新，主要目的在于实现企业学习方向的调整以及知识的更新和流动，从而实现战略资源或优势的互补，实现全球利润的最大化。跨国企业通过缔结战略联盟，既能够保持各自独立的市场主体身份，又有利于它们之间通过各种形式进行互补性的技术共享和专利交换，并在集中各种技术优势的基础上开发更高层次的新产品，从而巩固核心竞争能力，保持竞争优势。

（四）研发国际化趋势

跨国公司研发是指跨国公司将研发活动扩散到母国以外的其他国家和地区，利用多个国家的科技资源进行跨国界研发。研发的国际化是当今对外直接投资的重要组成部分。适应市场和利用东道国的优惠政策是跨国公司研发国际化的主要动因。一方面，跨国公司需要不断适应世界各地对其产品需求的变化，而许多具有潜力的科研成果和信息分布于各个地区；另一方面，越来越多的东道国颁布优惠政策吸引跨国公司设立研发机构，以求在本国形成技术外溢效应，加入到世界科技研发的行列之中。

20 世纪 80 年代以来，跨国公司研发国际化的趋势开始显现并得到迅速发展，表现在跨国公司在国外设立的研发分支机构不断增加，国外研发支出不断上升，国外研发分支机构申请的专利数量日益增多。同时，跨国公司在发展中经济体设立研发机构，充分利用新兴工业化国家的科研人才开发潜在市场。

第四节　案例——组织革新对中国海尔公司成功的重要作用

一、基本案情

海尔集团创立于 1984 年，是全球领先的美好生活解决方案服务商。海尔始终以用户体验为中心，连续 3 年作为全球唯一物联网生态品牌蝉联 Brand Z 全球百强，连续 13 年稳居欧睿国际世界家电第一品牌，旗下子公司海尔智家位列《财富》世界 500 强。海尔集团拥有 5 家上市公司，拥有海尔（Haier）、卡萨帝（Casarte）、Leader、GE Appliances、Fisher & Paykel、AQUA、Candy 等七大全球化高端品牌和全球首个场景品牌"三翼鸟"（Three-Winged Bird），构建了全球引领的工业互联网平台卡奥斯COSMOPlat，成功孵化 5 家独角兽企业和 90 家瞪羚企业，在全球布局了 10+N 创新生态体系、29 个工业园、122 个制造中心和 24 万个销售网络，深入全球 160 个国家和地区，服务全球 10 亿多个用户家庭。海尔集团致力于携手全球一流生态合作方，持续建设高端品牌、场景品牌与生态品牌，构建衣食住行康养医教等物联网生态圈，为全球用户定制个性化的智慧生活。

发展至今，海尔共经历了 6 个战略阶段：①1984—1991 年的名牌战略阶段，核心是高品质的产品出自高素质的人；②1991—1998 年的多元化战略阶段，核心是盘活资产先盘活人；③1998—2005 年的国际化战略阶段，核心是欲创国际品牌先创人的国际化；④2005—2012 年的全球化品牌战略阶段，核心是以海尔人的本土化创全球化本土品牌；⑤2012—2019 年的网络化战略阶段，核心是以链群（生态链上的小微群）创用户体验场景；⑥2019 年至今的生态品牌战略阶段。[①]

海尔公司的全球市场格局以 20 世纪 90 年代中期为分界线，大体可以分为两个

---

① 海尔集团. 集团介绍［EB/OL］.［2021-12-15］. https://www.haier.com/about-haier/intro/?to=1&spm=net.31740_pc.header_138939_20200630.1.

阶段，前一阶段是产品短缺时代，后一阶段则是全球产品过剩时代。到目前为止，全球绝大部分跨国公司都是成长在前一阶段，而在20世纪90年代中期后成长起来的跨国企业寥寥无几，海尔恰巧是在这种产品过剩时代成长起来的跨国企业。

（一）用户至上理念

近40年来，在海尔人心目中，用户一直处于至高无上的地位。诸如"用户永远是对的""您的满意就是我们的工作标准""一站到位的服务"等一系列用户至上的理念，始终伴随海尔员工的生产、销售和服务。在国内，"海尔的服务好"通常成为消费者购买海尔产品的重要理由之一。在"绝不对市场说不""用户的抱怨是最好的礼物""只有淡季思想，没有淡季市场"的理念指导下，海尔的"小小神童"洗衣机、来电防火墙手机、"双动力"洗衣机等个性化创新产品不断地开发出来。海尔在美国的子公司，更是以电脑冰箱、迈克冷柜、自由式酒柜等创新产品来满足美国用户的需求。

在海尔的发展历史上，用户至上的理念成为企业文化的核心内容，经典事例不胜枚举。海尔最早以生产电冰箱起家，在行业内率先提出高质量的要求。为保证每一台冰箱的质量，张瑞敏曾亲手砸毁质量不合格的产品，这在当时那个冰箱尚未普及、供不应求的中国市场是罕见的。这恰恰是海尔持续发展的根基，现在回首，更能看出张瑞敏企业管理的远见卓识。后来，海尔进入空调业，在行业利润丰厚、只要销售就赚钱的背景下，率先提出"星级服务"的概念，曾在空调旺季时包飞机运送服务人员到北京，满足市场的服务需要。此后，海尔在行业内率先开展定制化服务，应用户需要生产可以洗地瓜的洗衣机。同时，海尔是我国家电业中第一个提出国际化战略的企业，第一个在海外建厂并提出国际市场本土化经营的理念。海尔的这些做法都是源于消费者的需求，源于"消费者永远正确"的经营理念，源于海尔永远接近用户，以与用户零距离来满足用户需求的"拜用户主义"。

（二）成功的组织流程再造

以用户为中心的愿望是简单的，但是付诸行动并保持下来是不容易的。如何将需求问题渗透到组织中，并让组织高速运转起来，才是发展的根本所在。为此，海尔依据时代变化，不断颠覆观念，实现抉择创新，形成企业独创的解决方案。

1.2005—2012年自主经营体阶段

将传统的正三角组织结构转型为倒三角组织结构，将以前提供决策权的领导从组织结构的顶层转移到底层，倒逼领导层成为提供资源的平台。将最接近于市场一线的员工拆分成一个一个小团队，组成自主经营体，由自主经营体来直接面向市场，满足用户需求。

2.2012—2013年利益共同体阶段

将一线的自主经营体同后台的节点，如研发、物流、供应链等资源并联形成利益共同体。这种并联的利益共同体可以快速有效地响应市场，满足用户提出的个性化需求，由此促进了企业经营利润的增长。

3.2013—2018年小微公司阶段

并联的利益共同体可以单独注册成为小微公司，每个小微公司有"三权"：独立自主的决策权、用人权和薪酬权。根据小微性质，海尔100%持股的小微公司，根据企业会计准则合并报表，并根据小微发展方向及集团战略规划确定是否需要回流母公司；非海尔100%持股的小微公司，根据股东协议和每年董事会确定当年利润分配方案，采用权益法核算归属母公司的净利润。

4.2019年至今生态链小微群阶段

在物联网时代，用户对单一产品的需求转型升级为对智慧生活解决方案的需求。因此，在以小微为基本单元的分布式组织基础上，海尔发展出了新的组织形态——链群。它的出现是为了满足用户的需求。在基于用户交互的基础上，用户会产生更多的需求。[①]

（三）海尔的微观组织动力

一个跨国公司需要永不衰减的企业动力来推动企业发展。海尔流程再造的成功在于为改造后的新海尔添加了能正确传达的用户需求以及市场动向的"链群"。链群有两种类型：①体验链群，其侧重于市场端，通过一些触点网络直接面向用户社群，与用户交互，得到用户新的体验升级的需求。②创单链群，其具体落实，不断迭代用户解决方案去满足用户的体验需求。创单链群和体验链群即时结合，快速满足用户需求，以开放组合的形式（各节点小微与外部资源方合作）解决用户更复杂的需求，创造更高的用户价值。[②]

二、案例评析

海尔的成功之路不仅昭示了中国企业能够发展成为实力雄厚的跨国公司，而且从世界竞争环境看，海尔又具有极强的世界意义，因为在全球跨国公司增速普遍放缓的情况下，海尔用自己独特的方式保证了自己在全球产品过剩与需求变化速度加快的环境下的快速增长。海尔如此快速的发展表明该企业管理的巨大成功，在此，我们着重评析其组织形态和变革所发挥的重要作用。

1.如何贯彻"用户至上"的理念

近些年来，跨国公司持有这样的经营理念，即一流企业做标准、二流企业做专利、三流企业做产品。这种理念反映出这些跨国企业对企业发展战略的不同认识。然而，无论是标准、专利还是产品，从根本上都要对用户负责，只有用户满意，企业经营才有效果。对此，海尔认为一流企业不是卖标准，而应是经营用户、经营市场。谁获取的用户资源最多，谁就是一流企业，谁才可能在激烈的竞争中胜出。海尔认为，在信息飞速传播的时代，用户对企业的忠诚就是企业的无价之宝，要留住用户，就要不断满足其个性化的需求；否则，用户就会"移情别恋"。

---

① 海尔人单合一研究院. 观念的颠覆 创新的抉择 [EB/OL]. [2021-12-15]. http://www.haierresearch.com/home?spm=net.31734_pc.hg2020_into_innovate_20210409.5.
② 海尔人单合一研究院. 可实践的操作系统 [EB/OL]. [2021-12-15]. http://www.haierresearch.com/home?spm=net.31734_pc.hg2020_into_innovate_20210409.5.

2.如何进行组织流程再造

公司组织形态是由市场环境形态决定的。企业进行组织流程再造，目的就在于应对不断变化的市场环境。面对瞬息万变的市场风云，企业需做到三点：

一是准确地感知市场需求，因为对需求的感知误差会导致企业工作方向错误；

二是迅速满足需求，因为速度决定先机；

三是持续地创新，因为竞争对手很快就会赶上来。

3.如何保证组织再造后的组织动力问题

在网络时代，企业所面临的市场压力日益增强，这就要求企业组织结构具有更强的适应性和发展动力。越来越多的企业需要进行组织再造，大规模组织再造将带来大量的组织混乱，某些难以解决的组织难题会使管理者面对前所未有的挑战。另一个组织管理难题是，人的经营性更为明显。组织的单个细胞发生明显变化的时候，提供具有挑战性的经营位置与资源成为企业管理的新课题。因此，重新调整组织是不够的，还必须让人在其中经营。海尔的价值链解决的就是组织再造后的组织动力问题。

三、思考

思考一：海尔公司在经营理念、组织结构和组织动力上的成功表现在哪些方面？是否适用于其他新兴经济体的跨国公司？

思考二：海尔流程再造成功的本质原因是什么？与发达经济体的跨国公司流程再造有何不同？

关键术语

组织结构　组织结构创新　事业部式结构　矩阵式结构　母公司　子公司　分公司

复习思考题

1.分别解释跨国公司的母公司、子公司和分公司的定义。

2.掌握子公司和分公司的异同点。

3.列举跨国公司的组织结构主要模式。

4.分析跨国公司组织结构选择的影响因素。

5.分析跨国公司组织结构创新的含义和原因。

第五章
跨国公司的内部国际贸易与转移价格

学习目标

学习目标

◆重点掌握跨国公司内部国际贸易的含义、动因，转移价格的含义及形成原因；掌握跨国公司内部国际贸易与一般国际贸易的差异、转移定价的方式和方法；了解跨国公司内部国际贸易的类型和特征、制定转移价格的程序及转移定价的影响因素。

第一节　跨国公司的内部国际贸易

国际贸易包括发生在公司之间的国际贸易（传统国际贸易）、发生在公司内部的国际贸易。一般情况下，前者被称为公司外部国际贸易，后者被称为公司内部国际贸易。公司内部国际贸易是随着跨国公司的飞速发展，在进一步深化国际生产分工形式的前提下发展起来的，是国际贸易领域的新内容，因此非常有必要对其展开细致的了解。

一、跨国公司内部国际贸易的含义

跨国公司内部国际贸易也称公司内部国际贸易，是指在跨国公司内部展开的有关中间产品、原材料、技术和服务的国际流动，包括跨国公司母公司与海外子公司之间、同一跨国公司系统中处于不同东道国子公司之间产生的国际流动。日本丰田（Toyota）汽车公司内部国际贸易就是一个很好的范例（如图5-1所示）。

当时，日本丰田汽车公司在东南亚地区汽车零部件的内部国际贸易，由设在新加坡的丰田汽车管理服务公司协调，充分发挥各个子公司专业化分工的优势。丰田汽车公司安排泰国生产仪表盘、灯具等，菲律宾生产变速器等，马来西亚生产减震器等，印度尼西亚生产发动机等。丰田汽车公司内部国际贸易提升了它的经营效益，是该公司近些年来一直位列《财富》世界500强前列的主要原因之一。

二、跨国公司内部国际贸易与传统国际贸易的差异

跨国公司内部国际贸易属于一种特殊形态的国际贸易，因为该贸易既具有传统国际贸易的特点，又同属于一个跨国公司，在一定程度上表现为跨国公司内部商品的调拨。这也决定了跨国公司内部国际贸易与传统国际贸易存在明显差异，主要体现在交易动机、所有权转移、定价策略以及国际收支影响程度等方面。

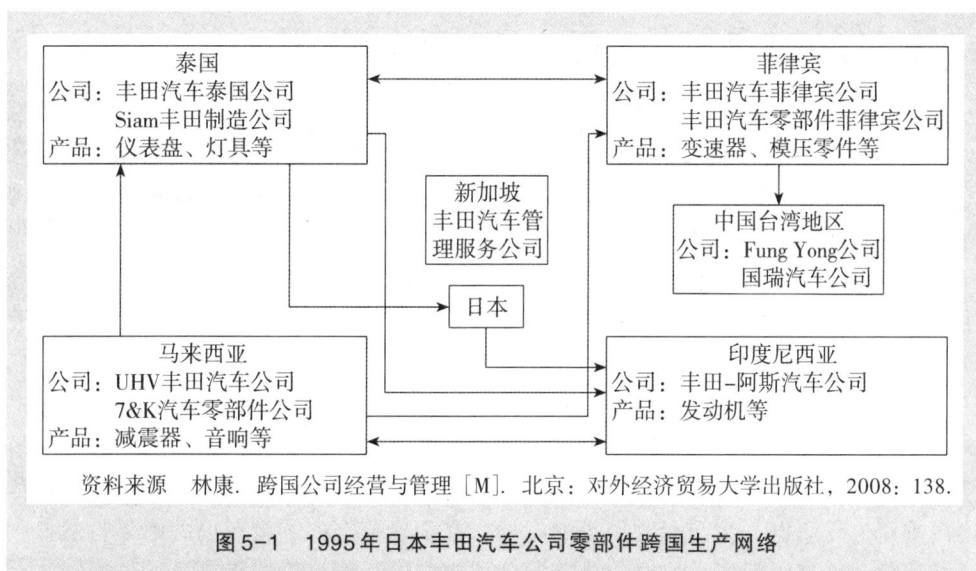

资料来源 林康. 跨国公司经营与管理［M］. 北京：对外经济贸易大学出版社，2008：138.

图5-1 1995年日本丰田汽车公司零部件跨国生产网络

1.交易动机方面的差异

跨国公司内部国际贸易交易动机是实现跨国公司系统内部一体化经营与管理，保证上下游企业之间中间产品、原材料的及时供给和生产的按时完成，控制技术外溢现象发生等。传统国际贸易的交易动机则是进入新市场以及盈利。

2.所有权转移方面的差异

跨国公司内部国际贸易中有关商品和服务的国际流动只是在同一个所有权主体的不同分支机构之间的转移，并没有流向所有权主体之外，因此不会发生所有权的变更。传统国际贸易中的商品和服务的国际流动，强调的是国际市场相互联系并完成交换过程，一旦交易完成，商品和服务的所有权即发生转移，由卖方转到买方。

3.定价策略方面的差异

跨国公司内部国际贸易采用的是转移价格的定价策略。跨国公司内部国际贸易价格是由公司内部来确定的，取决于跨国公司内部市场，与生产成本没有任何关系，也与国际市场价格根本没有什么关系。

传统国际贸易的价格则是按照国际市场的供需关系来确定的。当国际市场上出现垄断价格时，它垄断的也仅仅是外部市场，制定的是针对外部市场的垄断价格，攫取的是外部市场的垄断利润，与转移价格无关。

4.国际收支影响程度方面的差异

跨国公司内部国际贸易虽然不同于传统国际贸易，但是它也是跨越国家边界的国际贸易，因此，跨国公司内部国际贸易同样会影响各国国际收支。跨国公司内部国际贸易双方在进行结算时，会依据各国汇率变动而延迟或提前支付相应款项，以达到跨国公司整体利润最大化，该做法对于国际收支的影响更具有隐蔽性。而传统国际贸易中，在相关合同约定的支付期之前必须完成结算，对国际收支的影响更明显。

三、跨国公司内部国际贸易的动因

1.适应国际分工进一步深化

随着跨国公司的发展，传统意义上的跨国公司间分工转化为跨国公司内部分工。跨国公司的内部分工基本上经历了三个阶段，在不同的阶段出现相应的内部国际贸易与其适应：

①第二次世界大战之后到20世纪60年代末期，以垂直一体化为主导的纵向分工为基础，形成了跨国公司纵向内部国际贸易，多发生于跨国公司母公司与其子公司之间，主要保证原材料供应。

②20世纪70年代，基于以水平一体化为主导的水平分工，形成了跨国公司横向内部国际贸易，多发生于跨国公司各个子公司之间，主要提供中间产品。

③20世纪80年代之后，跨国公司间的竞争更加激烈，迫使跨国公司在全球范围内重新进行研发、生产、购销等的布局，在全球范围内重新布局的结果自然扩大了跨国公司内部国际贸易。这也是跨国公司内部国际贸易近些年来激增的原因。

2.避免外部市场不确定性

跨国公司在生产经营过程中，需要原材料、中间产品以及先进技术的大量投入。如果依赖外部市场，跨国公司的生产经营活动将面临无法回避的风险，如原材料和中间产品的供应不及时、质量问题、价格剧烈波动，甚至仿造产品充斥市场等。对于这些风险，通过跨国公司内部国际贸易可以有效避免，因为：

①可以降低原材料、中间产品等的搜寻成本。

②可以降低为达成合理条件（如价格、交货方式、交货日期等）而产生的谈判成本。

③可以降低为保证合同顺利执行而产生的监督成本。

④可以降低因技术外溢而增加的研发成本。

3.追求利润最大化

追求利润最大化是跨国公司经营的根本性目标。投资收益的利得者自然是跨国公司的投资者，即股东。跨国公司内部国际贸易可以有效帮助投资者获得更高的利润，因为：

①可以通过内部市场交易减少交易成本。

②可以通过跨国公司内部定价，减少税收，避免汇率风险。

4.保持技术优势

技术是跨国公司能否保有持续性竞争力的关键，因此跨国公司每年都会投入大量的研发费用。但是如何既能巩固并保护研发成果、保持技术优势，又能充分利用先进技术谋得更高利润呢？目前，大多数跨国公司都采用了内部国际贸易方式。通过内部国际贸易方式，买卖双方处于同一家跨国公司系统之内，可以有效避免买卖双方通过外部市场进行交易时在谈判过程中造成的技术外溢，最终保持技术优势，为提高跨国公司整体经营利润提供保障。

5.提高交易效率

一般情况下，通过外部市场进行交易会造成低效率，因为：

①买卖双方因为利益对立，往往在所有权交换过程中会引起某些摩擦。

②信息在传递过程中造成失真。

③在交易过程中信息不对称等。

跨国公司内部国际贸易可以在一定程度上避免上述情况的发生，因此可以提高交易效率。

四、跨国公司内部国际贸易的类型与特征

跨国公司内部国际贸易基本上可以划分为具有不同特征的三种类型：

1.母公司对子公司的出口

制造业跨国公司刚实施对外扩张时，往往需要母公司通过内部国际贸易为子公司提供必要的办公设备、生产线等，以帮助子公司建立生产性工厂，此时多发生母公司对子公司的单向出口。随着跨国公司国际生产网络的不断完善，该类跨国公司内部国际贸易比重逐步减少，同时出现母公司与子公司之间的双向出口。总体来讲，该类跨国公司内部国际贸易水平较低。

2.子公司对母公司的出口

一些资源寻求型跨国公司向海外扩张的目的是弥补国内自然资源的短缺，或者寻求海外稀缺的特定的自然资源，或者通过利用海外廉价劳动力以降低生产成本等。这类跨国公司在海外建立生产企业之后，就会把子公司生产的产品通过内部国际贸易向母公司出口，以满足母国市场的需求。这类内部国际贸易属于子公司对母公司的出口，会随着跨国公司国际生产网络不断完善而逐渐增加。

3.不同东道国子公司之间的出口

跨国公司规模越来越大，专业化分工越来越细，整条价值链涵盖了研发、原材料采购、零部件生产、加工、装配、财务、会计、法律、宣传、人力资源、销售等数十个环节，推动了跨国公司内部国际贸易的蓬勃发展。在跨国公司一体化的国际生产体系中，大量的原材料、中间产品、技术、资金等不断地在母公司与海外子公司之间、不同东道国子公司之间跨国界流动，而且越来越多的流动发生于不同东道国子公司之间，使得不同东道国子公司之间内部国际贸易的比重不断上升。

第二节　跨国公司的转移价格[①]

依据交易价格制定方式不同，跨国公司内部国际贸易价格可以划分为两类：①清洁价格，是指跨国公司以交易商品或服务或技术的正常成本为基础的定价；②转移价格，是指跨国公司出于某种特定目的，由决策管理部门通过行政方式，针对交易对象确定的跨国公司内部划拨价格。

① 林康. 跨国公司经营与管理 [M]. 北京：对外经济贸易大学出版社，2008：138-145.

一、转移价格的含义与分类

转移价格（transfer price）在我国又被称为转让价格、划拨价格、调拨价格等，在国外又被称为公司内部价格（intra-company price）、内部价格（internal price）、会计价格（accounting price）等。具体来讲，转移价格是指从事跨国生产经营的企业系统内部（母公司与海外子公司、不同东道国子公司之间）在进行商品、服务和技术交易时执行的企业规定的价格。

转移价格包括：

1.可变成本转移价格

可变成本转移价格是指以可变成本作为基数而确定的转移价格。由于一般产品的可变成本随生产规模和数量的扩大而下降，所以这种定价方法可以充分利用规模经济的优势。

2.总成本转移价格

总成本转移价格是指以可变成本和固定成本作为基数而确定的转移价格。这种定价方法考虑了产品的全部成本，如果销售成功，就可以保证各个子公司自身有一定的盈利；但它忽略了外部市场，缺乏灵活性和竞争性。

3.市场转移价格

市场转移价格是指以外部市场价格作为基数而确定的转移价格。这种定价方法更多考虑的是竞争需求，目的在于争夺市场、扩大销售。

4.议定转移价格

议定转移价格是指由跨国公司系统内参与内部国际贸易的双方协商议定而成的价格。这种价格着眼于跨国公司整体利益，与跨国公司全球战略目标密切相关，并不反映外部市场的供求关系或产品的成本因素。

二、转移价格的形成原因

从前文转移价格的定义中可知，转移价格发生于跨国公司系统内部，即母公司与海外子公司之间、不同东道国子公司之间，这就决定了转移价格形成的两种路径：①通过母公司与海外子公司之间的资产交易形成转移价格。②通过不同东道国子公司之间的资产交易形成转移价格。

形成转移价格的原因是跨国公司在生产经营过程中，需要调节利润、转移资金、控制市场、逃避税收以及逃避风险。

（一）调节利润

跨国公司通过转移价格调节子公司在东道国的利润情况，目的是：

①帮助新建子公司在竞争中建立良好信誉，便于在当地销售证券或取得信贷，往往会通过转移价格使该子公司显示出较高利润率。

②帮助在东道国获得较高利润的子公司回避东道国政府和居民的反感情绪，往

往会利用转移价格来降低该子公司的利润率。

(二) 转移资金

对于一些限制子公司汇出利润的东道国，跨国公司就通过转移价格将子公司利润调回母公司。对于另外一些受东道国投资法令严格限制的子公司，在东道国资金产生困难时，跨国公司就通过转移价格为这些子公司融资。

(三) 控制市场

利用转移价格，跨国公司可以大力支持海外子公司积极参与竞争。在市场竞争激烈的地区，母公司以极低的价格向海外子公司供应原料、零配件或成品，使海外子公司通过价格竞争击败竞争对手。转移价格是加强跨国公司对市场进行渗透、对付激烈市场竞争的有力工具。

不过，母公司也是有选择性地支持海外子公司。对于那些拥有少数股权控制的海外子公司，母公司往往索取较高的转移价格，以限制这些海外子公司的活动，早日将其资本金抽回，减少风险。

(四) 逃避税收

世界各国的税率不同，税则规定也不同。即便在同一个国家，对资本、红利、利息、专利权使用费等的计算也有不同的课税方法。正因为如此，跨国公司可以在本系统内部利用转移价格逃避税收。

1.逃避公司所得税

针对不同东道国不同的公司所得税税率和税则规定，跨国公司可以利用转移定价逃避纳税。其具体做法是以高转移价格从低所得税税率国家的子公司向高所得税税率国家的子公司出口，或以低转移价格从高所得税税率国家的子公司向低所得税税率国家的子公司出口，把利润从高所得税税率国家的子公司转移到低所得税税率国家的子公司，降低整个跨国公司的纳税总额（如图5-2所示）。这种转移也许仅仅局限于账面转移，并不一定涉及货物的实际转移。

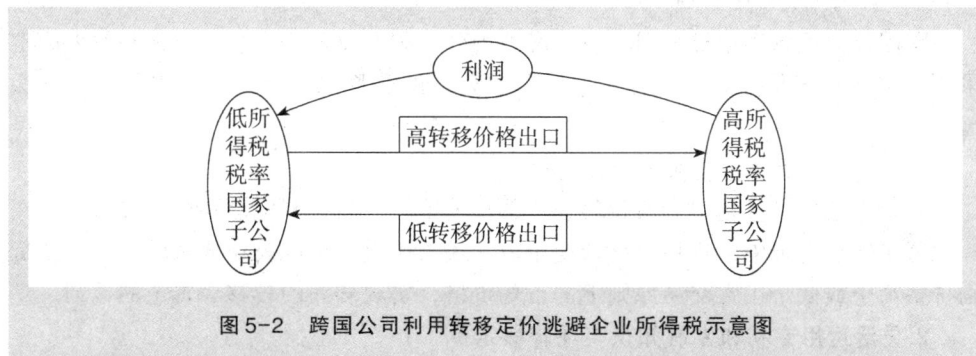

图5-2　跨国公司利用转移定价逃避企业所得税示意图

2.逃避关税

跨国公司内部国际贸易频繁发生，依据相关国家法律需要缴纳关税，不过跨国公司可以利用转移定价逃避关税，减少关税负担。对于高关税国家的子公司，跨国公司以偏低的转移价格发货，减少纳税基数和纳税额，降低进口子公司的从价进口税。

（五）逃避风险

跨国公司在对外扩张过程中会遇到各种各样的风险，比如汇率风险、政治风险、通货膨胀风险等。

1.汇率风险

世界外汇市场动荡不定，汇率波动剧烈且频繁。这给跨国公司带来了巨大的外汇风险，包括进行国际贸易的外汇交易风险和资产的外汇折算风险。通过转移定价，跨国公司可以有效避免或降低外汇风险。

2.政治风险

当跨国公司子公司面临东道国政治风险时，跨国公司就可以通过转移定价一方面把子公司的设备等物资以低转移价格转移出该东道国，另一方面以高转移价格卖出该子公司商品，索取高昂的服务费，将资金转移出该东道国，抽空子公司积蓄，达到从东道国调回资本的目的。

3.通货膨胀风险

通货膨胀主要影响企业的货币性资产，使企业持有的货币性资产的购买力下降，影响企业的财务能力。为减少这种损失，跨国公司通常把设在较高通货膨胀率国家子公司的货币性资产数额保持在最低限度。为此，跨国公司会调高设在较高通货膨胀率国家子公司出口的产品和服务等价格，或者调低这些子公司进口的产品和服务等价格，从而将这些子公司的货币性资产转移到较低通货膨胀率的国家，避免购买力损失。

三、转移定价的方式与方法

（一）转移定价的方式

跨国公司可以根据母公司利益、海外子公司利益以及跨国公司整体利益来确定采用何种转移定价方式。具体来讲，跨国公司的转移定价可以围绕以下几个方面展开：

1.灵活运用货物价格实现转移定价

货物包括生产过程中的原材料、零部件、中间产品、制成品和机器设备等。在跨国公司转移定价中，货物价格的使用占了很大比重。跨国公司通过转移定价使货物价格高于或低于正常交易原则下的市场价格，实现利润的转移、资金的流动。

2.灵活运用专利和专有知识实现转移定价

专利和专有知识具有价格可比性差的特点，对于其使用的支付，可以用单独的计价形式，也可以隐含在其他价格中，因此跨国公司可以利用专利和专有知识的特点进行转移定价，达到其目的。除此之外，其他专利化的专有知识和技术、商业秘密、商业信誉等，也具有这样的性质，经常被跨国公司用来进行转移定价。

3.灵活运用贷款实现转移定价

在母公司对海外子公司进行投资的过程中，与参股相比，贷款更具有灵活性。因为海外子公司用股息形式偿还母公司的投资，在纳税时不能作为费用扣除，但支付的贷款利息可以作为费用扣除，而且母公司可以根据整个公司情况制定利率。

4.灵活运用租赁实现转移定价

租赁方式得到迅速发展，主要是因为某些企业的工业、商业或科学设备等在一定时期内可能出现闲置，而另外一些企业又急需这些设备，这就使得租赁能够以临时性的非正式方式满足双方的需求。另外，租赁可以让企业在低风险的前提下减少筹资负担。因此，许多长期需要工业、商业或科学设备等的企业便转向租赁而不是购买这些设备。正因为如此，跨国公司将租赁视为转移定价的一种方式，将其资产通过租赁方式在母公司与海外子公司之间、不同东道国子公司之间自由地转移，从而达到减轻税负的目的。

（二）转移定价的方法

针对不同类型的商品，跨国公司采用不同的转移定价方法，主要包括有形商品的转移定价和无形商品的转移定价。

1.有形商品的转移定价

有形商品的转移定价包括：

（1）内部成本价加上调高（或者减去调低）的转移价格的定价体系

其主要包括：

①在一个以成本为中心的垂直一体化企业里，以成本作为转移定价的基础。

②在一个以利润为中心的垂直一体化企业里，以成本加一定百分比的毛利作为转移定价的基础。

③在生产同类产品的各生产单位之间，以成本加管理费作为转移定价的基础。

（2）外部市场价格加上调高（或者减去调低）的转移价格的定价体系

其主要包括：

①如果商品拥有外部市场价格，则以外部市场价格作为转移定价的基础。

②如果没有外部市场价格，则以成本加成的方法作为转移定价的基础。

2.无形商品的转移定价

无形商品的价格可比性差，没有可靠的定价基础，跨国公司主要依据对市场信息的了解以及在谈判中的讨价还价来完成定价，即协调定价法。

在无形商品中，专有技术和专利权的转移定价最有代表性。这类产品在母公司和海外子公司之间转让时，也需要按照惯例由提供者授予特许使用权，并收取特许使用费，其支付可以用单独计价形式，也可以隐含在其他商品价格中。比如美国规定，相关联企业对无形资产使用收费时，可以采用各部门适当分摊的方法，即分摊研发产生的利益、费用和风险，但这种分摊的标准只限于无形资产的成本费用，也仅仅是无形资产在相关联企业之间转让收费的一种参考。

3.转移定价的具体操作方法

一般情况下，转移定价的具体操作方法包括：

①调高或调低零部件、中间产品等实物在不同东道国子公司之间的内部销售价格，以转移产品价值。

②调高或调低海外子公司折旧费，以转移产品价值。

③在母公司和海外子公司之间人为地制造呆账、损失赔偿等，以转移资金。

④调高或调低专利出口、技术和咨询、管理、租赁商标等服务费用，以影响子公司的成本和利润。

⑤通过提供贷款从而确定利率的高低来影响产品的成本费用。

⑥利用产品的销售，给予子公司销售机构以较高或较低的佣金、回扣，以影响子公司收入。

⑦向子公司收取较高或较低的运输、装卸、保险费用，以影响子公司的经营成本。

⑧向子公司索取过高的管理费用，或将母公司管理费用计入海外子公司的产品成本，以转移产品价值等。

四、制定转移价格的程序

一般来讲，制定转移价格有五个步骤（如图5-3所示）：

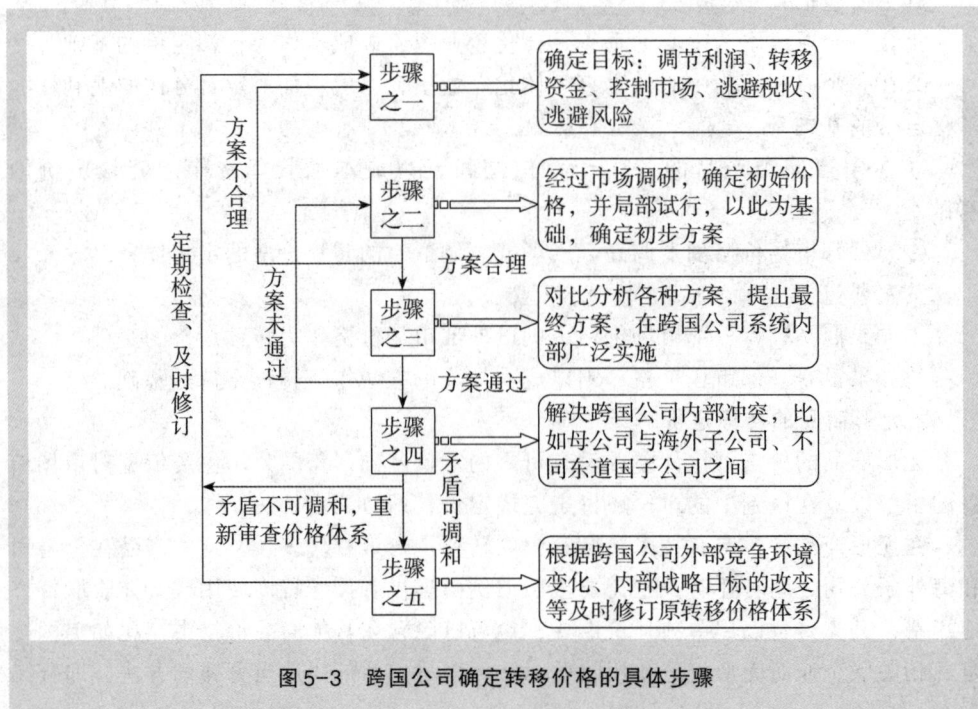

图5-3　跨国公司确定转移价格的具体步骤

1.确定转移价格目标

转移价格的目标包括调节利润、转移资金、控制市场、逃避税收以及逃避风险等。在制定转移价格体系之前，跨国公司要依据母国、东道国、世界竞争环境，以及自身的战略目标，确定转移价格的具体目标，为制订相应的解决方案作准备。

2.确定初步方案

确定目标之后，在广泛的市场调研的基础上，确定包括主要生产系统转移价格、主要辅助材料转移价格、其他转移价格等在内的初步价格实施方案，进行局部试行。如果方案实施结果比较令人满意，那么进行步骤三；如果方案在实施过程中发现诸多不合理之处，那么需要重新回到步骤一，反复调整，直到达到令人比较满意的实施结果；最后以此为基础确定初步方案，提交公司高层管理进行审定。

3.确定实施方案

对比分析各种方案，如果方案可以通过，那么确定最终实施方案，并在跨国公司系统内部广泛实施，进行步骤四；如果方案没有通过，那么需要重新回到步骤二，重新制订方案。

4.设立公司内部仲裁机构

在转移价格实施过程中，跨国公司内部可能会出现一些冲突，比如母公司与海外子公司、不同东道国子公司之间。如果冲突能够解决，那么进行步骤五；如果冲突不能解决，说明方案根本不能执行，那么回到步骤一，重新确定转移价格目标。

5.定期检查和修订转移价格体系

跨国公司相关部门应该密切注意外部竞争环境变化以及内部战略目标的改变等，及时修订原转移价格体系，即重新回到步骤一，从确定转移价格目标开始，逐步重新制定转移价格。

五、转移定价的影响因素

跨国公司在制定转移价格时，需要考虑来自各方面的影响因素，主要包括竞争状况、税负、外汇管制以及东道国政治局势稳定性等。

1.竞争状况

实施转移价格策略是跨国公司增强其整体竞争力的重要手段。跨国公司往往首先对两种类型的子公司采用转移价格策略进行扶持：

①新设立的子公司，在生产经营等方面都非常不成熟，竞争能力有限，凭借自身的能力难以在激烈的竞争中取胜。此时，跨国公司会采用调低转移价格的方式对其出口货物，达到补贴该子公司的目的，帮助该子公司增强竞争力，直到该子公司的竞争力得到切实改善。

②在激烈竞争环境中处于不利地位的子公司，跨国公司也会考虑通过调低子公司进口货物的转移价格，同时调高该子公司对外出口货物的转移价格，人为地使子公司的财务状况得到改善，增强其竞争力，达到能够与其他竞争对手抗衡的目的。

2.税负

影响跨国公司制定转移价格的税负因素包括所得税和关税。由于各国税率不同，跨国公司可以通过人为调高或调低转移价格的手段来减少整个跨国公司系统的税负。跨国公司利用转移价格减轻税负将影响相关国家的税收收入，比如将减少税率较高国家的税收收入、增加税率较低国家的税收收入，这可能会引起子公司所在东道国采取相应措施进行干预。

3.外汇管制

外汇管制严格的一些国家，特别是发展中经济体，对资金的调出都加以严格限制，因此跨国公司往往利用转移价格在公司内部配置资金来规避东道国的外汇管制。

由于大多数发展中经济体对国际贸易中的外汇支付限制相对少，因此跨国公司就在内部国际贸易中运用转移定价的方法逃避东道国的外汇管制。比如，跨国公司调高出口到该东道国子公司的货物价格，或者以高利率借贷款的方式将资金以利息形式调出。

4.东道国政治局势稳定性

东道国政治局势稳定性直接影响着跨国公司及其东道国子公司的合法权益。在政治局势不稳定的东道国，跨国公司的合法权益往往会受到威胁，如国有化、战争等。为减少因为东道国政治局势不稳定可能造成的损失，跨国公司往往将东道国子公司进口产品的转移价格调高，借此把更多资金转移至母国或其他第三国；同时把东道国子公司出口产品的转移价格调低，以便于用更隐匿的方式把子公司的实物资产移出。

第三节 案例——搜索引擎巨头谷歌避税案

一、基本案情

（一）背景资料

谷歌（Google）于1998年9月7日以私有股份公司的形式成立（目前是一家美国上市公司），主要设计并管理互联网搜索引擎。该搜索引擎是由创始人拉里·佩奇（Larry Page）和谢尔盖·布林（Sergey Brin）在斯坦福大学学生宿舍内共同开发的全新的在线搜索引擎，然后迅速传播给全球的信息搜索者。谷歌总部被称作"Googleplex"，位于加利福尼亚州山景城。

2009—2011年，谷歌连续3年在Universum的评估中被工程界和商业界评选为"最吸引人才"的企业，2011年同时被评选为"最佳声誉"和"最值得工作"的企业，2013年获得《财富》"最佳雇主"，2019年居世界品牌实验室（World Brand Lab）评出的"世界品牌500强"之首，2018年和2020年都居于次席，首席为亚马逊（Amazon）。①谷歌网络覆盖100多个国家和地区，目前被公认为全球规模最大的搜索引擎，提供了简单易用的免费服务，也是互联网上五大受欢迎的网站之一，在全球范围内拥有无数的用户。

谷歌的主要盈利模式是广告。谷歌的广告盈利模式支撑了其庞大的搜索工程。目前，谷歌旗下品牌包括谷歌网页搜索、谷歌学术搜索、谷歌财经、265上网导航、谷歌地图、谷歌工具栏、谷歌快讯、谷歌浏览器、谷歌视频、谷歌图书、谷歌代码、谷歌实验室、谷歌照片、谷歌翻译、谷歌日历、谷歌文件、谷歌移动服务、谷歌拼音输入法、谷歌桌面、谷歌环聊（Hangouts）、谷歌地球等。

（二）案情简介

2011年5月30日，英国《星期日泰晤士报》引用美国证券交易委员会（SEC）提供的数据，称美国互联网搜索引擎巨头谷歌利用旗下空壳公司转移利润，在过去5年避税至少32亿英镑。

谷歌复杂的避税手段和过程如下：其首先在爱尔兰首都都柏林注册了一家"谷歌爱尔兰控股公司"，在征得美国国内收入署同意后，谷歌将其搜索及广告技术版权授予谷歌爱尔兰控股公司。该公司拥有1 400名员工，负责谷歌海外市场的销售广告。这样的结果是，谷歌的巨额海外收入名正言顺地避开了美国本土高达35%的企业所得税，谷歌在爱尔兰的公司仅需上缴12.5%的企业所得税。2006—2011年，谷歌利用旗下海外公司转移利润至少逃避了46.3亿美元的应纳税费。

不过，避开美国本土的高额企业所得税税费只是谷歌全球避税的一步。因为谷歌爱尔兰控股公司还另设有一家子公司，专门负责处理英国市场的广告业务，即使身处英国的客户，要想在谷歌的网页上做广告，也得与爱尔兰的公司联络，谷歌由此又避开了英国高达28%的企业所得税。

为了将海外营业收入顺利转移到避税天堂百慕大，谷歌采用了一种被税务律师称作"双爱尔兰""荷兰三明治"的迂回路径。比如当一个位于欧洲、中东或非洲的公司在谷歌网站刊登一条搜索广告时，该公司所付的费用将进入位于谷歌爱尔兰控股公司。但是爱尔兰的法律使谷歌很难将它获得的利润在没有缴纳高额税费的情况下直接送到百慕大，于是谷歌使用了迂回路线。由于爱尔兰的税收政策不适用于向其他一些欧盟国家的公司付款，所以谷歌在荷兰设立了一家几乎没有员工的空壳公司作为附属公司，即谷歌荷兰控股公司。之后，谷歌将谷歌爱尔兰控股公司的利润转移到了谷歌荷兰控股公司。该公司把约99.8%的利润以"著作权费"的名义转移至百慕大，由于百慕大不向著作权费征税，于是谷歌就实现合法避税。这就是著名的"荷兰三明治"。而百慕大附属子公司事实上隶属谷歌爱尔兰控股公司，所以该路径被称为"双爱尔兰"。

经过一番避税运作，2010年，谷歌全球营业收入高达178亿英镑（约293亿美

---

① [1] 品的牌. 世界品牌实验室: 2018世界品牌榜单 世界品牌500强名单 [EB/OL]. [2021-12-15]. https://www.maigoo.com/news/514654.html. [2] 知识超人. 2019全球品牌价值500强正式发布 2019年世界品牌500强完整榜单 [EB/OL]. [2021-12-15]. https://www.maigoo.com/news/537129.html. [3] 今日榜单. 2020世界品牌500强榜单发布 2020年全球品牌500强排行榜一览 [EB/OL]. [2021-12-15]. https://www.maigoo.com/news/578199.html.

元），其中52%来自美国以外的市场，但海外税率仅为3%。比如英国的企业所得税税率为28%，谷歌在英国平均每年广告营业收入高达20亿英镑，但谷歌每年仅在英国纳税约300万英镑。

这并不是谷歌首次陷入"避税门"。《星期日泰晤士报》曾披露，谷歌2008年在英国的广告营业收入高达16亿英镑，但只纳税14万英镑，少缴4.4786亿英镑。[①]

二、案例评析

（一）转移价格是跨国公司逃避税负的惯用手法

跨国公司采取转移价格的重要原因之一是逃避税负，以在全球范围内获得最大利润。跨国公司往往通过转移定价将设在高税率国家的子公司利润人为地转移到低税率国家的子公司，以逃避承担在高税率国家的纳税义务，最终使跨国公司的总体税负大大降低。

谷歌运用"双爱尔兰""荷兰三明治"的做法，目的就是逃避美国和英国的高税率。但是谷歌的做法绝对不是个案，世界上许多跨国公司都有过采用转移定价逃避税负的历史，比如美国宝洁（P&G）公司、瑞士斯沃琪（Swatch）公司等。谷歌作为科技类公司，其做法也引来了科技同行的效仿。美国俄勒冈州波特兰市里德学院（Reed College）经济学教授金佰利·克劳辛（Kimberly Clausing）表示，这类所得转移活动令美国政府一年损失多达600亿美元的收入。

（二）国际避税地与国际税收筹划

国际避税地的存在为谷歌逃避税收提供了便利。所谓国际避税地又称国际避税港，是指对所得资产免税或按照较低税率或实行大量税收优惠的国家或地区，如英属维尔京群岛、百慕大群岛、瑙鲁、巴拿马等。"避税天堂"为其他国家和地区的企业、组织和个人避税、洗钱提供了极大方便，但是严重妨碍了国际金融体系的稳定性。

国际税收筹划是跨国纳税人（包括法人和自然人）为了达到避税目的而制订的纳税计划。这种纳税计划是在税法规定允许的范围之内，当同时存在几种可供选择的纳税方案时，以税负最低的方式来处理财务、经营、交易等事项。国际税收筹划是跨国公司逃避税收的重要步骤，国际避税地的存在是国际税收筹划的基础。

国际税收筹划主要包括：

（1）筹划最低税负企业组合

比如跨国公司在境外是设立子公司还是设立分公司，取决于对新设公司的盈利预期。如果预计开始就能盈利，那么设立子公司更有利；如果初期可能会出现亏损，那么设立分公司可能更有利一些。

（2）企业财务筹划

会计人员选择合适的会计核算方法，以达到减少纳税的目的。

① 新华网. 谷歌再陷"避税门" 利用空壳公司5年避税46亿美元［EB/OL］.（2011-06-01）［2015-01-14］. http://www.chinadaily.com.cn/hqzx/2011-06/01/content_12624550.htm.

（3）合理利用税收政策

对比各个国家或地区的税率，选择最佳区位设立分支机构，确定利润转移路径，达到减少纳税的目的。

三、思考

思考一：针对跨国公司的转移价格，中国应该如何应对？

思考二：中国企业在坚持"走出去"战略的前提下，如何更合理地运用转移价格？

关键术语

跨国公司内部国际贸易　传统国际贸易　转移价格

复习思考题

1.何谓跨国公司内部国际贸易？其与传统国际贸易有何差异？

2.跨国公司内部国际贸易的动因是什么？

3.转移价格的含义是什么？形成转移价格的原因是什么？

4.简述转移定价的方式和方法。

第六章
跨国公司的技术转让

学习目标

学习目标

◆重点掌握跨国公司技术转让的含义、特点、方式；掌握影响跨国公司技术转让的因素、跨国公司技术转让定价和支付；了解跨国公司技术转让相关策略。

第一节 跨国公司技术转让概述

技术泛指根据生产实践经验和自然科学原理发展而成的各种工艺操作方法和技能。[①]技术发展史和人类发展史一样源远流长。自从人类社会出现，技术就和人类生活息息相关。比如古代保留火种的技术就是把雷电击中的枯树或者自燃起火的火种用干草、枯树等一直保留在岩洞洞穴之中。1879年10月21日，爱迪生电照明实验的成功标志着现代技术的诞生，人类技术史掀开了新篇章。自20世纪中期以来，技术发展的速度越来越快，一次次的技术革命促进了人类物质文明的发展，推动了人类社会的进步，但是受多方面因素影响，各国技术实力悬殊，处在不同的技术水平上。低技术水平的国家为弥补自身不足，往往在自主研发的基础上，还需要引进高技术水平国家的相关技术，技术转让则是最佳途径。

一、跨国公司技术转让的相关概念

（一）技术转让的概念

技术转让是指技术供应方通过某种方式把某项技术以及与该技术有关的权利转让给技术受让方的行为。[②]联合国贸易和发展会议认为，技术转让涉及物质产品（如资本品）的转让和默认知识的转让，后者正变得更为重要，并涉及获得新的技能以及新的技术和组织能力。《联合国国际技术转让行动守则（草案）》则在世界知识产权组织有关"技术"定义的基础上给出了"技术转让"的定义，即"关于制造产品、应用生产方法或提供服务的系统知识的转让，但不包括货物的单纯买卖或租赁"。跨国公司是技术转让的主导者。

（二）技术转让与其他相关概念的区别

与技术转让容易混淆的概念包括技术转移、技术扩散以及技术引进。

1.技术转让与技术转移

技术转让和技术转移都是从英文"technology transfer"翻译过来的。当二者特

---

① 辞海编辑委员会. 辞海（上册）[M]. 上海：上海辞书出版社，1979：1532.
② 庞学良. 涉外经济实务 [M]. 北京：中国农业出版社，1994：33.

指技术所有权转让时，意思相同，但是二者也存在差异：

①技术转移还强调地点转移，因此技术转移比技术转让的内涵更丰富一些。

②技术转让的实现需要两个条件，即存在转让技术的双方当事人、以法律关系为基础变更技术的使用权和所有条件。而技术转移的实现并不受上述条件的约束。比如，某技术发明人从一个国家迁移到另外一个国家，并出资建厂，用自己发明的技术生产产品，此时没有发生技术转让，却发生了技术转移。①

2.技术转让与技术扩散

技术扩散（technology diffusion）强调的是技术创新成果的扩散。美国科技先驱罗伯特·梅特卡夫（Robert Metcalfe）认为，技术扩散是一种选择过程，包括：

①企业对于各种不同层次的技术选择，其结果总是使企业倾向于接受效率更高、成本更低或更新颖的先进技术。

②顾客对企业的选择过程，其结果总是那些优先采用创新技术的企业生产出来的品质高、价格低的产品，这样才能获得顾客的青睐；那些不愿采用创新技术的企业，则无法逃避被淘汰的厄运。正是通过这些相互作用的选择过程，技术创新成果在市场中才得以广泛传播，即技术创新逐步实现了扩散。

技术扩散与技术转让存在明显差异：

①技术扩散可以是有意识的技术转让，也可以是无意识的技术传播，但更强调后者，不存在协议约束；技术转让则专指有意识的行为，以协议规定为准绳。

②技术扩散可以是一对一，也可以是一对多，对象不明确；技术转让则是一对一的行为，对象明确。

3.技术转让与技术引进

技术引进（technology introduction）是指一个国家或地区的企业、科研机构等通过某种方式，有计划、有重点、有选择性地从其他国家或地区的企业、科研机构等处获取先进技术的活动。其主要内容包括：

①引进新工艺、新技术，包括产品设计、工艺流程、材料配方、制造图纸、工艺检测方法和维修保养等技术知识和资料；

②引进必要的成套设备、关键设备、检测手段等；

③引进先进的经营管理方法等。

技术引进与技术转让是同一项活动的两个方面：从技术转让方来讲，是技术的输出，即技术转让；从技术受让方来讲，是技术的输入，即技术引进。比如现有A和B两个国家，A国作为技术转让方，B国作为技术受让方，A国通过与B国签订协议将某项技术转让给B国。依据技术的流动方向，技术由A国输出，对于A国来说即为技术转让；技术向B国输入，对于B国来说即为技术引进（如图6-1所示）。

（三）国际技术转让的概念

技术转让可以发生于同一国家中，即国内技术转让，也可以发生于不同国家

① 张纪康. 跨国公司与直接投资［M］. 上海：复旦大学出版社，2004：310.

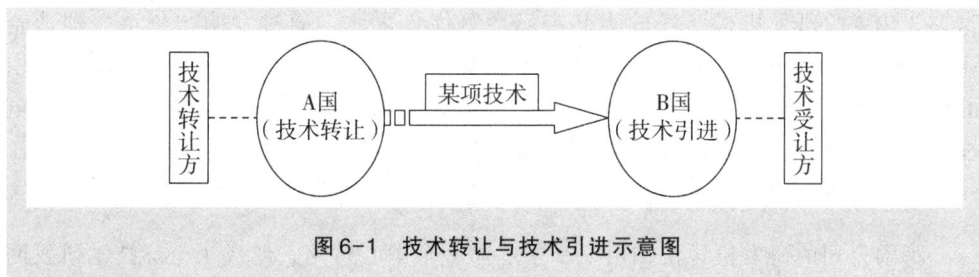

图6-1 技术转让与技术引进示意图

之间，即国际技术转让。国际技术转让（international technology transfer）是指将技能、工艺和知识等技术要素，从一个国家转让到另外一个国家的行为，即跨越国境的技术转让。跨越国境指：

①被转让的技术必须跨越国境流动，即必须是从一个国家转让到另外一个国家。

②从地理意义上来讲，技术供给方和受让方分别在两个国家，而不管双方国籍是否相同。

国际技术转让可以通过技术援助、技术贸易、技术人员的流动以及共同研发等途径进行，包括有偿转让和无偿转让，其中有偿转让是指以谋求经济利益为动机的技术转让。自第二次世界大战之后，国际技术贸易的蓬勃发展表明，国际技术有偿转让活动对于当今世界技术传播的作用越来越大。

二、跨国公司技术转让的特点

随着跨国公司的不断发展壮大，跨国公司不仅成为全球技术转让中的主导者，而且特别强调以下方面：

（一）以全球领先技术为基础创造技术转让条件

技术优势是跨国公司拥有的最重要的垄断优势，其核心技术能力是跨国公司维持其垄断地位的保障，技术创新能力是跨国公司维持其垄断地位的手段。创新使跨国公司占据了全球技术领先地位，也为跨国公司顺利实施技术转让提供了重要的前提条件。

跨国公司不断实现创新的强有力保障是跨国公司拥有强大的研发团队、雄厚的资金支持。以美国IBM公司为例进行说明：

①IBM聘请多学科领域专家，共同加入到研发活动之中。IBM拥有全球最优秀的研究工程师、科学家和技术天才，包括诺贝尔奖获得者及图灵奖获得者；研究专业涵盖从天文学到真空物理学，从信息普遍服务到高级业务分析，从计算生物学到服务学；在专利方面，曾连续多年在美国获专利排名第一。

②IBM每年在研发方面投入的资金数量惊人。IBM 1970年的研发费用为5亿美元；1975年之后每年为10亿美元；1980年以后，每年达15亿美元。2008年，IBM总裁首次对外发布了"智慧的地球"概念，"智慧的地球"计划是之后IBM战略发展的核心，IBM每年的研发投资达60亿美元，其中一半都用在"智慧的地球"计划上。

③IBM 的研发机构已经成为其市场竞争优势之一，通过发明与创造，塑造企业、政府、学术和社会的未来。比如，IBM 的 Watson 超级计算机能够与人类使用的词汇互动，可快速且精确地理解复杂的语音问题并提供答案，2011 年其曾在电视智力竞赛节目《挑战自我》中战胜人脑而一举成名。

（二）以全球研发网络为基础展开技术转让活动

跨国公司的研发机构正在由一个中心向多个中心转化，形成了全球技术研发网络，这样可以充分利用当地研发资源，突出重点研究项目，互通有无，为跨国公司进行技术转让提供了有力保障。以 IBM 为例，其在全球设立了很多研发机构，遍及美国、瑞士、以色列、日本、中国、印度、巴西以及澳大利亚等国。通过设立研发机构，IBM 不但能够在这些实验室里开展研究，还可以与当地众多合作伙伴共享技术、资产和资源，以实现共同的研究目标。从研究太阳能和中东地区沙漠中的水淡化，到监控爱尔兰海滩和湖泊周围生态环境的健康状况，再到开发系统来帮助改善城市街道的安全等，IBM 将研究延伸到世界的每一个角落。

IBM 全球研发机构的许多研究成果通过技术转让被广泛应用于 IBM 整个系统内部及其他跨国公司。比如 2005 年，IBM 中国研究机构研制出了 SmartSCOR 和个性化可移植性框架。前者为供应链转型的整个过程提供端到端的供应链转型方法和工具支持，其不同功能已被 IBM 全球企业咨询服务部用于供应链管理实践的几个随需应变创新服务（ODIS）项目中；后者则是对客户端的"个性"进行虚拟化处理，来提高系统迁移的工作效率，该技术被 ThinkVantage 产品中的系统迁移助手软件的基本框架所采用，并被用于 Windows 到 Linux 的系统迁移。

（三）以内部化为基础实施技术转让策略

技术转让策略是指跨国公司把研发成果进行技术转让。对内转让可以保持其技术优势，防止技术外溢，这也是跨国公司技术转让的主要途径，包括母公司对子公司的转让、子公司之间的转让以及子公司对母公司的转让；对外转让则既可以获得可观的商业利润，也可以主导技术市场，成为技术市场中的主要供应者。

一方面，在技术交易过程中，市场交易存在成本，包括寻找交易对象的搜寻成本、签订合同的谈判成本以及监督合同执行的监督成本等。如果能够进行内部交易，并且能够比外部内部交易节约成本，企业就会想方设法将外部交易转化为内部交易。另一方面，内部交易可以克服各种技术、专利、管理技能等与技术相关的中间产品外部交易的不完全性。

基于上述两个理由，跨国公司选择以内部化为基础实施其技术转让策略。

（四）以生命周期为基础选择技术转让时机

一项新研发出来的技术像一般生物一样，也会经历出生、成长、成熟和衰亡的生命周期。具体来讲，技术生命周期包括创新、发展、成熟和衰退四个阶段。在每个阶段，跨国公司的战略目标、投资策略以及技术转让策略存在很大差异，这就决定了跨国公司技术转让的时机选择（见表6-1）。

表6-1 　　　　　　　　　　　　　　跨国公司技术转让的时机选择

	项　目	创新阶段	发展阶段	成熟阶段	衰退阶段
支配地位	战略目标	全力以赴推进市场份额，保住地位	保住地位，保住市场份额	保住地位，与行业同速度成长	保住地位
	投资策略	投资速度稍超前于市场发展速度	为维持增长需要而投资，同时为压倒新加入者而投资	根据必须投资的情况进行投资	根据必须投资的情况进行投资
	技术转让策略	不转让	不转让	经过严格审查，在地区、市场、对象上有选择性地转让技术，转让条件苛刻	有选择性地转让技术
优势地位	战略目标	试图改进地位，全力以赴推进市场份额	试图改进地位，推进市场份额	保住地位，与行业同速度成长	保住地位，坐收现有市场之利
	投资策略	根据市场发展速度决定投资	为提高成长速度、改进地位进行投资	根据必须投资的情况进行投资	进行最低水平投资，或维持原来状态
	技术转让策略	不转让	不转让	一般比较愿意转让技术，但对地位、市场和对象有一定的考虑	愿意转让技术
有利地位	战略目标	全力以赴或有针对性地推进市场份额，试图有选择性地改进地位	试图改进地位，有选择性地推进市场份额	维护已有地位，寻找市场缝隙，保护自身	坐收现有市场之利或者准备撤退
	投资策略	有选择性地投资	为改进地位有选择性地推进市场份额	最低水平或有选择性地投资	最低水平或为维持现状进行投资或不进行投资
	技术转让策略	不转让	有可能考虑通过适当的方法转让技术	愿意转让技术，挑剔性的条件较少	主动寻找买方企业，积极转让技术
维持地位	战略目标	有选择性地推进市场份额	寻找市场缝隙，全力保护	寻找市场缝隙，采取守势，准备撤退	准备撤退，或根本放弃
	投资策略	非常有选择性地投资	有选择性地投资	最低水平投资或不进行投资	不投资或资本撤出
	技术转让策略	不转让	开始考虑技术转让，希望另外开辟技术贸易市场	主动寻找机会转让技术，只要有利可图就可以	急切转让技术，不讲究条件
弱势地位	战略目标	有选择性地推进市场份额	寻找市场缝隙，自身保护	寻找市场缝隙，采取守势，准备撤退	准备撤退，或根本放弃
	投资策略	投资或资本撤出	投资或资本撤出	有选择性地投资或不投资	资本撤出
	技术转让策略	不转让	主动寻找机会转让技术	急切寻找机会转让技术，不讲究条件	急切转让技术，不讲究条件

资料来源　滕维藻，陈荫枋. 跨国公司概论 ［M］. 北京：人民出版社，1991：181-182.

1.创新阶段

在创新阶段，任何地位的跨国公司都会选择不转让技术。

2.发展阶段

在发展阶段，只有处于弱势地位的跨国公司会选择主动寻找机会转让技术；处于支配地位和优势地位的跨国公司会选择不转让技术；处于有利地位的跨国公司会选择考虑转让技术的可能性；处于维持地位的跨国公司会选择开始考虑技术转让。

3.成熟阶段

在成熟阶段，处于各种地位的跨国公司都会选择技术转让，但急切程度和条件要求不尽相同。其中，处于弱势地位的跨国公司最为急切，处于支配地位的跨国公司的转让条件最为苛刻。

4.衰退阶段

在衰退阶段，处于各种地位的跨国公司都会选择技术转让。其中，处于支配地位的跨国公司会有选择性地转让技术，处于其他地位的跨国公司都会愿意甚至急迫地转让技术。

三、影响跨国公司技术转让的因素

在技术转让中，跨国公司采取何种方式进行转让、转让至哪个国家、如何定价等会受到多方面因素的影响和制约。根据是否与技术特性有关，影响技术转让的因素可以分为与技术特性有关的因素以及与技术特性无关的因素。

（一）与技术特性有关的影响因素

技术特性是影响技术转让的首要因素。技术在生命周期的不同阶段具有不同的特性，这也影响了技术转让。

1.创新阶段

在创新阶段，以创新技术为基础生产出来的产品往往会满足那些乐于"追求新产品"顾客的需求，这也为技术所有者赚取顾客身上的"最后一分钱"提供了机会，所以技术所有者此时是不愿意转让技术的。

2.发展阶段

在发展阶段，新技术的进一步开发需要投入大量资金和技术装备，如果新技术所有者不能满足上述需求，那么它会选择技术转让以获得超额利润。此时，技术转让方式可能采取的是许可证贸易方式。

3.成熟阶段

在成熟阶段，新技术进入标准化生产，企业对其掌握得已经相当熟练，规模经济开始出现。此时，企业就不再愿意采取许可证贸易方式进行技术转让，但是直接出口可能会遭受关税和非关税壁垒限制，使企业无法获利或者获利甚微，所以企业会选择对外直接投资的方式直接进行技术转让。

4.衰退阶段

在衰退阶段，市场上仿制品泛滥，那些地位相对较弱的企业已经无法获利，非常急切地进行技术转让。

除去生命周期影响技术转让外，新技术类型也会影响跨国公司的技术转让方式。

（二）与技术特性无关的影响因素

1.相关国家的政策因素

一项技术在对外转让时，往往会涉及两个国家，即技术转让方所在国家和技术受让方所在国家。一般情况下，出于对本国技术优势的保护，技术转让方所在国家会制定相应规定限制向国外转让技术。

技术受让方所在国家则坚持技术引进鼓励政策和限制政策并举，原因是：

①世界上任何一个国家都不可能同时拥有所有需要的技术，因此需要从其他国家引进相关技术。在鼓励技术引进的国家中，发展中经济体更渴望获得先进技术，但是引进的技术能否为其所用，还需要认真考虑自身技术的承接能力；否则，只会"欲速则不达"。比如中国在改革开放初期，因为自身技术水平所限，与引进的"世界一流技术"水平相差甚远，引进的很多技术没有发挥作用，白白浪费了国家的外汇储备。

②一些国家为培育本国技术研发能力，对技术引进严加限制，但是这种限制会随着该国技术、经济等实力的不断增强而逐渐放松。比如日本曾经是对技术引进控制得最为严格的国家之一，随着技术来源国经济实力的不断增强，对于技术引进已经由严格控制逐渐向不干预政策转变。

2.相关国家的综合因素

相关国家的综合因素的差异，也影响着跨国公司的技术转让策略。综合因素包括资本丰裕度、劳动力素质、技术水平、收入水平、消费者偏好、经济景气度等。这些综合因素差异不仅表现在发达经济体与发展中经济体之间，比如欧美各国与非洲各国之间，还表现在同类经济体内各国之间，比如德国和法国之间、印度和利比亚之间等。

第二节　跨国公司技术转让的方式

跨国公司可以通过很多方式进行技术转让，主要包括：①单纯技术转让方式，如许可交易、特许经营、技术协助、合作研发等；②技术转让与输出设备、提供服务相结合的方式，如交钥匙工程、补偿贸易等；③技术转让与资金融通或资本输出相结合的方式，如合资经营、合作经营。

一、单纯技术转让方式

（一）许可证贸易

许可证贸易是国际技术转让中最常用的一种方式，涉及专利技术、专有技术和商标等标的。与此适应，许可证贸易合同划分为专利技术（patent technology）许可证贸易合同、专有技术（know how）许可证贸易合同和商标（trademark）许可证贸易易合同。

1.相关含义

许可证贸易是指技术转让方和受让方之间通过签订技术许可协议，转让方在一定条件下允许受让方对其拥有的专利技术、专有技术和商标等享有使用权、产品制造权及销售权。

许可证贸易合同涉及三种标的——专利技术、专有技术和商标，它们均具有自身特点，这决定了以这三种标的为基础的许可证贸易合同也各有特点：

①专利技术是静态的、固定的技术，其内容和范围被专利说明书限制，局部性很强。专利技术许可主要是通过授权将在某些国家申请批准的专利编号和专利说明书告知受让方，并给予其制造、使用和销售专利产品的权利，但不提供技术资料，受让方需要自己从事必要的试验研究，才能生产出该专利产品的许可方式。

②专有技术是企业对产品核心技术的垄断，是动态的、不断变化发展的，一般都是整套的、成熟的关于生产工艺流程或生产新产品所需要的全部完整的知识和经验。专有技术许可需要明确转让方提供哪些技术资料、技术指导和人员培训，并有义务协助受让方掌握该项专有技术。

③商标是商品质量和信誉的代表，属于企业的无形资产。在实行专利制度的国家，申请注册批准后的商标可获得商标权。商标许可强调商标注册人通过签订商标使用许可合同，许可他人使用其注册商标的权利。商标许可证贸易主要是通过转让，转让方允许受让方使用其产品商标，并要求受让方维护商标声誉的许可方式。在相关合同中，应该作出相应规定，如受让方的产品质量水平，转让方应该提供的技术援助和质量监督，商标使用范围、使用费及支付方式等。

2.许可证贸易合同种类

依据许可证贸易合同的许可程度，许可证贸易合同可分为独占许可、非独占许可和交换许可。

（1）独占许可

独占许可（exclusive license）是指在规定的地区内，受让方对引进的技术拥有独占的、排他性的使用权，技术转让方或者第三方均无权在合同规定的时间和地区内使用同一技术制造和销售产品。在独占许可中，受让方拥有很大的技术使用权，需要支付很高的使用费。

（2）非独占许可

非独占许可（non-exclusive license）是指在规定的地区内，转让方或与转让方合作的第三方仍然拥有制造、使用或销售该产品的权利。非独占许可具体还可以划分为：

①排他许可（sole license），是指在规定的地区内，技术转让方和受让方可以同时拥有该技术的使用权，但转让方只能将该项技术的使用权转让给一个受让方，

不得将该技术同时转让给同一地区的第三方。

②普通许可（simple license），是指在规定的地区内，技术转让方和受让方可以同时利用该技术生产和销售产品，而且转让方可将该技术转让给第三方。在普通许可中，受让方获得的技术使用权很有限，使用费很低。

（3）交换许可

交换许可（cross license）是指技术转让双方以各自的专利权或专有技术进行互相交换。交换许可的转让双方所交换的技术价值相当，所以不需要相互支付相关费用。

（二）特许经营

特许经营（franchising）最早起源于美国。1851年胜家（Singer）缝纫机公司为了推销其缝纫机业务，在美国各地设置加盟店，授予缝纫机的经销权，并撰写了第一份标准的特许经营合同书，在业界被公认为是现代意义上的商业特许经营的起源。20世纪50年代以后，特许经营成为一种迅速发展起来的技术转让方式，包括产品专销、服务专营和营业网络特许专营。

1.含义

不同国家不同机构从不同角度解释了特许经营的含义，这里主要介绍我国商务部、国际特许经营协会和欧洲特许经营联合会对特许经营的定义。

根据我国商务部的定义，特许经营是指拥有注册商标、企业标志、专利、专有技术等经营资源的企业（以下称特许人），以合同形式将其拥有的经营资源许可其他经营者（以下称被特许人）使用，被特许人按照合同约定在统一的经营模式下开展经营，并向特许人支付特许经营费用的经营活动。

国际特许经营协会认为，特许经营是特许人和受许人之间的契约关系，对受许经营的相关领域、经营诀窍和培训，特许人有义务提供或保持持续的兴趣；受许人的经营是在由特许人所有的控制下的一个共同标记、经营模式和（或）过程之下进行的，并且受许人从自己的资源中对其业务进行投资。

欧洲特许经营联合会认为，特许经营是一种营销产品和（或）服务和（或）技术的体系基于在法律和财务上分离和独立的当事人（特许人及单个受许人）之间紧密和持续的合作，依靠特许人授予其单个受许人权利，并附加义务，以便根据特许人的经营理念进行经营。特许人的权利经由直接或间接财务上的交换，在双方一致同意的基础上被限定在书面特许合同之中。

2.类型

特许经营分为：

（1）产品专销

产品专销是指专营许可方要求受让方只销售许可方的产品。由于此类产品往往都是名牌产品，销路非常好，所以容易被受让方接受。

（2）服务专营

服务专营是指专营受让方使用专营许可方的商标与按照统一规定的制度和标准

开展相关服务业务。

（3）营业网络特许专营

营业网络特许专营是指专营受让方不仅使用专营许可方的商标、商号或服务招牌，而且要按照专营许可方的技术规定和质量标准生产同样的产品，保持和专营许可方相同的铺面布置、销售方式、管理制度和经营风格等。

3.特征

特许经营的主要特征包括：

①特许人和受许人之间是一种持续性契约关系。

②受许人投资业务，并拥有业务所有权。

③受许人需向特许人支付特许经营费。

（三）技术协助

根据转让技术的复杂程度、受让人的技术水平及技术接受能力，技术转让双方还可以采用一种更为灵活的转让方式，即技术协助。技术协助主要包括技术咨询服务、销售和商业服务、人员培训。

1.技术咨询服务

技术咨询（technology consultion）服务是指咨询方凭借自身信息优势，根据委托方对某一项技术课题的要求，为委托方提供技术选用建议和解决方案，包括可行性论证、经济技术预测、专题调查、分析评价等咨询报告，它是技术市场的主要经营方式和范围。

技术咨询服务的内容主要包括政策咨询服务、管理决策咨询服务、工程咨询服务、专业咨询服务和信息咨询服务五种类型。其形式有技术传授、技能交流、技术规划、技术评估、技术培训等，它是技术贸易活动中的一个基本形式。

技术咨询服务的专业化程度比较高，一般都由专业团队来完成。在咨询服务的过程中，尽管委托方需要支付咨询费给咨询方，但是委托方因此而获得的利益远远超过其所支付的咨询费，所以技术咨询对委托方是非常有利的。目前，发达经济体大都有咨询工程师协会或联合会，在许多发展中经济体也开始出现数量相当的咨询公司。

2.销售和商业服务

销售和商业服务是指技术转让方向受让方提供的各种服务，如在商标、广告、包装、保管、运输、推销技术以及售后服务等方面。

3.人员培训

人员培训是指技术转让方负责为受让方培训专业技术人员或者管理人员或者操作工人。这个环节是受让方能否顺利将专有技术成功引进的重要环节。

（四）合作研发

跨国公司和东道国双方都有从事某项目研发的愿望，或者双方拥有互补型研发资源，那么合作研发成为双方的最佳选择。通过合作研发，双方可以获得对方的有关技术和经验，可以共享研发成果，甚至可以合作生产等。

二、技术转让与输出设备、提供服务相结合的方式

技术转让与输出设备、提供服务相结合的方式主要包括交钥匙工程和补偿贸易等。

（一）交钥匙工程

交钥匙工程（turn key project）是指跨国公司为东道国建造工厂或其他工程项目，一旦设计与建造工程完成，包括设备安装、试车及初步操作顺利运转后，即将该工厂或项目所有权和管理权的"钥匙"依合同完整地"交"由对方负责经营。

交钥匙工程是在发达经济体的跨国公司向还没有完全开放的发展中经济体投资受阻后发展起来的一种非股权投资方式。比如在实行改革开放前的社会主义国家，除南斯拉夫（1991年解体）、罗马尼亚等少数国家外，大多数国家不准许外国企业进行投资，因此外国企业只能依赖其他方式从事投资或经营，交钥匙工程就是其中行之有效的一种。

（二）补偿贸易

补偿贸易（compensatory trade）是买方以信贷为基础从卖方购进设备等，然后用生产出来的产品或商定的其他商品或服务偿还设备等贷款。

补偿贸易既是一种贸易方式，也是一种利用外资的形式。补偿贸易于1913年首先被德国采用，苏联和东欧国家在与西方国家的贸易中常采用这种贸易方式，中国在改革开放之后也开始采用该方式。其基本特点是，买方以赊购形式向卖方购进机器设备、技术知识等，兴建工厂，投产后用生产的全部产品、部分产品或双方商定的其他商品或服务，在一定期限内逐步偿还贷款本息。

依据偿付标的不同，补偿贸易分为三类：

1.直接产品补偿

直接产品补偿，即双方在合同中约定，由卖方向买方承诺购买一定数量或金额的、由该设备直接生产出来的产品。

2.其他产品补偿

当买卖双方交易的设备本身不生产物质产品，或设备生产的直接产品并不是卖方所需，或设备生产的直接产品在国际市场上销路不畅时，可以根据双方需要进行协商，以回购其他产品来代替。

3.服务补偿

服务补偿，即根据买卖双方合同，由卖方代为购进所需要的技术、设备，并垫付相应货款，买方按卖方要求加工生产之后，从应收工缴费中分期扣还所欠款项。

三、技术转让与资金融通或资本输出相结合的方式

技术转让与资金融通或资本输出相结合的方式是对外直接投资。对外直接投资

是跨国公司进行国际技术转让的主要方式。通过这种方式，跨国公司可以把资金、设备、专利、专有技术以及商标等一起进行转让。转让时，跨国公司往往选择合资经营和合作经营两种类型。

（一）合资经营

合资经营企业（equity joint venture）是具有股份公司的性质、按照公司法建立起来的企业，具有一定数量的由股东提供的资本，按照股东之间达成的协议进行经营管理。其特点是依照股东出资比例，共同经营、共担风险、共负盈亏。在共同利益的约束下，合资方都会提供先进的技术知识、先进的管理模式等，共同推动东道国技术进步。

（二）合作经营

合作经营企业（contractual joint venture）不具有股份公司的性质，只是依据双方达成的协议，由一方（一般是外国跨国公司）提供资金、设备、技术等，另一方（一般是东道国企业）提供场地、厂房、劳动力等，合办企业，共同生产某些商品，共同管理或由某一方负责管理或委托第三方管理，按照事先合同中商定的比例承担义务、享受权利、分配利润等。当合同期满时，合作经营企业的全部资产归属东道国，从而使东道国达到引进技术的目的。

合作经营在生产领域的具体表现是合作生产。合作生产又称协作生产，是指两个或两个以上国家的企业，以合作经营的方式，在生产过程中充分发挥合作各方的有利条件，共同生产某项产品。在合同条款中，合作生产合同的某些条款和许可合同相同，如侵权与保密、不可抗力、合同的生效、合同的终止和其他条款等。除此之外，合作生产合同还要根据生产合同的特点及形式，对合作各方的合作内容、合作范围和权利与义务等加以明确规定。

第三节 跨国公司技术转让的定价与支付

跨国公司在进行技术转让时，如何定价？如何支付？这些涉及技术转让双方切身利益的问题，是双方的谈判焦点。

一、技术转让的定价

技术属于商品，但它属于一种特殊的商品，因此在进行技术转让定价时，既需要考虑商品的一般性，又需要考虑技术的特殊性。

（一）技术转让价格的构成

跨国公司往往把技术转让看作攫取高额利润的一个途径，因此在确定技术转让价格时，跨国公司采取转让技术成本加上高额利润构成的转让价格，具体包括交易费用、研发成本、技术转让税、工业产权保护费、市场机会成本、利润。

1.交易费用

交易费用是指技术转让双方在实际交易过程中产生的实际费用。费用高低取决于转让技术类型、技术水平、具体转让方式等。费用主要包括差旅费、调研费、咨询费、资料费、项目设计以及改进的相关费用。这部分费用相对客观，技术转让双方分歧较小，核算也相对容易。

2.研发成本

研发成本占据技术转让费用相当大的比例，但又是非常难以计算的一部分。总体来讲，需要从以下几个方面来考虑这部分费用：

（1）研发投入的基本费用

研发过程涉及选题、获取科学事实（按课题的需要收集和整理事实材料）、进行思维加工（建模）、验证（实证）、建立理论体系等不断重复的多个环节，最后才能将研发成果转化为生产力。为此，跨国公司需要投入大量的人力、物力和财力，并为此支付相当数量的费用，但这仅仅是研发的基本成本。

（2）技术转让的次数

一项技术从研制成功到转化为生产力，被转让的次数无法确定，也不可能被确定，因此加大了研发费用计算的难度。不过，计算原则是被转让的次数越多，每次分摊的研发成本就可能越低。

（3）技术生命周期的长短

在生命周期的不同阶段，转让方对于技术转让的态度不同，据此，受让方可支付不同的费用。

（4）跨国公司市场地位的强弱

从受让方的心理来看，普遍认为大型跨国公司的研发成果更具有可靠性，因此更愿意出高价购买。

3.技术转让税

跨国公司需要对获得的技术转让费纳税，包括向受让方所在东道国政府缴纳预提所得税，向跨国公司（转让方）母国政府缴纳所得税。对于前者，一些国家，如美国、日本和英国等可以向税务机关申请抵免，但另一些国家不可以抵免，如法国。此时，跨国公司就会把这部分不能抵免的税负以提高技术转让价格的方式转嫁给受让方。

4.工业产权保护费

工业产权是知识产权中的重要组成部分。所谓知识产权是指人类智力劳动产生的成果的所有权，是依照各国法律赋予符合条件的著作者、发明者或成果拥有者在一定期限内享有的独占权利，一般包括著作权和工业产权。其中，工业产权包括发明专利、实用新型专利、外观设计专利、商标、服务标记、厂商名称、货源名称或原产地名称等的独占权利。

工业产权是技术转让过程中最需要保护也是最难保护的。因为失去保护，有可能出现专利技术被盗用、专有技术被泄密、商标被假冒等情况，不但给跨国公司造成经济损失，而且弱化了其技术优势，所以跨国公司会尽力保护工业产权。比如，在多个国家申请专利、注册商标，在转让合同中特设保密条款等，目的就是防止工业产权失去保护，但同时需要付出高昂的保护费用，这部分费用核算起来也比较困难。

5.市场机会成本

一般来讲，技术转让发生于同行之间，这有可能会使跨国公司失去一部分已有的甚至潜在的市场份额，即市场机会损失。为弥补该损失，跨国公司往往会向受让方提出相应补偿，但是如何补偿是一个难题，因此该部分的补偿费用也非常难以确定。

6.利润

跨国公司投巨资进行研发，其目的之一是获得高额利润。因此，跨国公司在技术转让时也会凭借其技术垄断优势，追求利润最大化。

（二）技术转让定价原则

一般情况下，跨国公司采用利润（利益）分成原则作为技术转让定价原则，即LSLP（licensor's share on licensee's profit）原则。由技术转让方和受让方共同分享该项技术取得的经济效益，以此作为技术转让定价基础。其具体计算公式是：

$$P=KM$$

式中：P表示技术价格；K表示分成率；M表示转让方应用该技术所获得的利润（利益）。

分成率分成的对象可以是销售利润，也可以是销售收入，由此形成两个分成率的取值。但是事实上，由于销售收入和销售利润存在内在联系，可以根据销售利润分成率推导出销售收入分成率；反之亦然。

技术价格=销售收入×销售收入分成率

=销售利润×销售利润分成率

销售收入分成率=销售利润分成率×销售利润率

销售利润分成率=销售收入分成率÷销售利润率

利润分成率的确定是以技术带来的追加利润在利润总额中所占份额为基础的。依据联合国工业发展组织对印度等发展中经济体引进技术价格的实证分析得出，比较适宜的利润分成率应该保持在16%~27%。综合国际上其他一些国家的情况，一般认为利润分成率在15%~30%比较合理。不过在具体技术转让时，利润分成率到底应该是多少，还要根据相关国家的综合因素、行业性质以及技术适用性和先进程度来确定。

二、技术转让的支付

按照国际惯例，技术转让主要采用一次总算、提成支付以及入门费加提成三种支付方式。

（一）一次总算

一次总算（lump sum）是指把技术转让的所有费用，在签订合同时一次算清，然后一次支付或者分期支付。该支付方式属于固定计价法，所以在采用该方式支付时，需要技术转让双方在合同中写明转让总费用及其所包含的细目，使之一目了然。

不过，该支付方式对于转让双方各有利弊：

①对于转让方来说，可以在规定期内获得全部收益，风险较小，但不能与受让方一起分享日后技术增值部分的额外收益。

②对于受让方来说，固定的转让费有利于核算成本，但是它必须独自承担日后技术能否增值的全部风险，风险比较大。

（二）提成支付

提成支付是指依据受让方应用技术之后在一定期限内获得收益的比例支付给转让方的技术使用费。该支付方式属于事后计价法，主要包括：

①固定提成（fixed royalty），即按固定提成率或提成费提成的支付方式。

②滑动提成（sliding royalty），又称递减提成，是指随着产品产量或（净）销售额的不断增加而逐步降低提成率的支付方式。

③限额提成（limited royalty），是指规定在一定时间（一般是每年）内受让方必须支付给转让方的最低或最高限度的提成费，而不管受让方生产状况、销售量、盈利状况如何的支付方式。

在提成支付中，支付金额由提成基价和提成率决定。提成基价是指以什么为基础计算提成费。提成率是指按照提成基价支付提成费的比例。

提成率＝提成费÷提成基价×100%

（三）入门费加提成

入门费又称初付费，实为定金，是指转让方出于约束受让方严格履行合同的目的而收取的一定费用；其同时是一种预支款，用于转让方提供资料、披露技术机密、传授技术等各种费用的支出。这是跨国公司的惯用做法，一般占总额的15%左右。

第四节　跨国公司技术转让的相关策略

跨国公司进行技术转让之前，需要确定3W和1M。3W即who、when和where，1M即mode。其中，"who"是指准备转让什么内容，即对象选择；"when"是指选择什么时间进行技术转让，即时机选择；"where"是指将技术转让到哪里，即区位选择；"mode"是指采取何种方式进行技术转让，即方式选择。

一、对象选择策略

技术转让对象的选择问题是一件非常困难的事情，但也并不是没有可解决之法。如果选择技术使用程度以及使用的期望程度作为两个衡量指标，分别用坐标系中的横轴和纵轴来表示，那么可以把技术转让对象划分为四种类型：未使用且不准备使用、未使用且准备使用、使用且不准备继续使用（准备放弃）、使用且准备继续使用（如图6-2所示）。针对这四种类型，需要采用不同的转让策略。

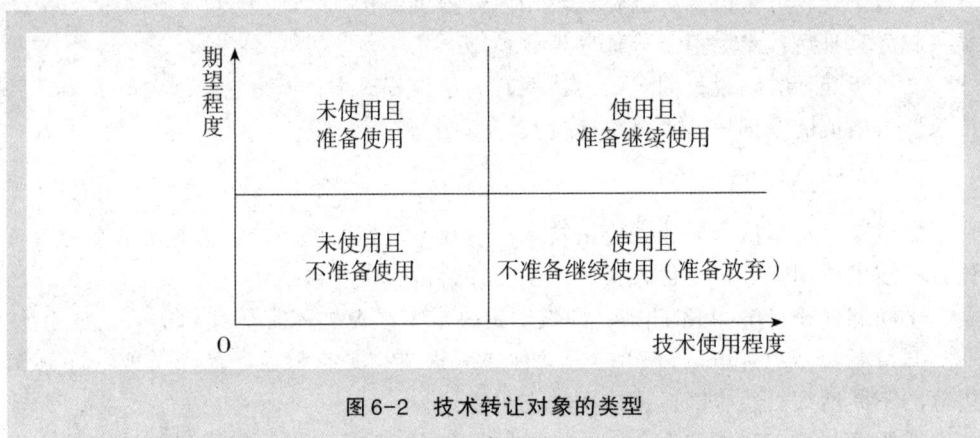

图6-2　技术转让对象的类型

1. 未使用且不准备使用技术的转让策略

不断进行技术创新是跨国公司保持其竞争优势的手段，但是在技术研发过程中，往往会出现不同性质的创新成果：

①一部分为本企业生产服务的技术；

②一部分附带型创新，即企业在研发过程中出现的额外成果，对于这类技术，研发企业或者根本不需要，或者没有应用条件；

③一部分受委托的研发技术成果。

对于后两种情况，企业可以通过技术转让获得甚至巩固发展所需要的其他原材料或零部件，或者取得与其他企业的友好关系，在扩大业务规模和范围的同时，为日后合作奠定基础，维护企业竞争地位。

2. 未使用且准备使用技术的转让策略

技术发展早已经进入大技术时代，研发成本高、难度大、风险大、周期长，致使企业在短期内无力或者难以凭借自身的力量研究开发企业需要的技术，只能与其他企业形成战略联盟，共同承担研发风险、分摊研发成本、缩短研发时间，再通过技术转让，使参与战略联盟的企业都能够及时采用新技术，使新技术早日转入商业化生产，为企业赚取利润。

3. 使用且不准备继续使用（准备放弃）技术的转让策略

对于处于生命周期衰落阶段的技术，低成本生产成为决定企业获利的最重要因素。如果该企业继续使用该技术进行生产，将无利可获。此时，企业的理性选择是把这部分技术转让到更低成本的国家，以获得转让利润。

4.使用且准备继续使用技术的转让策略

对于一些严格限制外资进入的国家，跨国公司往往会选择技术转让方式，绕过各种壁垒或者障碍进入这些国家。此时，跨国公司转让的技术往往都是正在使用而且准备继续使用的技术，因为只有转让这些技术，才能让受让方更好地了解该技术，特别是该技术的收益情况，才更容易接受该技术。

二、时机选择策略

企业选择在什么时机进行技术转让，决定了企业能否获利、获利程度如何。一般情况下，企业会依据两个指标来决定技术转让的时机，即技术所处的生命周期和企业的市场地位。前者包括创新、发展、成熟和衰退四个阶段；后者可以划分为支配、优势、有利、维持和弱势五种地位。依据这两个指标的不同组合，企业可以采取不同的转让策略。

1.处于支配地位企业的策略

企业处于支配地位，即企业在经营中能够左右其他竞争对手的活动。此时，企业对于处于创新和发展阶段的技术，将选择不进行转让；在成熟阶段，企业经过严格审查之后，在某些地区、市场、对象上有选择性地转让技术，但条件苛刻；在衰退阶段，企业也会有选择性地转让技术。

2.处于优势地位企业的策略

企业处于优势地位，即企业不受竞争对手行为的影响，可以长期保持稳定地位。此时，企业对于处于创新和发展阶段的技术，将选择不进行转让；在成熟阶段，企业还是比较愿意转让技术的，但是会慎重考虑地区、市场和对象；在衰退阶段，企业愿意转让技术。

3.处于有利地位企业的策略

企业处于有利地位，即企业有较多机会改进其地位，并具有一些个别性优势。此时，企业对于创新阶段的技术，将选择不进行转让；在发展阶段，企业有可能考虑通过一些比较适当的办法转让技术；在成熟阶段，企业愿意转让技术，而且挑剔性的条件比较少；在衰退阶段，企业转让技术的态度积极，会主动寻找买方企业。

4.处于维持地位企业的策略

企业处于维持地位，即企业有足够令人满意的经营业绩，有一定机会改进本身所处的地位。此时，企业将不转让处于创新阶段的技术；在发展阶段，企业开始考虑技术转让，并希望另外开辟技术贸易市场；在成熟阶段，企业会积极主动地找机会进行技术转让，只要有利可图就可以；在衰退阶段，企业技术转让的心态比较急切，根本不讲条件。

5.处于弱势地位企业的策略

企业处于微弱地位，即企业虽然没有足够令人满意的经营业绩，但还有改进机会。此时，企业依然不转让处于创新阶段的技术；在发展阶段，企业主动寻找机会转让技术；在成熟和衰退阶段，企业会急切地寻找技术转让机会，而且不讲究条件。

三、区位选择策略

跨国公司进行技术转让时，依据母国和东道国经济发展水平的差异程度选择区位，可以进行水平型技术转让和垂直型技术转让。

1.水平型技术转让

相同或者相似经济发展水平的各个经济体，不仅存在重叠需求，而且技术水平往往也相近，出现在技术发展水平相同或相似经济体之间的技术转让即水平型技术转让，如发达经济体之间、新兴工业化经济体之间、发展中经济体之间等。此时，技术受让方对于转让方的技术更容易吸收，技术转让属于最高水平的转让，避免了浪费。

2.垂直型技术转让

出现在技术发展水平存在差异的经济体之间的技术转让即垂直型技术转让。对于经济发展水平不一致的经济体之间发生的技术转让，充分体现在技术梯度转移之中。从技术梯度顺序来看，如果技术是在美国研发的，那么技术首先会转让到欧洲和日本等发达经济体，其次是一些比较发达的、新兴的工业化国家和地区，最后才是发展中经济体。这种技术转让区位的选择可以缓解发达经济体与发展中经济体因为技术水平、环境不同而出现的技术不适宜性。

四、方式选择策略

跨国公司究竟选择哪种方式进行技术转让，取决于很多方面的因素，依据各因素差异，选择不同方式（见表6-2）。

表6-2 跨国公司技术转让方式选择

因　素	因素差异	许可证交易	对外直接投资
东道国技术壁垒	存在	√	
	不存在		√
跨国公司进行对外直接投资的约束条件	存在	√	
	不存在		√
技术特点	更新速度快，生命周期短	√	
	更新速度慢，生命周期长		√

1.东道国技术壁垒

如果东道国政策倾向于保护本国市场，存在技术壁垒，那么跨国公司会选择许可交易；否则，其会选择对外直接投资。

2.跨国公司进行对外直接投资的约束条件

如果本身存在不适宜进行对外直接投资的约束条件，跨国公司就会选择许可交易；否则，其会选择对外直接投资。

3.技术特点

如果技术本身更新速度快、生命周期较短，跨国公司就会选择许可交易；否则，其会选择对外直接投资。

第五节　案例——美国惠普公司跨国经营中的技术转让

一、基本案情

（一）背景资料

美国惠普公司是斯坦福大学的比尔·惠利特（Bill Hewlett）和大卫·帕卡德（Dave Packard）于 1939 年共同创立的，总部设立于美国加利福尼亚州的帕洛阿尔托（Palo Alto）市。它的创立被公认为等同于硅谷的诞生，被称为硅谷文化的代表。

惠普是一家立足于进步和创新的科技公司，并拥有担负着开创公司未来重任的遍及全球的实验室。作为惠普的核心研究机构，惠普实验室主要致力于以下领域的研究：

①IT 经济的再创新，即开发相关技术，使客户可以使用低成本的、池化的 IT 资源，并在自动化、虚拟化、电源与冷却、存储、信息管理和业务流程创新等方面进行研究。

②打印与成像的扩展，即通过对商用打印、领先的展示技术、媒体管理、数字成像及摄影等领域的研究，在核心的家庭和办公打印业务之外，为惠普的打印和成像业务拓展新的机会。

③行业解决方案，即开发新的技术，增强惠普为诸如富媒体、电信、金融服务等各行业客户提供解决方案的能力。

④服务交付技术，即提供可提高惠普服务交付价值和成本效率的技术。

⑤突破性技术及新兴技术，即惠普关注的技术领域，这些领域的突破性技术和新兴技术可极大地推动科学发展，或者促进新兴市场的开拓。

2014 年 10 月 6 日，惠普宣布公司分拆为两家独立的上市公司，一家主营 PC 和打印机业务，另外一家主营企业硬件和服务业务。其 PC 和打印机业务组成惠普公司（HP Inc.，简称 HPI），继承并沿用惠普原有 Logo。惠普已经发展成为全球最大的信息科技公司之一，其服务范围超过 170 个国家，客户人数超过 10 亿。2020 年，惠普居"世界品牌 500 强"第 35 位；2021 年居《财富》世界 500 强第 182 位，营业收入为 566.39 亿美元，利润为 28.44 亿美元，员工数为 53 000 人。中国惠普有限公司成立于1985年,是中国第一家中美合资的高科技企业。因原惠普公司分拆,惠普公司中国区法人实体变更为惠普科技(北京)有限公司。在30多年的发展历程中,中国惠普有限公司始终保持业务的高速增长,是惠普全球业务增长最为迅速的子公司之一。中国惠普有限公司的业务范围涵盖IT基础设施、全球服务、商用和家用计算机以及打印和成像等领域,客户遍及电信、金融、政府、交通、运输、能源、航天、电子、制造和教育等各个行业。

(二)案情简介

在惠普对外投资中,其对新加坡的投资成为跨国公司向海外子公司进行技术转让最成功的案例。20世纪70年代,惠普在新加坡投资建厂,主要负责组装HP-53型计算机、生产键盘和显示器;到20世纪80年代新加坡惠普工厂开始生产喷墨打印机时,已经有80%的零部件通过其他子公司采购而来。

进入20世纪90年代,新加坡惠普工厂开始对打印机的一些功能进行局部改进,其中针对日本市场需求进行的改进是最成功的,即重新设计了美国惠普母公司的HP DeskJet 500c彩色喷墨打印机的机械结构,并开发了日语软件。这项改进使惠普成功占领了日本市场。之后,新加坡惠普工厂又自主研制生产了便携式打印机,该产品回流至美国,并获得了美国卓越设计奖。

二、案例评析

(一)多元化和包容性是推动惠普创造、创新和发明的主要动力

在惠普,多元化和包容性是推动其创造、创新和发明的主要动力。一直以来,惠普都在全球范围内发挥多元化的优势,让每个人都能在市场、公司和社区内感受到科技的力量,并创造一个多元化、包容性的环境。在这一过程中,惠普始终坚持自身的价值观。目前,多元化理念已经上升为惠普全球化战略的一部分。

(二)遍及全球的实验室和合作伙伴是惠普实现技术转让的保障

惠普实验室的运作遍及全球,在美国帕洛阿尔托、印度班加罗尔、中国北京、英国布里斯托尔、以色列海法、俄罗斯圣彼得堡以及日本东京均设有研究中心。惠普实验室融汇科学和技术研究,注重解决实际问题;同时针对能够推动惠普增长的潜力突出的领域,进行基础研究,主要领域涉及打印和成像,企业计算,信息管理,安全性与法规遵从,服务,媒体、移动性和通信,新兴技术和市场等。另外,惠普在美国普林斯顿和西班牙巴塞罗那设有研究团队。

惠普实验室的主要合作伙伴是惠普的各个业务部门,它们将这些技术创新商品化,并推广给企业客户和个人消费者。此外,研究人员直接与战略客户合作,以推动研究并促进行业发展。惠普实验室在政府及公共事业部门和学术领域的合作伙伴包括:①CERN——欧洲核子研究中心;②CITRIS——社会利益信息技术研究中心;③Gelato——基于安腾平台的Linux全球性研究团体;④Planet Lab Consortium——一

个面向全球服务以及全球政府机构的开放式平台。

三、思考

思考一：技术转让在惠普国际化经营的过程中起了什么作用？

思考二：惠普的成功对中国IT业有何启示？请举例说明。

学思践悟

大力弘扬新时代北斗精神

2020年7月31日，北斗三号全球卫星导航系统正式开通，标志着我国建成了独立自主、开放兼容的全球卫星导航系统。习近平总书记指出："26年来，参与北斗系统研制建设的全体人员迎难而上、敢打硬仗、接续奋斗，发扬'两弹一星'精神，培育了新时代北斗精神，要传承好、弘扬好。"

新时代北斗精神的基本内涵是自主创新、开放融合、万众一心、追求卓越。作为我国自主创新的结晶，北斗系统的发展浓缩着我国科技创新的不凡之路。面对缺乏频率资源、没有自己的原子钟和芯片等难关，广大科技人员集智攻关，首获占"频"之胜、攻克无"钟"之困、消除缺"芯"之忧、破解布"站"之难，走出一条自主创新的发展道路。特别是北斗三号工程建设，攻克星间链路等160余项关键核心技术，推进500余种器部件国产化研制，实现核心器部件国产化率100%。关键核心技术是要不来、买不来、讨不来的，只有把关键核心技术牢牢掌握在自己手中，才能真正掌握竞争和发展的主动权，才能为发展自己、造福人类奠定坚实的技术基础。

北斗系统的发展既立足中国，又放眼世界。习近平总书记指出："中国愿同各国共享北斗系统建设发展成果，共促全球卫星导航事业蓬勃发展。"中国北斗秉持和践行"世界北斗"的发展理念，在覆盖全球的基础上积极融入全球、用于全球。到2020年，北斗基础产品已出口120余个国家和地区，基于北斗的土地确权、精准农业、数字施工、智慧港口等在东盟、南亚、东欧、西亚、非洲等地区得到成功应用。坚持开放融合、协调合作、兼容互补、资源共享，从建成北斗一号系统为中国提供服务，到建成北斗二号系统为亚太地区提供服务，再到建成北斗三号系统为全球提供服务，中国北斗不断走向世界舞台。

北斗系统是党中央决策实施的国家重大科技工程，是我国迄今为止规模最大、覆盖范围最广、服务性能最强、与百姓生活关联最紧密的巨型复杂航天系统。完成这项世界级工程，必须充分发挥集中力量办大事的制度优势。"积力之所举，则无不胜也；众智之所为，则无不成也。"400多家单位、30余万名科研人员参与研制建设，广大人民群众鼎力支持，从总体层到系统层，从管理线到技术线，从建设口到应用口，从设计方到施工方，不同类型、不同隶属关系的单位有机融为一体，汇聚起万众一心的磅礴力量。

干惊天动地伟业，既需要敢为人先的壮志，又需要精雕细刻的"绣花"精神。北斗系统正式开通，彰显出中国速度、中国精度、中国气度，这离不开北斗人追求卓越的精气神。航天工程牵一发而动全身，一个小问题就有可能影响甚至决定整个大工程。在第九颗北斗三号卫星某关键单机测试中，科研人员发现一个关键指标超标。超标值虽小于一纳秒，即小于十亿分之一秒，但为了消除这个误差，整个团队停了下来，认真研究攻关，直至问题解决。正是这种精益求精、追求极致的精神，确保北斗系统建设取得成功。

精神无形，却能激发出无穷的力量。我们要大力弘扬新时代北斗精神，以奋发有为的精神状态、不负韶华的时代担当、实干兴邦的决心意志，不断书写中国特色社会主义新的辉煌。

资料来源　王玉鹏. 大力弘扬新时代北斗精神［N］. 人民日报，2020-08-21（9）.

坚定不移继续扩大开放　外企在华发展机遇只会越来越多

2020年，党中央多次强调提升科技自主创新能力，并不断推出相关政策举措。有观点认为，这意味着中国将逐渐降低对在华外企的需求，为中国市场贡献了大量先进技术成果的外企将逐渐失去发展机遇。这一观点大错特错！事实上，在华外企在中国市场的发展机遇非但不会减少，反而会越来越多。

党的二十大报告指出："加快实施一批具有战略性全局性前瞻性的国家重大科技项目，增强自主创新能力。"中国提升科学自主创新能力，一方面源于经济进入高质量发展阶段等客观需求，另一方面是因为面对激烈的国际竞争以及单边主义、保护主义抬头的大背景，中国必须走出属于自己的科技创新路子。伴随着中国科学自主创新能力不断提升，中国将以更加开放的姿态以及更加良好的科技创新基础条件，为外企提供更加广阔、更加优质的发展机遇。

当前，全球正掀起科技革命浪潮，企业面临着强烈的科技创新需求和紧迫性，中国市场可以成为外企提升科技创新能力和推动产业转型升级的重要支点。

从政策方向来看，中国扩大对外开放的决心没有变。越是面临封锁打压，越不能搞自我封闭、自我隔绝，而是要实施更加开放包容、互惠共享的国际科技合作战略。

中国拥有大量科技实力强、创新能力优的企业和科研机构，有能力、有意愿与外企在各领域进行创新合作，推动各方共同提升创新水平。近年来，外企与中国企业及科研机构进行创新合作的案例屡见不鲜。此外，中国在产业政策、投资政策等方面不断出台新举措，为外企在华发展创造了广阔空间。

中国市场对创新产品欢迎度高、适应性强，能够为外企的创新产品提供广阔的市场，推动外企创新成果快速落地，进而推广至全球市场。例如，宝马在中国推出了首款国产纯电动汽车，宝马沈阳工厂成为这款车的唯一生产地，生产的汽车将不仅投放中国市场，还将出口全球。

近年来，中国科技创新基础设施不断完善，创新人才不断涌现，在供给侧结构性改革、创新驱动发展战略等政策的推动下，中国产业链技术水平不断跃升，有能力成为在华外企创新的重要源泉。

2020年中国高技术产业利用外资2 962.9亿元，同比增长11.4%。在生物医药、汽车等领域，众多全球头部企业都在中国加大了研发创新布局力度。

除此之外，中国还具备庞大的市场潜力和良好的经济韧性，有助于外企在全球经济衰退之际稳定经营业绩，为企业持续创新奠定牢固基础。2020年，中国人均GDP为10 500.4美元，同比增长1.98%，最终消费支出占GDP的比重达到54.3%，显示出庞大的市场潜力。

2020年，中国经济克服新冠肺炎疫情的影响，GDP实现2.3%的正增长，凸显出强大的韧性。中国经济的种种优秀特质，使其成为在华外企经营业绩的重要稳定器。上海美国商会的报告显示，尽管受到疫情影响，但是依然有32.5%的受访企业认为，其2020年在华营收将高于上年同期。

世界好，中国才能好；中国好，世界才更好。从多方面来看，外企在中国都将迎来数量更多、质量更优的发展机遇，中国也有能力、有意愿在外企发展壮大过程中发挥更大作用，创造更加良好的营商环境，推动双方实现互利共赢。

资料来源　袁勇. 外企在华发展机遇只会越来越多——谈"坚定不移继续扩大开放"[N]. 经济日报，2020-09-20（1）.

关键术语

技术转让　国际技术转让　技术扩散　技术引进　技术转移　许可证贸易　特许经营

复习思考题

1.解释技术转让的含义，并简述技术转让与技术转移、技术引进、技术扩散等的差异。

2.技术转让的特点是什么？

3.简述单纯技术转让的方式。

4.简述跨国公司技术转让的价格构成及定价原则。

5.简述技术转让的相关策略。

第七章
跨国公司战略联盟

学习目标

学习目标

◆重点掌握跨国公司战略联盟的含义、特征及类型；掌握跨国公司战略联盟的目标和动因；了解跨国公司战略联盟的相关理论。

第一节　跨国公司战略联盟概述

经济全球化给世界经济的发展带来了一场巨大变革，它推动了国际分工的进一步发展，进而催生了跨国公司战略联盟。

一、跨国公司战略联盟的含义

跨国公司战略联盟又称跨国战略联盟（cross-border strategic alliance），是指两家或两家以上跨国公司为实现一个或几个战略目标，以签订长期或短期契约的方式建立的局部性相互协作、相互补充的合伙、合作关系（联盟关系）。其目的是通过联盟各方的优势互补，共担风险、共享利润。这种联盟完全依赖联盟各方签订的契约来约束，是一种自发的、非强制性的、松散的联合体，联盟各方依旧保持各自经营本公司的独立性和完全自主的经营权。

正是由于战略联盟的松散性，一家跨国公司可以和另外一家或者几家跨国公司在某一个领域或者几个领域同时结成联盟，但在其他领域展开竞争。这样做既可以有效避免跨国公司在对外扩张过程中因残酷竞争而两败俱伤，也可以使跨国公司以最小的成本实现内部积累与外部扩张。

目前，战略联盟主要出现在技术合作和技术转让中。在科技时代，技术不是一个人、一个企业能够独立完成的，这也决定了技术研发的高投入、高风险以及周期性。基于此，选择彼此具有互补性的跨国公司建立战略联盟是再好不过的了。

二、跨国公司战略联盟的特征

与传统意义上的合作方式相比，跨国公司战略联盟的特点主要体现在以下几方面：

1.联盟的灵活性

战略联盟是以契约形式约束联盟双方的合作方式，强调的是联盟双方在某个方面、对某种资源或者在几个方面、对几种资源的共同运用，共同目标能否实现完全依靠契约中的规定，而不是法定权利和义务。联盟双方法律地位平等，有权独立制定各自公司的战略规划。联盟双方彼此之间不存在控制与被控制的关系，仅仅是一种松散的合作关系。联盟双方有需要时就开始合作，没有需要时就解除合作，这种合作关系随外部环境变化以及公司内部战略调整而变化。

2. 竞争的合作性

战略联盟可以建立在不同国家、不同企业之间，但是联盟双方是原先的竞争对手，它们通过战略联盟改变了原先竞争对手之间的敌意和残酷性，形成了所谓的"合作性竞争"。合作性竞争强调的是在竞争中合作，在合作中竞争。联盟双方都是为实现各自公司的战略目标才进行合作的，它们希望在不增加公司额外投入的情况下，通过联盟用对方之长补自己之短，增强自己的竞争力。

3. 组织结构的创新性

战略联盟可以让联盟双方在确保各自独立的前提下，从对方那里获得自己想要的资源，同时给予对方它想要的资源。但是战略联盟不会出现公司规模扩大和机构膨胀的问题，也不会出现企业经营机制僵化以及资源使用和管理的低效率问题；相反，战略联盟可以使企业保持灵活的经营机制以及资源使用和管理的高效率，从而实现联盟双方的互惠互利。

4. 利益的共享性

联盟双方在"双赢"的前提下合作，科学地授予和有效地行使权力，以推动双方共同参与，采用创新的组织机构，以有效提高管理效率，从而实现资源的最佳配置以及经济利益的最大化，使双方能够在互利的基础上达到各自的经营目标，实现各自的发展战略。

事实上，战略联盟改变了以往各个企业在开发技术、改进工艺以及创新产品等领域各自为战的传统做法，使其提升为共同研发、共同转化为生产力、共同服务社会，这种做法既可以合理配置资源、共担风险，又可以实现利益共享。

三、跨国公司战略联盟的类型

（一）依据联盟企业之间的产业合作方向不同分类

1. 横向战略联盟

横向战略联盟是指属于同一个产业或行业部门，生产、销售同类产品的企业之间结成的联盟；或者在同一市场上产品或服务互相竞争的企业之间结成的联盟。建立横向战略联盟的目的是实现或扩大规模经济、降低或分散风险、加快新技术扩散、降低进入目标市场的壁垒以及增强产品间的兼容性等，最终降低经营成本。横向战略联盟如日本汽车公司与美国汽车公司之间的联盟。

2. 纵向战略联盟

纵向战略联盟是指属于两个不同产业或行业部门，但存在上下游关系的企业之间结成的联盟。建立纵向战略联盟的目的是规避因信息不对称造成的比较劣势、进一步促进相关产业政策的顺利实施、消除上下游企业之间中间产品供需体系的不确定性。纵向战略联盟如汽车玻璃生产商与汽车组装企业之间的联盟。

3.混合战略联盟

混合战略联盟是指两个或两个以上相互间没有直接投入产出关系和技术经济联系的企业之间结成的联盟，或者是两个或两个以上产品与市场都没有任何关系的企业之间结成的联盟。建立混合战略联盟的目的是改善企业自身生产经营结构、增强生产经营能力和市场控制能力、实现多样化经营、提高市场占有率。混合战略联盟如汽车生产商与金融机构之间的联盟。

（二）依据联盟企业主体地位不同分类

1.互补型战略联盟

互补型战略联盟是指在两家或两家以上跨国公司之间存在互补性优势的基础上形成的战略联盟。这种战略联盟主要出现在欧美以及日本等发达经济体的跨国公司之间，属于战略联盟的高级阶段。这种战略联盟体现在技术设计、生产加工以及营销服务等方面，涉及技术、资金和人员的有效整合。2019年2月18日，韩国护肤化妆品公司爱茉莉太平洋（Amore Pacific）集团公布，与长江和记旗下屈臣氏（Watsons）集团建立战略合作伙伴关系。此次合作令爱茉莉太平洋集团进一步扩大了品牌覆盖范围，并继续将多个以尖端科技研发的产品系列推广至全球市场。[①]建立互补型战略联盟的目的是应对越来越激烈的市场竞争，分摊产品的开发、生产成本，并迅速有效地进入对方市场。

2.接受型战略联盟

接受型战略联盟即互惠型战略联盟，是指依据跨国公司所在母国经济体制和经济发展水平的不同而形成的战略联盟，属于战略联盟的低级阶段。因经济体制不同而形成的战略联盟主要指东西方国家的跨国公司之间的战略联盟；因经济发展水平不同而形成的战略联盟主要指南北方国家的跨国公司之间的战略联盟。前者如苏联的斯塔契公司和美国的霍尼韦尔公司之间结成的战略联盟，利用美国的计算机控制系统，改进苏联众多化工厂的生产工艺。

（三）依据联盟企业相互依存程度不同分类

1.股权式战略联盟

股权式战略联盟是指以企业之间相互参与股权为基础的战略联盟。其又分为：

①对等占有型战略联盟，是指当联盟双方在某个领域进行战略联盟时，彼此相互持有对方50%的股权或与此相当接近的股权，以保持相互独立性。

②相互持股型战略联盟，是指联盟双方为巩固彼此良好的合作关系，长期相互持有对方一定份额的股权，但是并不涉及人员和设备等生产要素的合并，这也是它区别于合资、合作或并购的重要方面。

2.契约式战略联盟

契约式战略联盟是指以企业之间签订契约为基础，并不涉及股权参与的联盟，

---

① 查贵勇. 跨国公司经营与管理案例集［M］. 上海：复旦大学出版社，2021.

主要包括联合研发和产业协调协议。

（四）依据联盟企业所在价值链位置不同分类

1.资源补缺型战略联盟

资源补缺型战略联盟是指上游企业和下游企业之间结成的战略联盟。其又分为：

①企业与用户之间建立的战略联盟，直接将生产、消费、供给和需求联系起来；

②具有技术垄断优势的企业与在某个市场具有营销垄断优势的企业之间形成的战略联盟，前者通过后者可以顺利进入目标市场，后者通过前者可以赢得声誉。

2.市场营销型战略联盟

市场营销型战略联盟是指不同企业在各自的下游环节结成的战略联盟。这类联盟主要出现在汽车、食品和服务业中，其目的在于提高各自的营销效率、增强市场控制能力、降低环境的不确定性。

3.联合研制型战略联盟

联合研制型战略联盟是指企业之间在各自上游环节，即研发环节结成的战略联盟。这类联盟主要出现在风险比较高的高科技行业，如微电子、生物工程、新材料等。其目的在于充分利用联盟各方的垄断优势，共享资源，共同开发新产品和新技术，以规避研发风险。

（五）依据联盟性质不同分类

1.集中型战略联盟

集中型战略联盟是指以协议中具体规定的某个项目为合作内容的战略联盟。一般情况下，联盟双方合作领域相对较窄，而且受到明确限制。

2.综合型战略联盟

综合型战略联盟是指以价值链上全部环节作为合作领域的战略联盟，联盟双方合作的内容相当广泛。

（六）依据联盟企业数量不同分类

1.双伙伴型战略联盟

双伙伴型战略联盟是指由两家企业组成的战略联盟。

2.财团型战略联盟

财团型战略联盟是指由多家企业为完成某个共同目标而组成的战略联盟。

3.核心型战略联盟

核心型战略联盟是指将某家企业作为核心成员，其他成员加盟而组成的战略联盟。

第二节　跨国公司战略联盟的相关理论

随着跨国公司战略联盟活动的不断活跃，学术界对于这一经济现象的研究不断增多，20世纪80年代以来，逐步形成了一些有影响的战略联盟理论，如技术协调论、技术创新论、市场权力论、交易成本论、资源基础论、战略缺口论、价值链理论、网络理论以及战略管理理论。

一、技术协调论

技术协调论（Technical Coordination Theory）认为，公司之间结成战略联盟是因为它们各自所从事的职能不同而又彼此相互关联的经济活动需要加以协调。在一个包含多个生产环节的产业中，不同企业依据各自的优势，以专业化分工的方式从事特定的经济活动。鉴于这些企业在产业内进行了较长时间的经营活动而分别积累了各自的知识、经验、技能和专利等，当这些企业需要在竞争性市场上进行合作时，理论上可以通过签订长期合同来约束合作各方的市场行为；但是，合作各方可能存在的知识、意识以及利益等方面的差距往往使得市场机制的协调作用缺乏应有的效率。此时，技术协调显得尤为重要，而战略联盟正是有助于企业之间协调的一种介于市场和企业之间的制度性安排。

二、技术创新论

技术创新论（Technical Innovation Theory）认为，战略联盟是公司借以直接接触那些共同专用的知识资产的一种方式。这些资产对技术创新的有效市场化至关重要。为获得创新利润，加之技术诀窍交易市场具有不完全性，企业倾向于通过创新进程的内部化来实现增长，但是这种增长受到来自协调不同经济活动的复杂性及成本的制约，于是战略联盟应运而生。比如在新技术产业中，技术进步日新月异，这使得该领域的企业之间往往容易结成战略联盟。

三、市场权力论

市场权力论（Market Power Theory）认为，战略联盟不过是垄断企业相互勾结起来共同控制价格、谋取垄断租金的一种市场卡特尔，其背后的驱动因素来自大企业寻求操纵市场的权力、限制竞争并形成市场位置的有序结构。事实上，市场权力论的隐含假设是，联盟各方均为投机者，应建立严格的监督控制机制，以应对这种经济机会主义行为。

四、交易成本论

交易成本论（Transaction Cost Theory）认为，在竞争环境中，最佳管理机制或组织结构的选择是由最低成本管理交易的效率来决定的，企业之间的战略联盟可以看作由一系列技术、组织机构及区位因素决定的有效交易方式之一。

交易成本论从区别内部市场交易、外部市场交易以及战略联盟三者的角度强调了战略联盟的好处。交易成本论认为，知识资产的特殊性、业务的复杂性以及服务的交换性都倾向于企业内部的交易机制，因为它在协调不同的经济活动时耗费的资源较少；商品和服务的标准化及大量生产、购买更适合外部的市场安排。跨国公司战略联盟正好介于内部交易与外部交易之间，在某种程度上表现为一种折中方案。比如20世纪80年代以来，高技术产业蓬勃发展，但是一些行业的交易成本十分敏感，不适合内部交易，也不适合外部交易，战略联盟是最优选择。

五、资源基础论

资源基础论（Resource-based View）认为，企业是各种资源的集合体。由于各种原因，企业拥有的资源具有异质性，这种异质性决定了企业竞争力的差异。据此，资源基础论分为内生资源基础论和外生资源依附论。

1.内生资源基础论

内生资源基础论强调资源的内生性，认为企业通过两种方式获得并维持其竞争优势：

①拥有持久的、非专用的、不能被完全转移或复制的资源。

②以一种很难或者几乎不可能被复制的方式配置其拥有的资源。

企业希望随着时间、竞争程度和环境的变化来调整和更新其所拥有的资源及资源配置方式，战略联盟是最佳选择。

2.外生资源依附论

外生资源依附论认为，资源是外生的，必须从企业赖以生存和发展的外部环境中获得。企业作为一个开放的系统，必须与其所处的环境进行交换，以获取资源。

六、战略缺口论

美国的泰吉（T. T. Tyebjee）和奥兰德（G. E. Osland）认为，在激烈的竞争中，企业完全依靠自有资源和能力取得的业绩与战略目标之间存在一定的差距，即战略缺口（strategic gap）。战略缺口在一定程度上限制了企业完全依靠自有资源和能力进行自我发展的道路，所以战略联盟成为企业"填平"战略缺口的重要手段。通过联盟各方的优势互补，企业可以实现各自的战略目标。企业的战略缺口越大，其参加战略联盟的动力就越大。

依据战略缺口论，企业参加战略联盟的目的是降低生产费用。一家企业独立进行生产经营时，由于自身的资源和能力有限，生产费用太高，难以在市场竞争中获胜，通过战略联盟实现资源优势互补，就能有效地降低其生产费用。

七、价值链理论

价值链理论（Value Chain Theory）认为，企业的价值创造过程可以细分为设计、生产制造、营销以及组织管理等一系列各不相同但又紧密联系的增值环节，这一系列环节的总和即构成"价值系统"。价值系统中的每一项生产经营活动都构成其中一条"价值链"，如供应商价值链、经营企业价值链、分销渠道价值链以及客户价值链。

随着生产经营活动的不断细化，单一企业难以参与所有价值链中的所有环节。在这种情况下，企业选择在不同环节形成不同的战略联盟，既可以比参与外部市场获得更多的好处，也可以比单一企业具有更高的灵活性，同时可以降低风险。

八、网络理论

网络理论（Network Theory）认为，对于具有网络型组织的企业来讲，战略联盟可以增强企业组织的活力并形成企业之间的价值链。其核心在于，战略联盟将社会经济组织松散地结合起来，在保持生产经营活动灵活性的基础上，能更好地满足产品技术周期缩短、竞争激化引起的市场动态化发展的要求。

另外，鉴于两家企业不能有效形成网络效应，故网络理论特别提倡两家以上企业形成战略联盟，最好是以产业集群的形式出现，这样就可以最大限度地实现资源共享，提高资源利用效率。

九、战略管理理论

战略管理理论（Strategic Management Theory）认为，战略联盟的形成是为了增强企业的竞争力或获得更强大的市场力量，主要目标是获取利润和实现成长。从成本收益角度来看，当企业参加战略联盟的收益大于成本时，企业之间就会结成战略联盟。

影响企业竞争力的因素包括：

①新竞争者的加入。当有新竞争者加入时，企业要作出竞争性反应；否则，市场份额将被蚕食。

②客户讨价还价的能力。其影响利润的增加与减少。

③替代品的威胁。其影响产品的市场份额。

④供应商讨价还价的能力。其影响成本、利润。

⑤竞争对手的对抗力。其影响营销、广告等策略。

在上述因素影响下，企业确立不同的战略，包括成本领先型战略、标新立异型战略、目标集聚型战略。企业战略和企业活动在行业中所处的地位决定了企业是否结成战略联盟以及结成战略联盟的方式。

第三节　跨国公司战略联盟的目标与动因

跨国公司之间能否形成战略联盟，取决于各企业参加战略联盟的目标与动因。

一、跨国公司战略联盟的目标

跨国公司之间形成战略联盟的主要原因可以归为消除竞争、规避风险和充分利用垄断优势。据此，跨国公司形成战略联盟的目标可以归为拓展市场、优化生产要素组合、分摊研发成本和风险、消除无谓竞争。

（一）拓展市场

不断拓展新的市场是跨国公司在激烈竞争中保持不败的方法之一。拓展市场的途径有两条：

1.依靠跨国公司自身资源

单一跨国公司自身的资源有限，不能随心所欲地将其生产经营活动拓展至全球任何一个它想进入的市场。

2.依靠跨国公司外部资源

利用跨国公司外部资源，在互利互惠的基础上共同开拓国际市场是一种既能节约资源又能提高跨国公司进入新市场效率的最佳路径。日本丰田汽车公司通过与美国通用汽车公司形成战略联盟，从而顺利进入美国市场。

（二）优化生产要素组合

优化生产要素组合是跨国公司之间结成战略联盟的目标之一。任何一家跨国公司所拥有的垄断优势都是独特的，主要体现在资金、技术、人力等方面。当一家跨国公司拥有A优势，却缺乏发挥A优势的其他条件B，而另外一家跨国公司恰巧缺乏A优势，却拥有发挥A优势的其他条件B时，如果这两家跨国公司结成战略联盟，就可以优化生产要素组合，获得规模经济效益和范围经济效益。这种联盟的最大优点是，通过参与战略联盟，联盟各方都可以借助对方的力量为自己谋得利益。

（三）分摊研发成本和风险

现代高科技产品的研发成本及风险已经高到无法由一家跨国公司来承担的地步，因此许多跨国公司开始寻求与其他跨国公司结成战略联盟。这种战略联盟有以下好处：

①可以使得联盟各方分摊研发成本和风险，减轻巨大的资金压力，降低研发不确定性带来的风险。

②提高新工艺、新技术、新产品的更新速度，缩短研发时间，提高战略资源的周转效率。比如美国通用电气公司和法国斯奈克玛公司合作开发一种新型飞机引擎，耗时长达10年之久，耗资高达10亿~20亿美元。另外，美国波音公司和日本富士重工业株式会社[①]、三菱重工业株式会社以及川崎重工业株式会社合作，共同出资40亿美元开发波音777型喷气式客机，同法国、德国、英国以及西班牙4国合作研制载客量高达700多人的新型客机，耗资高达60亿美元。这种巨额的研发投入

① 2017年4月1日，日本富士重工业株式会社更名为"株式会社SUBARU"（英文名：SUBARU CORPORATION）。

无法由单一跨国公司承担。

（四）消除无谓竞争

跨国公司进入国际市场之后，不可避免地要与其他跨国公司进行竞争，其中包括一些完全可以避免的、不必要的竞争，即无谓竞争。这种无谓竞争不仅伤害跨国公司本身的利益，还浪费社会资源，阻碍社会进步。建立战略联盟不仅可以有效消除无谓竞争及其带来的负面影响，还可以促使联盟各方重新配置有限的资源，形成更持久的垄断优势。2014年，内蒙古伊利实业集团股份有限公司与荷兰瓦赫宁根大学达成战略联盟，共同致力于奶牛养殖、乳品研发和食品安全三大重点领域。[①]

二、跨国公司战略联盟的动因

跨国公司之所以结成战略联盟，其直接动因在于以下几个方面：

（一）促进技术创新的需求

跨国公司需要不断地进行技术创新。跨国公司进行技术创新的新模式就是与其他跨国公司结成战略联盟。战略联盟可以有效缩短新产品、新工艺、新技术的更新周期，抵御技术研发不确定性带来的风险，并能够共担"沉没成本"。跨国公司之间结成战略联盟的情形在航空、电子、信息、自动化、汽车等高技术领域中比较多见。比如，在电子领域，日本松下公司与美国摩托罗拉公司结成战略联盟，共同开发研制新一代计算机产品；欧洲各国的企业也结成战略联盟，目的是与美、日两国的企业相抗衡，如荷兰飞利浦公司和德国西门子公司结成联盟，共同开发新一代半导体技术等。

（二）追求高资本收益的需求

国际竞争激烈程度的加剧、生产经营成本的不断上升，以及国际金融市场的剧烈波动，使得跨国公司资本收益不断下滑，甚至出现大型跨国公司申请破产的情况。比如，有着上百年历史的美国通用汽车公司就于2009年6月1日在纽约申请破产[②]，成为有史以来最大的一宗工业企业破产案。为扭转资本收益不断下滑的趋势，并期望获得更高的资本收益，近年来跨国公司纷纷结成战略联盟，在获取高资本收益的同时增强本身的实力。

（三）绕过贸易壁垒的需求

从世界范围来看，自第二次世界大战之后，区域经济一体化趋势加剧。最明显的特征就是区域经济一体化组织逐步兴起，成为重要的国际经济现象。据世界贸易组织统计，当今世界有200多个各种类型的区域经济一体化组织，其中既有发达经济体之间的区域经济一体化组织（如欧盟），也有发展中经济体之间的区域经济一体化组织（如拉丁美洲一体化协会、东盟、南方共同市场等），还有发达经济体与

① 查贵勇. 跨国公司经营与管理案例集[M]. 上海：复旦大学出版社，2021.
② 2009年7月，该公司完成破产重组程序，新通用汽车公司正式成立。

发展中经济体之间的区域经济一体化组织（如北美自由贸易区）。区域经济一体化组织的形成有效保护了本区域以及区域内各国和地区的利益，但是这种保护伤害了区域经济一体化组织之外的其他国家和地区的利益。这也是近些年来各国贸易摩擦不断增多的原因之一。为此，区域经济一体化组织之外的跨国公司积极与区域经济一体化组织之内的跨国公司结成跨国战略联盟，以绕过贸易壁垒。比如美国史克必成（Smithkline）公司与英国比彻姆（Beecham）集团结成战略联盟进入欧盟市场，成功绕过了欧盟的贸易壁垒。

（四）互补资源的需求

因为存在战略缺口，战略联盟各方的优势互补，企业能够实现各自的战略目标。企业的战略缺口越大，参加战略联盟的动力就越大。比如美国福特汽车公司与日本马自达汽车公司之间的战略联盟就是一个很好的案例：美国福特汽车公司借助日本马自达汽车公司的营销网络成功进入日本市场和亚洲市场，还通过产品开发、采购、供应和其他活动的全球化每年至少节约30亿美元；日本马自达汽车公司则通过战略联盟进一步提高了它的汽车发动机制造技术。

综上所述，在现代社会中，衡量一家企业是否具有竞争力的标准之一是该企业是否有能力将其内部资源以及相对稀缺的外部资源加以汇集并有效运用，从而使之成为行业中资源整合企业的佼佼者。

第四节　案例——美国通用汽车公司的跨国战略联盟

一、基本案情

（一）背景资料

美国通用汽车公司是全球最大的汽车制造公司，正式成立于1908年。其前身是1907年成立的别克汽车公司，总部设在美国底特律。在一百多年的时间里，通用汽车公司从底特律起步，足迹已经遍布全球，横跨全球22个时区，使用75种语言，愿景是打造"零排放、零事故、零拥堵"的世界。[①]2020年，通用汽车公司名列"世界品牌500强"排行榜第87位；[②]位列2021年《财富》世界500强第49名，营业收入为1 224.85亿美元，利润为64.27亿美元，员工数为155 000人。[③]通用汽车公司旗下多个品牌全系列车型畅销全球120多个国家和地区，包括电动车、微型车、重型全尺寸卡车、紧凑型车及敞篷车；它与战略合作伙伴在全球生产和销售别克、凯迪拉克、雪佛兰（Chevrolet）、GMC、大宇、霍顿、欧宝、解放及五菱等品牌的汽车产品并提供售后服务。通用汽车公司旗下子公司OnStar是汽车安全、信息

① GE. About us [EB/OL]. [2021-12-15]. https://www.gm.com/company/about-us.
② MAIGOO. 2020世界品牌500强榜单发布　2020年全球品牌500强排行榜一览 [EB/OL]. [2021-12-15]. https://www.maigoo.com/news/578199.html.
③ 财富网. 通用汽车公司 [EB/OL]. [2021-12-15]. https://www.fortunechina.com/global500/18/2021.

服务方面的业界领导者。

中国是通用汽车公司最大的市场，其他主要市场还包括美国、巴西、德国、英国、加拿大及意大利。通用汽车公司在中国的发展愿景是：携手战略合作伙伴，致力于成为中国汽车工业的最佳参与者和支持者。通用汽车公司在中国建立了约10家合资企业和2家全资子公司，员工超过58 000人。公司在中国进口、生产和销售宝骏、别克、凯迪拉克、雪佛兰、欧宝、五菱及解放等品牌的系列产品。

（二）案情简介

1918年，通用汽车加拿大公司建立，标志着通用汽车公司正式实行对外扩张。从此之后，通用汽车公司无论是在公司业务低迷时，还是在公司业务蓬勃发展时，都一直将战略联盟视为跨国活动的主要方式。

20世纪60至70年代，对于通用汽车公司来讲，是一个充满挑战与机遇的年代。环境变化、价格上涨以及来自外国竞争者的竞争加剧导致公司生产规模萎缩。德国和日本已经完成了第二次世界大战后经济的恢复，开始向美国大量出口小型汽车，而石油价格的冲击推动美国消费者开始青睐这些新型的节能汽车。为抵御外国竞争者的冲击，通用汽车公司也着手开发小型汽车，但是其长时间致力于大型汽车的研发与生产，难以在短期内转型生产小型汽车，其在美国市场的统治地位被蚕食了。

为走出低迷状态，自1982年开始，通用汽车公司开始了大规模海外扩张，并调整其生产线。比如它在西班牙的萨拉戈萨（Zaragoza）投资建厂，生产节能型欧宝Corsa汽车；在中国和印度建立合资企业，生产萨伯（Saab）和悍马（Hummer）汽车。通用汽车公司将汽车卖到了全球各个角落。1984年，通用汽车公司与日本丰田汽车公司合资成立新联合汽车制造公司（NUMMI），集中精力开发生产新型小轿车"花冠"。随后通用汽车公司兼并了英国莲花（Lotus）集团，收购了瑞典萨伯集团50%的股份。从总体上来看，通用汽车公司参加战略联盟主要是想扭转自己在国内的劣势，所以战略联盟的规模较小。虽然通用汽车公司从创新中获得了经验和教训，也从卡车销售中获利，但是早期发展中的成本问题依然对公司发展造成压力，再加上来自日本、德国和韩国的竞争者不断抢占客车市场份额，跨国战略联盟并没有使通用汽车公司走出阴霾。

进入20世纪90年代，通用汽车公司进行了一系列结构改组。1995年是公司的佳年，北美之外的年销售额第一次超过3亿美元，美国本土的年销售额则达到5亿美元。整个90年代，通用汽车公司进入全球快速增长的快车道，也展开了大规模的跨国战略联盟。其全球战略合作伙伴包括意大利菲亚特汽车公司、日本富士重工业株式会社、日本五十铃株式会社以及日本铃木株式会社，合作内容涉及产品、动力总成及联合采购。通用汽车公司还是韩国通用大宇（GM Daewoo）汽车科技公司的最大股东。该公司成立于2002年，专门设计和生产小型汽车，推动雪佛兰成为全球品牌。此外，通用汽车公司与德国的宝马汽车公司和日本的本田汽车公司开展技术协作，与日本丰田汽车公司、日本五十铃株式会社和中国上海汽车工业（集团）总公司、俄罗斯 AvtoVAZ 汽车公司①及法国雷诺汽车公司共同研发生产汽车。与20世纪80年代的战略联盟相比，通用汽车公司在20世纪90年代的战略联盟是建立在主动进攻的基础之上的，多数战略合作伙伴是具有雄厚实力的汽车企业，联盟对象多位于具有潜力的汽车消费市场。

在通用汽车公司进行的跨国战略联盟中，它与意大利菲亚特汽车有限公司的战略联盟是非常著名的一个案例。2000年3月13日，两大公司宣布实行联合，并对外公布了联合条件，组建双方代表人数相等的两家合资企业，主要从事发动机和汽车配件的生产；双方互相持股，其中通用汽车公司购买菲亚特汽车有限公司20%的股份，菲亚特汽车有限公司持有通用汽车公司5.15%的永久股份。同年7月，两大公司还就其在欧洲和拉丁美洲的战略联盟达成协议，双方在采购及发动机、变速箱等领域分别成立了两家占股相等的合资企业，它们各自的财务公司也签订了合作协议。重组后，菲亚特汽车有限公司控制了菲亚特集团除法拉利和玛莎拉蒂以外的轿车和轻型商用车领域。

进入21世纪以来，通用汽车公司广泛开辟新兴市场，比如中国、巴西，并成功转型为一家大型全球性跨国公司。事实证明，通用汽车公司的新型设计和质量非常重要，但是通用汽车公司还是难以重新获得失去的市场份额，高成本也使得通用汽车公司进入规模大而低效的10年。通用汽车公司又开始了一系列大刀阔斧的创新，如继续推行电动汽车技术、开发系列氢燃料电池汽车等。2008年席卷全球的金融危机对通用汽车公司造成了巨大冲击，2009年6月1日，其不得不申请破产保护；之后获得美国财政部注资，2009年7月9日，新通用汽车公司成立。2010年，通用汽车公司重返华尔街。

二、案例评析

通用汽车公司经过一百多年的风风雨雨，从无到有，从小到大，从国内走向国外。为了发展，通用汽车公司与其他国内外公司结成了数个战略联盟。但是战略联盟具有松散性特点，双方有时并不是为了彼此的共同利益或者整体利益而合作，而是希望利用对方的优势资源，以培育本公司的竞争优势。这决定了通用汽车公司与其他公司的战略联盟有的成功，有的失败。

（一）失败的教训：20世纪80年代的战略联盟

20世纪80年代，来自德国和日本等国的汽车挤占了通用汽车公司在美国本土的市场份额，为收复渐渐失去的市场，通用汽车公司决定与其他竞争对手结成战略联盟。1984年，它与日本丰田汽车公司结成战略联盟，成立了美国新联合汽车制造公司。联盟双方各有各的目的：丰田汽车公司希望能够利用通用汽车公司在美国本土的营销网络，更多了解美国消费者的需求，在更大范围内进入美国市场；通用汽车公司希望从丰田汽车公司获得生产小型节能汽车的先进技术及生产方式。

---

① 2020年，通用汽车公司决定结束与 AvtoVAZ 汽车公司的合作关系，并将自己持有的50%股份出售。

从当时的状况来看，美国消费者对于小型汽车的欢迎程度有增无减，再加上通用汽车公司发达的营销网络，战略联盟在很大程度上帮助丰田汽车公司牢牢扎根于美国市场，通用汽车公司的市场份额不断被丰田汽车公司挤占。到20世纪80年代末，占通用汽车公司市场份额70%的美国本土市场较80年代初期萎缩了大约6个百分点。

对于这次战略联盟，通用汽车公司可以说是"引狼入室"，成为丰田汽车公司全面进入美国市场的引路人。丰田汽车公司在逐步熟悉美国市场之后，于1998年在肯塔基州建立了肯塔基丰田汽车制造厂。通用汽车公司本身却没有在生产技术和生产方式等方面获得实质性利益。不过，这次失败的战略联盟给通用汽车公司好好上了一课，即如何利用战略联盟进驻海外新兴市场。

（二）成功的经验：20世纪90年代之后的战略联盟

20世纪90年代之后，通用汽车公司通过战略联盟大举向海外市场扩张，并取得了较大的成功。如前所述，与菲亚特汽车有限公司结成战略联盟就是其中一例。从通用汽车公司方面来看，它可以利用菲亚特汽车有限公司分摊开发和生产小型汽车零件的成本，而这些小型汽车主要是面向欧洲和拉丁美洲市场的，美国市场的需求量非常小。从菲亚特汽车有限公司方面来看，在结成战略联盟前，它只有法拉利和玛莎拉蒂两个品牌的汽车进入了北美市场。为扩大出口品牌，菲亚特汽车有限公司想利用通用汽车公司在北美的销售网络，加强推销阿尔法·罗密欧汽车进入北美市场，并为蓝旗亚汽车大举进入北美市场作前期准备。双方结成战略联盟之后，在欧洲、拉丁美洲以及亚洲开展了合作。比如，双方在欧洲和拉丁美洲分别建立了两家各持股50%的合资企业，合作开发采购业务和动力总成业务。在亚洲，通用汽车公司从2002年第一季度起在泰国罗勇（Rayong）的工厂组装菲亚特豪华品牌车阿尔法·罗密欧156，而菲亚特汽车有限公司在泰国的销售网络负责经销该款汽车。

对于这个阶段的战略联盟，通用汽车公司获益颇丰：

①利用合作伙伴的各类资源，扩大汽车海外销量，抢占世界市场份额，逐步实施全球化战略。

②选择恰当区位拓宽海外市场。亚太地区和拉丁美洲的发展中经济体市场是新兴市场，汽车市场发展潜力巨大。通用汽车公司认准这一商机，积极参股这些经济体的一些知名企业，开发、生产、组装多款汽车，并在这些经济体中寻求销路。

三、思考

思考一：通用汽车公司与中国汽车企业的战略联盟效果如何？

思考二：通用汽车公司参加战略联盟的成败对于中国汽车企业的启示是什么？

关键术语

跨国公司战略联盟　价值链　横向战略联盟　纵向战略联盟　混合战略联盟
股权式战略联盟　契约式战略联盟

复习思考题

1.阐释跨国公司战略联盟的含义、特点及主要类型。

2.简述跨国公司战略联盟的主要目标和动因。

3.简述跨国公司战略联盟的基本理论。

第八章
跨国并购

学习目标

学习目标

◆ 重点掌握跨国并购的概念、分类；掌握跨国并购的特点；了解跨国并购的相关理论。

第一节　跨国并购概述

一、跨国并购的概念

跨国并购的概念是从企业国内并购的概念延伸而来的，涉及两个或两个以上国家的企业及其在国际上的经济活动，是企业国内并购在世界经济一体化过程中的跨国延伸（如图 8-1 所示）。

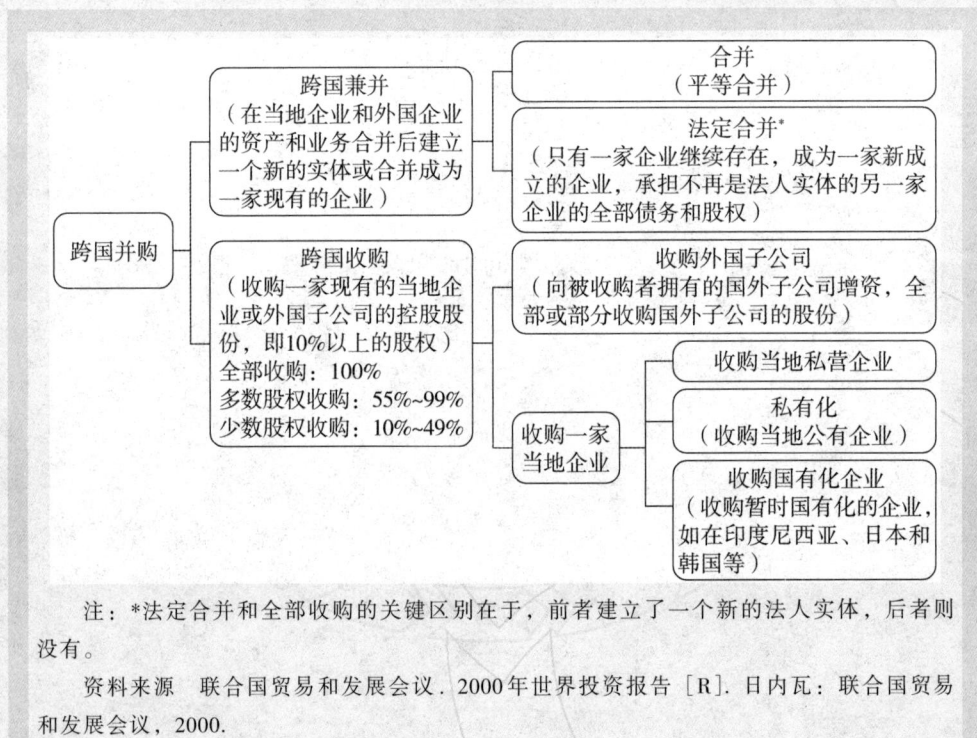

注：*法定合并和全部收购的关键区别在于，前者建立了一个新的法人实体，后者则没有。

资料来源　联合国贸易和发展会议. 2000 年世界投资报告［R］. 日内瓦：联合国贸易和发展会议，2000.

图 8-1　跨国并购的分类及定义

简言之，跨国并购是涉及两个或两个以上国家的企业间的合并和收购，是对外直接投资的方式之一。改变被兼并企业或被收购企业的控制权，并有外国投资者介入的东道国企业的私有化被算作跨国并购。其中，在跨国兼并中，原来隶属于两个不同国家的企业的资产和经营被结合在一起，成为一家新的法人实体；在跨国收购中，企业资产和经营的控制权从当地企业转移到外国公司，前者成为后者的子公司。①

从上述解释中可以看出，跨国并购涉及两个或两个以上国家的企业，其中"一国企业"是并购发出企业或称并购企业，而"另一国企业"为被并购企业，也叫目标企业。并购企业可以通过直接向目标企业投资进行收购，也可以通过对目标企业实施兼并进行跨国并购活动。企业进行跨国并购的支付手段包括支付现金、从金融机构贷款、以股换股和发行债券等方式。

二、跨国并购的分类

跨国并购作为对外直接投资的方式之一，是一种极为复杂的跨国经营活动，可以按照不同的分类标准划分为不同的类型。

（一）按照跨国并购的功能来划分

1.横向并购

横向并购（horizontal M&A）是指两个或两个以上国家的同一行业竞争企业之间的并购。通过整合资源，进行并购的企业旨在获得协同效应，加强市场力量。典型案例主要是制药、汽车、石油以及服务行业等。

2.纵向并购

纵向并购（vertical M&A）是指两个或两个以上国家的有客户-供应商或买主-卖主关系的企业之间的并购。此类并购通常是寻求降低生产链前向或向后关联的不确定性与交易成本，以获得范围经济的收益。比如零部件制造商与其客户（如最终电子产品或汽车制造商）之间的并购交易就是很好的例子。

3.混合并购

混合并购（conglomerate M&A）是指在两个或两个以上国家的经营活动无关联的企业之间的并购。企业进行并购的目的是分散风险和深化范围经济。

（二）按是否经由中介实施并购来划分

1.直接并购

直接并购也称协议收购或友好接管，并购企业可以直接向目标企业提出拥有所有权的要求，双方通过一定的程序进行磋商，共同商定条件，根据双方的协议完成所有权的转移。此外，目标企业如果经营不善或遇到债务危机，则可以主动提出所有权转让。

按由并购企业直接向目标企业提出的并购要求，并购又可分为前向并购和反向并购两类。区别在于前者的存续企业是买方，而后者是卖方企业存续。

① 联合国贸易和发展会议.2000年世界投资报告［R］.日内瓦：联合国贸易和发展会议，2000.

2.间接并购

间接并购通常是通过投资银行或其他中介机构进行的并购，可分为三角前向并购和三角反向并购。前者是指并购企业投资目标企业的控股企业，存续的是控股企业；后者是指并购企业投资目标企业的控股企业，存续的是目标企业。

间接并购往往是在证券市场上收购目标企业已发行和流通的具有表决权的普通股票，从而掌握目标企业的控制权。在大多数情况下，间接并购很可能引起企业之间的激烈对抗，多为敌意收购。

（三）按跨国并购的支付方式来划分

1.股票互换

股票互换是指以股票作为并购的支付方式，并购企业增发新股换取被并购企业的旧股。其特点是：

①目标企业股东并不因此而失去所有权；

②股票互换比现金并购方式节约交易成本，可以合理避税、产生股票增长效应；

③股票互换在所涉及的两个国家的国际收支中可以引起巨大的，但几乎可以被全部抵消的资本流动。[①]

2.债券互换

债券互换是指增加发行并购企业的债券，用以代替目标企业的债券，使目标企业的债券转换到并购企业。债券包括担保债券、契约债券和债券式股票等。

3.现金收购

现金收购是指所有不涉及发行新股票或新债券的跨国并购，包括以票据形式进行的收购。在现金收购中，并购企业支付了议定的现金后即取得目标企业的所有权，而目标企业的股东一旦得到其所有股份的现金即失去所有权。

4.杠杆收购

杠杆收购是指一家或几家并购企业在银行贷款或在金融市场融资的情况下所进行的企业收购行为。与传统收购方式相比，其特点是：

①融资结构发生变化，收购引起的负债首先由目标企业的资产或现金流量来支付和偿还，其次才是投资者的投资；

②杠杆收购成功与否的关键是经纪人。

第二节　跨国并购的动因

一般来讲，跨国公司进行跨国并购的动因可以概括为三个"追求"：追求更高投资回报、追求自身发展战略、追求经营风险最小化。

---

① 张纪康. 跨国公司与直接投资［M］. 上海：复旦大学出版社，2004：218.

一、追求更高投资回报

追求更高投资回报是跨国公司进行跨国并购的最原始、最基本的动因，主要体现于三个层面：

①与绿地投资相比，回报应该更高；否则，跨国公司不会选择并购，而是选择绿地投资。

②与其他投资相比，回报应该更高；否则，跨国公司不会选择并购，而是选择其他方式投资。

③与选择其他目标企业相比，回报应该更高；否则，跨国公司不会选择并购该企业，而是选择并购其他目标企业。

跨国公司通过跨国并购取得获得更高回报的途径包括：

①获得被低估的企业或者具有发展潜力的企业，也就是说花更少的钱买更值钱的企业，从而获得更高回报。

②获得射手企业短缺的资源。这些资源对于射手企业来说是短缺资源，但对于目标企业来讲，这些资源没有被有效充分利用，或者说是处于低效利用状态，或者说是被闲置的，所以射手企业可以用较低收购价购得，不仅可以改善这些资源原有的低效使用情况，还可以改善本企业资源短缺状况，提高企业运营效率。

③获得垄断收益。当射手企业并购竞争对手的企业之后，一方面减弱甚至消除了竞争，另一方面增强了自身的行业垄断，扩大了自身的市场控制力，也因此拥有更多机会获得垄断收益。

④获得协同收益。跨国并购发生之后，经过整合，通常会节约管理成本、降低财务成本、提升经营效率、提高资源利用率、扩大品牌影响力等，最后导致发生跨国并购的双方企业收益或价值增加。

二、追求企业自身发展战略

追求企业自身发展战略是跨国公司进行跨国并购的重要动机之一。跨国公司根据世界经济以及未来科技发展趋势，在全球范围或者区域范围之内布局其生产经营活动，抢占战略区位，整合全球或者区域资源，利用国际大市场，增强竞争力，提升竞争优势，最终实现其整体利益最大化。

跨国公司发展战略一般可划分为稳定战略、扩张战略和防御战略。稳定战略强调的是跨国公司经过一段时间快速发展之后，需要在现有经营规模和经营市场范围内，维持现有竞争优势，提供现有产品和服务，以求一段时间的稳定发展。扩张战略强调的是跨国公司通过研发新产品、开拓新市场、研制新工艺，以培育形成新的竞争优势，实现生产经营规模的扩大甚至再扩大。防御战略强调的是跨国公司减少投资、出售资产、放弃经营某些业务等。

实施不同发展战略的跨国公司，会采取不同的实现方式或路径。通常情况下，稳定战略的跨国公司采取内部积累与投资的方式。扩张战略的跨国公司采取绿地投资、跨国并购、特许经营的方式。防御战略的跨国公司采取减少投资、剥离非核心业务、分立、破产清算的方式。

跨国并购是实施扩张战略跨国公司的基本手段之一，可以按照企业自身发展蓝图对外扩张，也可以追随同行业其他寡头企业投资到同一个地点，以发挥钳制作用。跨国公司采取跨国并购实现扩张的好处在于，与绿地投资方式相比较，跨国并购可以让跨国公司以更快捷的速度获取目标企业、进入目标市场、占据战略区位、实现更高回报。

跨国公司在跨国并购与绿地投资等扩张方式之间作出选择之后，还要在并购哪个行业哪家企业之间作出选择。事实上，这决定了跨国公司在未来实施哪种扩张，即单一化扩张、一体化扩张，还是多元化扩张。单一化扩张是指扩大同一产品或服务的生产经营规模，以获得规模经济或者垄断收益。单一化扩张采取的是横向跨国并购。一体化扩张是指生产经营范围向上游或者下游产业扩张，实现产业链延长，以节约搜寻成本、谈判成本、履约成本等。一体化扩张采取的是纵向跨国并购。多元化扩张是指向不同产品生产经营服务的企业扩张，实现多种经营，获得分散经营收益。多元化扩张采取的是混合跨国并购。至于跨国公司到底采取哪种跨国并购，则由跨国公司未来发展战略决定的。

三、追求经营风险最小化

追求经营风险最小化是跨国公司进行跨国并购的另一个重要动因。跨国公司在进入国际市场之后，面对的各类风险比国内市场更为复杂、更为严峻，因此，跨国公司将经营风险最小化，以获得更大利益。

跨国公司的经营风险涵盖竞争风险、资源供给风险、市场风险等。竞争风险是指跨国公司进入国际市场之后，遇到更激烈的竞争，导致跨国公司在竞争中受损或失败的可能性。资源供给风险是指跨国公司生产经营所需要的原材料、中间产品、相关服务中断的可能性。市场风险是指跨国公司在国际市场销售产品时，遇到供给大于需求的可能性。

对于上述各种经营风险，跨国公司通过跨国并购的方式进行规避。一般来说，跨国公司采取横向并购，以规避竞争风险。因为横向并购可以将原先的竞争对手变成跨国公司自身的一部分，既可以扩大自身的市场份额，又可以有效控制市场，从而获得垄断优势及垄断收益。纵向并购可以规避资源供给风险。因为纵向并购可以通过内部化将原先处于上游的原料或中间品供应商，以及处于下游的销售商纳入跨国公司体系之内，实现较完整的产业链、供应链，以降低供给-生产-销售脱节的可能性，获得更大回报。混合并购可以规避市场风险。因为通过多元化战略，一种产品的亏损可以用另一种产品的盈利弥补，一国市场上的亏损可以用另一国市场的盈利弥补，实现跨国公司整体获益。

第三节 跨国并购的特点[①]

跨国并购随着世界经济的变化而变化，当受到突发事件，如新冠肺炎疫情的冲击时，跨国并购也会在不同经济体、行业等表现出明显变化。

一、跨国并购是发达经济体FDI流入的重要部分

在发达经济体，跨境并购是FDI的重要组成部分，2019—2020年交易价值下降了11%，至3790亿美元（见表8-1）。这是迄今为止该经济体最大的FDI流入形式。并购投资的减少主要发生在初级产业（从2019年的335.07亿美元减少到2020年的4800万美元），反映了大宗商品价格的下跌、大宗交易的缺乏和一些撤资。例如，BP（英国）以56亿美元的价格将其在阿拉斯加的子公司出售给Hilcorp（美国），Mubadala（阿拉伯联合酋长国）将其在Borealis（奥地利）的40%股份出售给了OMV（奥地利）。在制造业和服务业，2020年发达经济体的并购净销售额仍然接近2019年的水平。

表8-1　　2019—2020年发达经济体跨境并购价值和数量

项　目	价值（百万美元）		数量（笔）	
行　业	2019	2020	2019	2020
共计	423 539	378 888	5 802	5 225
初级产业	33 507	48	365	590
制造业	218 440	202 966	1 319	946
服务业	171 592	175 874	4 118	3 689
按价值划分的前几大行业				
食品、饮料和烟草	18 757	82 744	131	101
信息和通信	20 428	66 752	1 130	1 112
化学制品	96 183	44 043	155	175
电子和电气设备	20 113	38 090	239	159
公用事业	2 119	26 708	153	142
贸易	14 071	19 739	463	405

食品、饮料和烟草，公用事业，以及信息和通信行业由于大额交易出现，导致交易总价值大大高于2019年。2020年达成的最大交易包括联合利华（英国）与联合利华（荷兰）以810亿美元的价格合并。相比之下，医药、金融和保险领域的并购交易价值分别下降了54%和52%。尽管总价值下降，但针对制药业的跨国并购交易数量

① 联合国贸易和发展会议. 2021年世界投资报告：投资于可持续复苏 [R].南开大学跨国公司研究中心，译. 日内瓦：联合国贸易和发展会议，2021.

达到创纪录的 175 笔交易，比 2019 年增加 13%（见表 8-2）。最大交易包括瑞士诺化
（Novartis）公司以 74 亿美元收购 The Medicines（美国）。在医疗设备和用品方面有 79
笔交易，下降了 14%，其中，Steris（英国）以 8.5 亿美元购买了医疗设备和用品商
Key Surgical（美国）的全部股本。新冠肺炎疫情还增加了工业 4.0 活动中的项目数
量，如在计算机编程、咨询及相关活动领域发生 838 笔交易，创历史最高纪录。

表 8-2　　　2019—2020 年针对特定行业的发达经济体跨国并购交易数量

产　业	2019	2020
化学制品	155	175
医疗设备和用品	92	79
数码产品	239	159
计算机编程、咨询及相关活动	779	838
信息服务活动	165	147
电信	64	51

二、非洲的跨国并购流入所占份额较小

2020 年，非洲的跨境并购流入的资金总额所占比例较小，下降了 45%，降至
33.34 亿美元（见表 8-3）。美国跨国公司占据非洲并购交易的最高价值（20 亿美
元）。来自发达经济体的交易依然大幅度下降。与此相对，来自发展中经济体，尤
其是中国的交易额（8.44 亿美元，而 2019 年为 1.31 亿美元）则有所上升。[1]

表 8-3　　　　　2019—2020 年非洲跨境并购价值和数量

项　目	价值（百万美元）		数量（笔）	
行　业	2019	2020	2019	2020
共计	5 835	3 334	140	87
初级产业	184	498	18	9
制造业	2 114	2 247	36	18
服务业	3 537	590	86	60
按价值划分的前几大行业				
食品、饮料和烟草	1 052	1 438	13	1
制药	9	776	2	5
采掘业	143	458	15	6
运输和储存	533	235	10	6
信息和通信	-90	193	13	9
金融和保险	20	74	24	20

注：计算结果进行了四舍五入。

① 联合国贸易和发展会议. 2021 年世界投资报告：投资于可持续复苏 [R]. 南开大学跨国公司研究中心，译. 日内瓦：联合国贸易和发展会议，2021.

三、跨国并购流入在亚洲发展中经济体表现最佳

在亚洲，整个地区的并购活动十分强劲，增长了39%，达到732.34亿美元（见表8-4），尤其体现在技术、金融服务和消费品领域。东亚的FDI流入增长了21%，达到2 920亿美元。其中，跨国并购销售额反弹至110亿美元（2019年为-10亿美元），也推动了FDI的增长，这主要是中国跨国公司的作用。韩国在大规模撤资的推动下，2020年的并购活动从2019年的38亿美元降至-19亿美元，也导致FDI下降。尽管如此，但在一些与第四次工业革命有关的行业（如人工智能、大数据、云计算）以及电动汽车和生物技术等行业的FDI流入仍然强劲。

表8-4　　　　2019—2020年亚洲发展中经济体跨境并购价值和数量

项目	价值（百万美元）		数量（笔）	
行业	2019	2020	2019	2020
共计	52 656	73 234	749	606
初级产业	1 188	11 277	23	23
制造业	19 411	23 545	164	134
服务业	32 057	38 411	562	449
按价值划分的前几大行业				
信息和通信	3 190	12 804	95	83
制药	925	11 420	11	26
采掘业	469	10 787	16	11
金融和保险	7 619	7 887	112	93
房地产	3 680	7 048	57	30
公用事业	-1 093	5 305	29	32

注：计算结果进行了四舍五入。

在东南亚，跨国并购在FDI中所占比例很小，从2019年的98亿美元降至-47亿美元。

在南亚，印度在努力遏制疫情暴发的过程中，政府斥巨资用于收购信息和通信技术（软件和硬件）和建筑行业，进而吸引了FDI。跨国并购激增83%，达到270亿美元，主要交易涉及ICT、卫生、基础设施和能源。大型交易包括：①Jaadhu（Facebook（美国）的子公司）以57亿美元收购Jio平台；②Brookfield（加拿大）和GIC（新加坡）以37亿美元收购Tower Infrastructure Trust；③以21亿美元出售Larsen & Toubro India的电气和自动化部门。另一笔巨额交易，即联合利华印度公司与葛兰素史克印度消费者医疗保健公司（GSK英国的子公司）的合并也贡献了46亿美元。

在西亚，并购的显著增加（至210亿美元），特别是该区域一些主要经济体自然资源相关项目的一些关键收购，推动了FDI的增长。比如阿拉伯联合酋长国在制药业实现了一项关键交易，CCL Pharmaceuticals（巴基斯坦）以未披露的金额收购了StratHealth Pharma的多数股权。另一项规模可观的投资发生在沙特阿拉伯，即美国西联公司以2亿美元的价格收购沙特电信子公司（沙特数字支付公司）的少数股权。[①]

四、拉丁美洲和加勒比地区的跨国并购流入骤降

在拉丁美洲和加勒比地区，跨境并购活动骤降67%，降至78.08亿美元，因为制造业和服务业都出现了急剧收缩，但只有部分被初级产业的投资活动上升所抵消（见表8-5）。建筑业创下了拉丁美洲最大的并购交易纪录——CPP投资（加拿大）以25亿美元收购了专门从事基础设施建设的IDEAL（墨西哥）公司40%的股本。

表8-5　　　　2019—2020年拉丁美洲和加勒比地区跨境并购价值和数量

项　目	价值（百万美元）		数量（笔）	
行　业	2019	2020	2019	2020
共计	23 625	7 808	305	210
初级产业	1 267	1 907	14	17
制造业	2 925	203	82	29
服务业	19 434	5 697	209	164
按价值划分的前几大行业				
建造业	243	2 864	7	4
采掘业	1 596	1 468	12	11
金融和保险	1 725	1 198	34	14
行政和支持服务	347	808	16	7
其他制造业	—	518	−2	2
信息和通信	1 037	439	43	38

注：计算结果进行了四舍五入。

在巴西，对石油和天然气开采活动的FDI下降了近60%，但由于私有化，仍然有大量资金流入。国有石油和天然气公司Petrobras出售了两家位于里约热内卢的原油和天然气生产商：①Trident Energy Management（英国）以约11亿美元的价格收购了Enchova & Pampo Oil Hubs 52%的股份；②Karoon Energy（澳大利亚）以6.65亿美元的价格收购了Bauna油田。

在智利，由于来自中国、西班牙和法国等欧洲合作伙伴的交易骤减，跨境并购

① 联合国贸易和发展会议. 2021年世界投资报告：投资于可持续复苏 [R]. 南开大学跨国公司研究中心，译. 日内瓦：联合国贸易和发展会议，2021.

几乎不复存在（-92%）。秘鲁的跨国并购也大幅下降：2020年唯一的交易是以2.02亿美元从Orica（澳大利亚）手中收购总部位于利马的炸药制造商Exsa 84%的股权。

阿根廷的并购交易发生了2.9亿美元的撤资，因为大型国际投资者（包括沃尔玛（美国）、斯伦贝谢（美国）、大都会人寿（美国）和达能（法国））将当地资产出售给国内或区域投资者。

流入巴拿马的FDI减少了86%，降至5.89亿美元，接近20年来的最低水平。为应对新冠肺炎疫情的影响，政府启动公路、铁路和桥梁等建设项目，还批准了一项以税收优惠形式为主的新投资激励制度，给予在巴拿马开展业务并提供制造业服务的跨国公司以税收减免。尽管经济形势相当不利，但并购交易从1.75亿美元增加到4.8亿美元，主要是由于Leasing Bogota（哥伦比亚）对商业银行Multibank（巴拿马）的收购。

五、各行业表现各异，信息和通信以及制药成为最大的目标行业

2020年，跨境并购销售额达4 750亿美元，与2019年相比下降了6%（见表8-6）。与总体趋势相反，由于联合利华（英国）与联合利华（荷兰）以810亿美元的价格进行了公司重组，食品、饮料和烟草方面的跨境并购价值翻了两番，达到860亿美元。疫情给数字和卫生部门带来了巨大的推动，因此最大的目标行业是信息和通信以及制药。

表8-6　　　　　　2019—2020年跨境并购净额（按行业划分）

行　业	价值（十亿美元）		增长率	数量（笔）		增长率
	2019	2020	（%）	2019	2020	（%）
总行业	507	475	-6	7 118	6 201	-13
初级产业	37	25	-32	433	658	52
制造业	243	228	-6	1 633	1 136	-30
服务业	227	221	-3	5 052	4 407	-13
价值排名前十的行业						
食品、饮料和烟草	20	86	330	193	136	-30
信息和通信	25	80	220	1 312	1 248	-5
制药	98	56	-43	186	211	13
电子和电气设备	21	40	90	279	165	-41
公用事业	12	33	175	190	190	0
电信	6	29	383	84	61	-27
金融和保险	49	28	-43	619	562	-9
采掘业	35	24	-31	354	527	49
房地产	37	22	-41	436	327	-25
贸易	16	18	13	575	496	-14

注：计算结果进行了四舍五入。

数字相关行业的资产销售显著增加（主要是计算机、电子、光学产品和电气设备制造业，以及信息和技术领域）。值得注意的交易包括英凌飞（德国）以98亿美元收购赛普拉斯（美国）。

在2019年的大幅增长之后，制药行业的并购销售额稳定在560亿美元，但交易数量显著增加，达到211笔，创下历史最高纪录。这似乎反映了该行业扩张战略的转变：从大型并购到小型收购，特别是在治疗领域以及研发合作方面，如辉瑞（美国）和生物技术公司（德国）针对新型冠状病毒疫苗方面的合作。

在初级产业（主要是采矿、采石和石油），并购价值下降了31%。过去10年，该部门的并购活动稳步收缩，反映出石油和天然气行业上游活动投资持续减少的趋势。2020年，英国石油公司以56亿美元的价格将其在阿拉斯加的业务出售给美国希尔克普（Hilcorp）能源公司，阿拉伯联合酋长国阿布扎比穆巴达拉公司以47亿美元的价格将其北欧化工公司的股份出售给奥地利石油天然气公司OMV。然而，在亚洲发展中经济体和转型经济体中，该行业的并购销售额仍在增加。

第四节　跨国并购的相关理论

一、并购赞成论

并购赞成论主要涉及效率理论、信息理论和代理成本理论，但代理成本理论后来发展出了一种"闲置现金流量假说"，当将它们合为一个整体时，既有赞成并购价值的成分，又有怀疑并购价值的成分。下面将这两种理论分开介绍。

（一）效率理论

效率理论认为，公司并购和资产再配置的其他形式对整个社会来说是有潜在收益的，这主要体现在大公司管理层改进效率或形成协同效应上。

1.管理协同效应理论

富有管理效率的公司通过对低效率公司的并购，使后者的管理效率得到提高，这就是管理协同效应。按照管理协同效应理论，一家公司利用其剩余的管理能力，通过并购改进那些由于缺乏管理人才而造成效率低下的公司，使得整个经济的效率水平得到提高。

这种理论难以解释的一个问题是，在经过一系列并购之后，整个国家的经济最终将会被具有最高管理效率的公司所并购。但是，由于任何能干的管理队伍的管理能力都是有限的，所以，在这一情形出现之前，公司内部的协调问题就会变得非常突出，从而阻止并购的进一步扩大。

对于具有过量管理资源的并购方来说，如果这批人力资源只有作为一个整体才能体现出其效率，那么对同行业中管理水平低的公司进行水平并购就是可取的。如果该行业条件不佳或受政府反垄断政策影响，并购方可以进入别的行业，但如果并购方不具备进入别的行业的技术力量，那么混合并购并不一定能够获利。

因此，管理协同效应理论除了在水平并购方面有一定解释力之外，在其余方面的解释力不强。

2. 营运协同效应理论

营运协同效应也叫作营运经济，是指经济上的互补性、规模经济或范围经济使得并购后收益增加或成本降低的情形。营运协同效应理论的一个重要前提是产业的确存在规模经济，且在并购之前没有营运在规模经济水平上。

规模经济是由于某种不可分性而存在的，制造业中通常会存在规模经济。将现有几个企业合并成一个企业的一个重要问题是：如何合并和协调这些企业的有利部分，又如何处理那些不需要的部分？理想的情况是两个企业具有互补性，二者合并在一起将会产生营运协同效应。此外，按照交易成本理论通常的分析，通过纵向一体化也可形成营运协同效应。

但是，营运协同效应理论面临如下两项主要挑战：

其一，在混合并购中，企业管理层的管理能力很难在短时间内迅速提高到足以管理好分属于不同行业的数家公司的程度；

其二，企业管理层的管理才能在相同或相近产业中是很容易扩散和转移的，而混合并购只涉及互不相关的产业，此时管理才能很难扩散和转移。

3. 财务协同效应理论

财务协同效应理论认为，并购起因于财务方面，资本充裕和资本缺乏的企业间并购非常有利。这是资本在并购企业的产业与被并购企业的产业之间进行再配置的动因。该理论还认为，在一个税法完善的市场经济中，并购能为企业带来更强的负债能力，节省投资收入税、筹资成本和交易成本等好处。

财务协同效应理论在解释混合并购的原因时具有较强的说服力，但在解释水平并购和垂直并购的原因时显得比较苍白。

4. 多样化经营理论

所谓多样化经营，是指公司持有并经营那些收益相关程度较低的资产，以分散风险，稳定收入来源。通常情况下，公司员工、消费者和供应商等利益相关者比股东更愿意公司采取多样化经营战略。

多样化经营可以通过内部增长和并购两条途径来实现，但在许多情况下，并购可能更有利，尤其是当公司面临变化了的环境调整战略时，并购可以使公司在较短的时间内进入被并购公司的行业，并在很大程度上保持被并购公司的市场份额以及现有的各种资源。

不过，并非所有的股东都支持多样化经营，这种理论在解释并购现象时难免会打折扣。

5. 市场低估理论

市场低估理论认为，并购的动因在于股票市场价格低于目标公司的真实价格。造成市场低估的原因主要有：

第一，公司现有管理层并没有使公司达到其潜在可达到的效率水平。

第二，并购者掌握了普通投资者所没有掌握的信息，依据这种信息，公司股票价格应高于当前的市场价格。

第三，公司资产的市场价格与其重置价格之间存在一定差距。在西方经济理论中，衡量这种差距的一个重要指标叫作托宾q，它是公司股票市场价格与其实物资产重置价格之间的比值。据估计，20世纪70年代末至80年代初，美国股市的托宾q在0.5至0.6之间。

这里不妨看一个简单的例子：如果目标公司的托宾q为0.6，而并购该公司的溢价为市场价格的50%，那么收购价格与重置价格的比值为0.9，这就意味着收购目标公司的价格还是比该公司的重置价格低10%。

但是并非所有被低估价值的公司都会被并购，也并非只有被低估价值的公司才会成为并购目标，所以这一理论也遇到了很大的挑战。

（二）信息理论

用信息理论解释并购动机的学者持有三种不同的看法：

1.并购与市场信息传递相关

在收购股权的活动中，无论并购成功与否，目标公司的股价总会呈现上涨的趋势。其原因在于，收购股权的行为向市场传递了目标公司股价被低估的信息，或者收购发盘使目标公司采取更有效率的经营策略，这一点在有关文献中已经得到验证。[①]

2.并购与效率相关

在不成功的并购活动中，如果首次收购发盘之后5年内没有后续的收购要约，那么目标公司的股价将会回落到发盘前的水平；如果有后续的收购要约，则目标公司的股价将会继续上涨。当目标公司与并购公司作了资源的合并或目标公司的资源转到并购公司的控制之下后，目标公司的股价才会被不断重估，呈上涨态势。布雷德莱、迪塞和基姆的研究认为，收购活动并不必然意味着目标企业的股票在市场上被低估或目标企业可以依靠自身的力量来改善经营效率。[②]

3.并购与公司资本结构的选择行为相关

作为内部人的经理，拥有比局外人更多的关于公司状况的信息，这就是所谓的信息非对称性。根据罗斯的理论[③]，在这种情况下，资本结构选择并非如莫迪利亚尼和米勒（简称MM）所说的那样与企业市场价值无关，而是在下列条件下存在最佳的资本结构：

第一，企业投资政策是通过资本结构选择行为向市场传输的；

① [1] DODD P, RUBACK R. Tender offers and stockholder returns: An empirical analysis [J]. Journal of Financial Economics, 1977, 5 (3): 351-373. [2] BRADLEY M. Interfirm tender offers and the market for corporate control [J]. Journal of Business, 1980, 53 (4): 345-376.

② [1] BRADLEY M, DESAI A, KIM E H. The rationale behind interfirm tender offers: Information or synergy? [J]. Journal of Financial Economics, 1983, 11 (1-4): 183-206. [2] BRADLEY M, DESAI A, KIM E H. Synergistic gains from corporate acquisitions and their division between the stockholders of target and acquiring firms [J]. Journal of Financial Economics, 1988, 21 (1): 3-40.

③ ROSS S A. The determination of financial structure: The incentive-signalling approach [J]. Bell Journal of Economics, 1977, 8 (1): 23-40.

第二，经理报酬与资本结构信号的真实性相关联。

这样，如果一家公司被标购，那么市场将认为该公司的某种价值还没有被局外人所掌握，或者认为该公司未来的现金收入将增加，由此推动股价上涨。当并购方用本公司股票收购另一公司时，被并购公司和其他投资人会认为，这是并购公司股价被高估的信号；当某一公司回购其股票时，市场将会视此举为一个重要信号，表明管理层认为本公司股价被低估，或者表明该公司会有新的增长机会。

在信息理论中，非对称信息假设比较接近现实，该理论有良好的解释力。在现实生活中，经理可能与其他人员勾结起来向市场输送错误信息，从而使自己获利，这是该理论无法解释的。

（三）代理成本理论

詹森和麦克林[1]提出的代理问题是在经理只拥有很小比例公司股权的情况下产生的。在上述情形下，经理人员可能会选择不努力工作或者消费更多的奢侈品，而在股权分散的大公司中，缺乏足够的激励让小股东监督经理的行为。从根本上讲，代理问题是由于经理与所有者之间的合约不可能无成本地签订和执行而产生的。在这里，经理被认为是决策或控制的代理人，而所有者被认为是风险承担者。由此造成的代理成本包括：

①构建一组合约的成本。

②由委托人监督和控制代理人行为而带来的成本。

③保证代理人作出最优决策，否则委托人将得到补偿的成本。

④剩余亏损，即因代理人的决策与使委托人福利最大化的决策之间的差异而使委托人蒙受的福利损失。剩余亏损也可能是由于完全执行合约的成本超过收益而引起的。

解决代理问题，降低代理成本，一般有两条途径：一是组织机制方面的制度安排；二是市场机制方面的制度安排。通常的做法是将市场与组织两条途径相结合，或者说使其共同起作用。法马和詹森指出，在企业的所有权与控制权分离的情况下，将企业的决策管理（如提议与执行）与决策控制（如批准与监督）分开，能限制代理人侵蚀股东利益的可能性。[2]股东在保留决定董事会成员、并购、新股发行等权利的同时，将其余控制职能交由董事会去执行。

通过报酬安排以及经理人市场也可以减轻代理问题。[3]比如，可以通过设立奖金与股票期权的办法，将报酬与绩效联系起来，由此调动经理为提高绩效而努力工作的积极性。经理人市场会在经理绩效声誉的基础上确定他们的收入水平。

股票市场则为企业股东提供了一个外部监督机制，因为股价集中体现了经理的

① JENSEN M C, MECKLING W H. Theory of the firm: Managerial behavior, agency costs and ownership structure [J]. Journal of Financial Economics, 1976, 3 (4): 305-360.
② [1] FAMA E F, JENSEN M C. Separation of ownership and control [J]. Journal of Law and Economics, 1983, 26 (2): 301-325. [2] FAMA E F, JENSEN M C. Organizational forms and investment decisions [J]. Journal of Financial Economics, 1985, 14 (1): 101-119.
③ FAMA E F. Agency problems and the theory of the firm [J]. The Journal of Political Economy, 1980, 88 (2): 288-307.

决策造成的后果，股价水平低会给经理带来改变其行为并更多地为股东利益着想的压力①，从而降低代理成本。

当这些机制都不适合控制代理问题时，接管可能是最后的外部控制机制。②通过公开收购或代理权争夺而造成的接管，将会改选现任经理和董事会成员。麦纳还强调指出，如果由于低效或代理问题而使企业经营业绩不佳，那么并购机制使得接管的威胁始终存在。

代理成本理论为我们深入探讨在所有权与控制权分离的情况下，所有权通过何种途径监督和制约控制权、控制权又以何种方式追逐自身利益的问题，提供了一个强有力的理论框架。虽然并购机制可以降低代理成本的观点是正确的，但显然不够，"控制权增效假说"可以进一步解释公司的并购问题。

二、并购价值怀疑论

对并购价值抱怀疑态度的理论主要包括经理主义、自负假说、闲置现金流量理论、市场势力理论和再分配理论等。

（一）经理主义

与并购可以控制代理问题的观点相反，一些学者认为，并购恰恰是代理问题的表现，而不是解决办法，主要由穆勒③提出的"经理主义"就是其中之一。穆勒认为，经理具有很强烈的扩大公司规模的欲望。他假定，经理的报酬是公司规模的函数，经理将会接受资本预期回收率很低的项目，并热衷于扩大规模。但也有人通过研究发现，经理的报酬与公司的盈利水平而非销售额显著相关④，穆勒理论的基本前提由此而受到了很大的挑战。

在并购与接管过程中，投标企业至少事先需要确认潜在的目标企业，并且评估其资产（股票）价值。只有在对目标企业估值很高的情况下，才会有真正的收购行为。

（二）自负假说

罗尔⑤提出的自负假说认为，由于经理过分自信、血气方刚，在评估并购机会时会犯过于乐观的错误。这样并购就可能由标购方的自负引起。如果并购确实没有收益，则自负可以解释经理即使在过去经验表明标购存在一个正的估值误差的情况下仍然会作出标购决策的原因。

自负假说或许有一定意义，但由于它假定存在很高的市场效率，这一点与现实存在差距，所以对并购现象的理论解释力较弱。现代企业理论表明，企业存在的原

① [1] FAMA E F, JENSEN M C. Separation of ownership and control [J]. Journal of Law and Economics, 1983, 26 (2): 301-325. [2] FAMA E F, JENSEN M C. Organizational forms and investment decisions [J]. Journal of Financial Economics, 1985, 14 (1): 101-119.

② MANNE H G. Mergers and the market for corporate control [J]. The Journal of Political Economy, 1965, 73 (2): 110-120.

③ MUELLER D C. A theory of conglomerate mergers [J]. The Quarterly Journal of Economics, 1969, 83 (4): 643-659.

④ LEWELLEN W G, HUNTSMAN B. Managerial pay and corporate performance [J]. American Economic Review, 1970, 60 (4): 710-720.

⑤ ROLL R. The hubris hypothesis of corporate takeovers [J]. Journal of Business of the University of Chicago, 1986, 59 (2): 197-216.

因正在于市场运行并非无摩擦，诸如不可分性、信息成本和交易成本等"不完善因素"使得单个生产投入在企业内仍保持单个和分立的形式是低效的。控制权增效理论表明，接管和并购很可能是一种促使企业资源在企业之间有效再配置的途径，此过程可以使得交易成本最小化，并维持企业价值。商品市场和劳动市场在变动的市场条件下并不能自动提高效率，而需要在经济活动中进行资源的再配置。并购和收购有可能正是一种在最小成本基础上保持或恢复效率的过程。

（三）闲置现金流量理论

詹森在代理成本理论的基础上，进一步构建了闲置现金流量假说。[①]所谓闲置现金流量，是指在公司已有现金流量中，扣除再投资于该公司的可盈利项目的开支之后剩下的现金流量。他认为，由于股东与经理之间在闲置现金流量派发问题上的冲突而产生的代理成本是造成接管活动的主要原因。

詹森认为，如果企业是有效率的，并且希望股价最大化，闲置现金流量就应该派发给股东。闲置现金流量的派发将会减少经理控制下的资源规模，并相应缩小经理的权限，可以降低代理成本；当经理试图通过发行新股融资时，他会在更大程度上受制于资本市场的监督和约束。但经理常常不将这些闲置现金流量派发给股东，而是投资于回报率很低的项目或大举并购别的企业以扩大企业规模，由此造成更高的代理成本。此外，经理承诺支付的将来现金流量也是一个问题。在詹森看来，如果以发行债券来取代股票，那么经理所作的将来支付现金的承诺会比其他任何股利政策都有效，但增加负债比例会增大破产的可能性，这也可以看作债务的代理成本。沿着詹森的理论逻辑可以看出，他所定义的最佳债权股权比率，是在债务的边际成本等于债务的边际收益之时出现的。

闲置现金流量假说运用"闲置现金流量"概念来解释股东和经理之间的矛盾和冲突，并进而解释并购行为的起因，的确使理论研究深入了一步。但正如詹森本人所承认的，他的理论不适合分析成长型公司，因为这种公司的确需要大量的资金投入。这就使这种理论的适用范围受到很大的限制，况且用增加负债的办法来约束经理行为，减少不必要的并购活动，是以增大企业风险为代价的。这种办法即使对某些行业是可行的，对其他行业也未必可行。

（四）市场势力理论

市场势力理论的核心观点是，增大公司规模将会增强公司实力。许多人认为，并购的一个重要动因是增大公司的市场份额，但不清楚增大市场份额是如何取得协同效应的。事实上，增大市场份额是指增大公司相对于同一产业中其他公司的规模。

关于市场势力问题，存在两种相反的意见：

第一种意见是，增大公司的市场份额会导致合谋和垄断，并购的收益正是由此

① [1] JENSEN M C. Agerncy costs of free cash flow, corporate finance, and takeovers [J]. American Economic Review, 1986, 76（2）: 323-329. [2] JENSEN M C. The takeover controversy: analysis and evidence [M] //COFFEE J, LOWENSTEIN L, ROSE-ACKERMAN S. Knights, raiders and targets: The impact of the hostile takeover. New York: Oxford University Press, 1988.

产生的，所以发达经济体政府通常会制定一系列法律法规，反对垄断、保护竞争。

第二种意见是，产业集中度的提高正是活跃的、激烈的竞争的结果。他们进一步认为，在高集中度产业的大公司之间，竞争日益激烈，关于价格、产量、产品类型、产品质量与服务等方面的决策所涉及的维度之巨大、层次之复杂是简单的合谋无法实现的。

这两种相反的意见表明，关于市场势力的理论尚有许多问题没有得到解决。

（五）再分配理论

再分配理论的核心观点是，由于公司并购会引起公司利益相关者之间的利益再分配，并购利益从债权人手中转到股东身上，或从一般员工手中转到股东及消费者身上，所以公司股东会赞成这种对其有利的并购活动。

从某种意义上说，税收效应也可以看作并购利益从政府（一般公众）转到并购企业的利益再分配。这种税收效应理论认为，某些并购是以追求税收最小化为目的的，但税收效应是否真会导致并购的产生，取决于是否还有其他途径也能得到与税收效应等价的好处。

一般说来，在公司并购过程中，以及在以债权换股权的情形中，因债权人受损而使股东受益的情况是不多见的，但在杠杆收购活动中，由于公司的负债股权比过高，有些时候可能会损害债权人的利益。至于公司员工，如果在并购后的整合过程中，公司为了增强竞争力而裁减员工或降低工资率，那么员工会因此受损。

第五节　案例——伊莱克斯电器公司创造的跨国并购纪录

一、基本案情

伊莱克斯电器有限公司（以下简称伊莱克斯）成立于 1919 年 8 月，由 Elektromekaniska 和 Lux 两家公司合并而成。Elektromekaniska 成立于 1912 年，是世界上第一台家用吸尘器——伊莱克斯 1 号的发明者；Lux 成立于 1901 年，主要生产 Lux 牌户外煤油灯，此灯后来被广泛应用于世界各地的灯塔上。1926 年，伊莱克斯通过并购在德国柏林建立了在瑞典之外的第一家真空吸尘器生产企业。1927 年，伊莱克斯又先后在英格兰的卢顿和法国的 Courbevoie 建立工厂，生产电冰箱，产品开始遍及世界多个国家。

自成立以来，伊莱克斯始终重视创新技术，追求科技领先，秉承全球一致的品质标准，在产品的高品质、高效率、易操作、设计感等方面不断深入研究。伊莱克斯在家电领域发明了很多具有突破性的创新产品，包括世界第一台吸收式冰箱（1925 年）、第一台空气冷却式冰箱（1931 年）、第一台卧式冰柜（1956 年）、第一台可调式吸嘴真空吸尘器（1964 年）。2001 年，伊莱克斯推出了世界上第一台全自动智能吸尘器——三叶虫。

伊莱克斯一直追求根据对客户的广泛、深入的了解进行贴心设计，以满足客户的真正需求。其产品包括雪柜、冷冻柜、烤箱、炊具、炉架、抽油烟机、微波炉、洗碗机、洗衣机、滚筒式干衣机、吸尘器、空调机、空气净化器和小型家用电器。这些产品都有声誉卓著的品牌，包括 Electrolux、AEG 和 Frigidaire 等。伊莱克斯每年在全球 120 多个市场出售大约 6 000 万件家用电器。目前，伊莱克斯的产品已经获得了近 200 项专利，创新性实验室和精益求精的设计部门确保了产品超乎客户的想象。创新产品和卓著品牌的有力结合是伊莱克斯全球利益不断增长的前提条件。2020 年，伊莱克斯销售额达 1 160 亿瑞典克朗，全球员工有 48 000 人。

伊莱克斯有严格、规范和高效的流程，能够保证所有运营都为股东和其他持股人创造长期价值，主要涉及高效的组织结构、内部控制体系和风险管理体系、透明的内外部报告制度。伊莱克斯由 4 个业务区组成，包括欧洲区、北美区、拉丁美洲区，以及亚太、中东和非洲区。公司职能包括财务、法律事务、消费者体验组织（产品和所有权体验创新、研发、可持续性、设计和营销）、运营（制造、采购、采购、供应链和质量）、IT、人力资源和通信。[①]出于高效运作需求，伊莱克斯建立了规范的公司治理结构（如图 8-2 所示）。

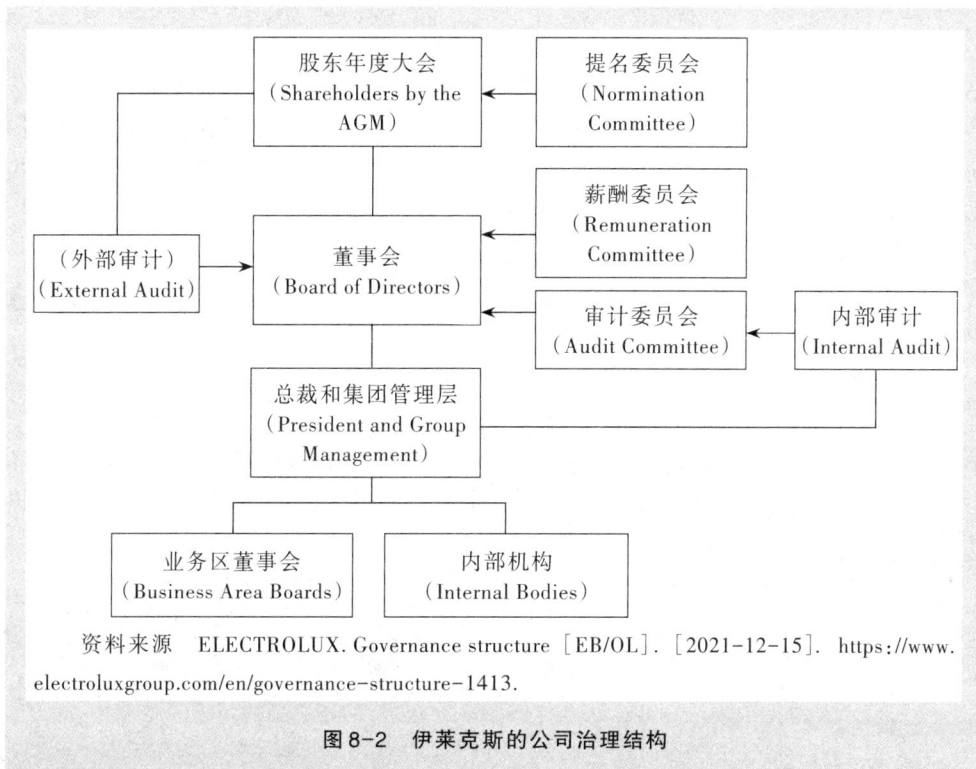

资料来源 ELECTROLUX. Governance structure ［EB/OL］. ［2021-12-15］. https://www.electroluxgroup.com/en/governance-structure-1413.

图 8-2 伊莱克斯的公司治理结构

① ELECTROLUX. Electrolux in brief ［EB/OL］. ［2021-12-15］. https://www.electroluxgroup.com/en/electrolux-in-brief-492/.

二、案例评析

（一）跨国并购的动机：实现全球迅速扩张

伊莱克斯的发展壮大就是一部收购和兼并的历史，它至今共并购了400多家家电厂商（品牌），涉及饮食服务设施、园林设备等领域，已经成为家庭设备和专业设备的全球领导厂商之一。伊莱克斯于20世纪70年代初期至90年代末期，大举实施以跨国并购为主的对外扩张战略，使其在短期内迅速发展壮大。这主要体现于：

1.进入新市场

比如，1973年对德国Siegas公司和卢森堡Kreft公司的购并，使伊莱克斯顺利进入新市场，满足了市场需求。

2.获得有影响力的东道国品牌，减少竞争对手

比如，1986年通过并购美国第三大白色家电制造商White Consolidated公司，伊莱克斯顺利获得了Frigidaire、Gibson、Kelvinator和White Westinghouse等品牌。这些品牌均被伊莱克斯继续使用，既减少了竞争对手，又充分利用了原有的营销网络及稳定的客户群。

3.巩固已有的市场地位，获得规模经济收益

比如，1989年伊莱克斯通过并购德国布德鲁斯（Buderus）集团巩固了其在欧洲的市场地位；再比如，1996年通过并购巴西第二大白色家电制造商Refripar公司，几乎占领了南美洲整个市场，伊莱克斯在南美洲的地位得到进一步巩固。此外，伊莱克斯还获得了规模经济，降低了经营成本，增加了利润。

4.拓展经营领域，获得范围经济利益

比如，1977年通过收购Husqvarna公司，伊莱克斯开辟了链锯产品线，顺利进入了一个新领域，从而获得了范围经济利益，有力地规避了经营风险。

伊莱克斯部分跨国并购案（1973—2019年）见表8-7。

表8-7　　　　伊莱克斯部分跨国并购案（1973—2019年）

年份	被并购企业	被并购企业国别	备注
1973	Facit	—	办公设备公司，拓展了伊莱克斯的经营范围
	Ballingslöv	—	厨房和浴室橱柜生产商
	Wascator	—	专业洗衣机制造商
1974	Eureka	美国	使伊莱克斯成为真空吸尘器全球第一大生产商，也推动了伊莱克斯在空调技术方面的发展，并获得了相关资源
1975	完成了诸如洗衣设备、原材料处理以及农机设备的小型收购		

续表

年份	被并购企业	被并购企业国别	备 注
1976	Arthur Martin	法国	同时收购了比利时 Nestor Martin 公司和瑞士 Menalux 公司
	Tornado	法国	同时收购了 Tornado 荷兰子公司
1977	Husqvarna	瑞典	开辟了链锯产品线
1978	Partner	瑞典	户外产品公司
	Therma	瑞士	大型家电公司
1979	Tappan	美国	通过收购，伊莱克斯再次进入美国大型家电市场
	Jonsered	—	户外产品公司
	Pioneer	—	户外产品公司
1980	Gränges	瑞典	伊莱克斯重要的并购行为之一，金属集团（矿山、钢厂、铝、铜、车辆安全带等）
1981	Paris-Rhône	法国	吸尘器制造商
	Progress	德国	吸尘器制造商
1984	Zanussi	意大利	同时收购西班牙子公司，使伊莱克斯成为欧洲最大的家电制造商
1985	Zanker	德国	扩展了白色家电的范围，包括洗衣机、滚筒烘衣机和空调
	Duo-Therm	美国	扩展了白色家电的范围，包括洗衣机、滚筒烘衣机和空调
1986	White Consolidated Inc.	美国	美国第三大白色家电制造商，获得了 Frigidaire、Gibson、Kelvinator 和 White Westinghouse 等品牌
	Poulan/Weed Eater	美国	增加户外产品
1987	Thorn-EMI	英国	白色家电分部，获得了 Tricity、Bendix、Stott Benham 和 Parkinson Cowan 等品牌
1988	Yardpro	美国	户外产品业务得到加强
	Corbéro	西班牙	西班牙白色家电领军企业
	Domar	西班牙	西班牙白色家电领军企业
	UnidadHermética	西班牙	拓展了在欧洲的冰箱压缩机业务

续表

年份	被并购企业	被并购企业国别	备 注
1989	Buderus Group	德国	收购主要家电和食品服务设备（包括工业洗衣机）的制造业务，以加强伊莱克斯在欧洲的领先地位
1990	Allegretti & Co.	美国	拓宽了户外用品范围
1991	Lehel	匈牙利	白色家电企业
1992	AEG	德国	购买10%家电业务
1993	AEG Hausgeräte	德国	伊莱克斯拥有了其全部股权
1996	Refripar	巴西	加强其在南美洲的地位，成为巴西第二大白色家电制造商
2000	Email Ltd.	澳大利亚	澳大利亚最大电器公司，使伊莱克斯成为该国电器行业领导者
2011	Olympic Group	埃及	埃及家用电器制造商
	CTI	智利	智利供应商
2014	BeefEater	澳大利亚	增加烧烤产品
2016	Kwikot	南非	领先的热水器公司
	Vintec	澳大利亚/新加坡	适合整个亚太地区各种气候的酒柜
2017	Anova	美国	智能厨房电器
	Best	欧洲	厨房罩生产商

资料来源 ELECTROLUX. History timeline ［EB／OL］. ［2021-12-15］. https://www.electroluxgroup.com/en/history-timeline-2010-2019-27599.

（二）跨国并购的路径：步进扩散式

从伊莱克斯跨国并购的路径来看，它基本上遵循的是步进扩散式，即由欧洲到北美洲再到拉丁美洲。不仅如此，伊莱克斯一直都将欧洲作为主要市场。以耐用品为例，耐用品被划分为5个业务部，其中4个是按照地区划分的，包括欧洲、中东和非洲部，北美部，拉丁美洲部，亚太地区部；再加上1个产品部，即专业产品部。2020年，伊莱克斯欧洲区占总销售量的40%，北美洲区占33%，拉丁美洲区占14%，亚太、中东和非洲区占13%。①

---

① 伊莱克斯. 伊莱克斯2020年年度报告 ［R／OL］. ［2021-12-15］. https://www.electroluxgroup.com/wp-content/uploads/sites/2/2020/09/electrolux-annual-report-2020.pdf.

（三）跨国并购后的经营之道：依托本土品牌实施本土化战略

伊莱克斯对国外企业实施并购之后，获得了许多本土品牌。伊莱克斯并没有将这些本土品牌取消，而是充分利用，依托本土品牌实施本土化战略，扎根于东道国市场。比如，伊莱克斯保留了美国的 Fridigaire 冰箱、巴西的 Prosdocimo 空调、德国的 AEG 洗衣机等。这些品牌在东道国往往有非常悠久的历史，当地居民对其有一种非常亲近的感觉，可以帮助伊莱克斯对外扩张及稳定市场。

三、思考

思考一：伊莱克斯几百次成功的跨国并购活动对中国家电行业发展壮大的启示是什么？

思考二：坚持创新是伊莱克斯保持比较优势的重要手段，请举例简述之。

拓展阅读 8-1 关于外国投资者并购境内企业的规定

关键术语

跨国并购 跨国兼并 跨国收购 横向并购 纵向并购 混合并购 直接并购 间接并购

复习思考题

1. 何谓跨国并购？
2. 跨国并购依据不同的分类方式，各包括哪些类型？
3. 跨国并购的动因是什么？
4. 简述效率理论的主要内容。

第九章
跨国公司的国际融资

学习目标

关键术语
复习思考题

学习目标

◆重点掌握跨国公司国际融资的概念、类型、风险；掌握跨国公司国际融资战略；了解跨国公司国际融资的特征，以及国际融资与国际投资的关系。

第一节　跨国公司国际融资简介

跨国公司进行对外直接投资以及生产经营活动，第一要务是解决资金，资金充裕自然有利于跨国公司对外扩张，否则只能承受"巧妇难为无米之炊"之窘境。通常情况下，跨国公司会综合评价经营者偏好、所属行业、融资规模、融资战略、融资环境、融资成本、资本结构、融资风险等方面，最终采取不同融资方式进行国内外融资。

一、国际融资的概念

融资是指某家企业出于生产经营目的而筹集资金的活动。国际融资也称跨国融资或海外融资，是指一国企业出于国际生产经营目的，借助某些融资工具和方式，从国际金融市场或资本市场上筹集资金的活动。

从客观上来说，任何企业想要发展，扩大生产经营范围，特别是当跨越国界扩大生产经营范围时，往往都需要通过国际融资实现对资金的需求。这种融资往往发生于不同国家企业、不同经济组织、不同持有者之间。通过国际融资，跨国公司可以将国际闲置资金吸引到国际投资领域，提高资金使用效率，实现资金有效配置。与此同时，国际融资可以为跨国公司提供更广泛的融资对象、更丰富便捷的融资方式，从而扩大融资规模，实现跨国公司快速扩张的发展目标。

国际融资既可以采用货币资本形态，也可以采用非货币资本形态。非货币资本形态往往会发生于补偿贸易或国际租赁业务之中，主要表现为机器设备、零部件等实物资本。

二、国际融资与国际投资的关系

国际融资与国际投资是密切相关的两个概念。融资是为了投资，投资则需要利用融资来获得投资资金，因此可以说投资是融资的目的，融资是投资的手段。当然，融资对于投资不是必需的，但是如果没有融资，企业扩张规模则受掣肘；反过来说，如果企业想要扩张生产经营规模，那么融资是首要选择的资金来源。

当企业决定跨越国境进行国际投资时，其中最重要的活动之一就是国际融资；或者说，国际融资是企业国际扩张的关键一招，也是必由之路。对于投资者来说，国际融资是其转移闲置资金、实现投资的过程；对于融资者来说，融资则是其吸收、集聚、利用投资者资金的过程。对于生产经营性国际投资来说，需要历经投资资金的筹集与形成—分配与使用—回收与增值的循环周转运动，融资只是其生产经营循环往复过程中的第一个环节，即获得资金，是整个循环的开始。

三、国际融资的特征[①]

国际融资不仅具有与国内融资相同的一些特征，如偿还性、生息性等，还具有一些自身独有的特征。

（一）投融资主体分属于不同国家或地区

国际融资是发生于国际金融市场上的一种筹资活动，是一国资金供给方向另一国资金需求方提供资金。国际金融市场具有强大的集散能力，既能依靠其超强的集聚能力和相对完善的组织能力，集聚世界范围内庞大的资金，为世界范围内的融资活动提供成熟的规则和业务流程，提升融资效率，也能依靠其超强的投资引导能力，让集聚而来的庞大资金投资于不同国家、不同行业、不同规模的企业，为世界范围内资金需求者们提供开展生产经营活动急需的资金，提升资金使用效率。

国际融资场所主要包括：

①国际货币市场，是指短期（一年以内）资金借贷的市场，包括短期信贷、贴现和票据等。

②国际资本市场，是指经营期限在一年以上的资金借贷市场，包括银行中长期贷款市场、股票市场和债券市场等。

③国际外汇市场，是指不同国家的外汇经营机构、企业和个人进行外汇买卖和调剂的市场。

（二）融资活动与跨国银行密切相关

国际融资与跨国银行可以说是相伴相随的。早期的国际融资与早期的跨国银行几乎同时产生，起源大概可以追溯到12世纪。12至18世纪是跨国银行的初级发展阶段；19至20世纪以后跨国银行进入近现代发展阶段。

早期的跨国银行和国际融资是伴随着国际贸易的发展而发展的，导致当时的国际融资业务主要是为国际贸易服务。之后，随着跨国公司以及国际投资的大发展，国际融资业务的重要组成部分就是为国际投资活动进行融资。今天，跨国公司以及国际投资进一步大发展，跨国银行依然是国际融资活动的活跃者。

跨国银行凭借遍布全球各个角落的分支机构、拥有现代发达的通信设备和交通

---

① 依据下列文献整理、改编和提升：商务部跨国经营管理人才培训教材编写组. 中外跨国企业融资理念与方式比较 [M]. 北京：中国商务出版社，2009.

工具，与其他金融机构密切配合，把世界范围内主要的金融中心联结起来，提供全周期服务，推动国际贸易和国际投资的发展，对世界经济的繁荣作出了重要贡献。

（三）融资风险可能会高于国内融资

与国内融资相比较，国际融资风险可能会更高，因为：

1.要承受投融资双方复杂性增加带来的风险

国际融资的资金供给方和需求方来自不同的国家、经济组织、行业、居民、金融机构或非金融机构等，比国内融资更为复杂，从而导致国际融资风险加大。

2.需要承受外汇风险

不同国家相关法律法规各不相同，再加上国际货币市场风云变幻，都可能导致国际融资成本增加或汇兑风险增加。

3.要承受国家风险

国际融资涉及多个国家或地区，需要承受因为局部战争、军事政变、员工罢工、社会动乱、恐怖袭击、文化冲突、宗教矛盾、国有化或征收等各类突发性事件带来的国家风险，从而导致国际融资的风险加剧。

正是因为国际融资具有更高风险，所以要求跨国公司进行国际融资时，要树立风险意识，针对不同国家或地区进行全面风险评估与预测，制定恰当的融资策略，采取必要的风险防范措施，及时规避风险。

第二节　跨国公司国际融资类型[①]

按照不同标准，跨国公司国际融资活动可以划分为以下若干不同类型。

一、按照资金来源划分为内源融资和外源融资

一般来讲，跨国公司都会主动或被动地参与到国际市场的激烈竞争之中，国际市场属于市场经济环境，身处其中的跨国公司总体上可以通过内源融资和外源融资获得所需资金。

（一）内源融资

内源融资是指在企业内部解决资金问题，是企业通过内部积累方式筹集资金，也就是将本企业留存收益和折旧转化为投资的过程。内源融资是任何处于初始发展阶段企业的首选融资方式。

与外源融资相比，内源融资有其优势，主要体现于：

①不需要企业实际对外支付利息或者股息，不会减少企业的现金流量；

②由于资金来源于企业内部，不会发生融资费用，因此内源融资的成本要远远低于外源融资。

---

① 商务部跨国经营管理人才培训教材编写组.中外跨国企业融资理念与方式比较 [M].北京：中国商务出版社，2009.

跨国公司内源融资能力大小取决于其自身的利润水平、净资产规模和投资者预期等若干因素。内源融资在无法满足企业资金需要时，才会转向外源融资。当跨国公司发展到一定程度时，也可能选择成立内部财务公司或企业银行或企业金融机构发展内部融资，以降低融资成本和风险。

（二）外源融资

外源融资是指在企业外部解决资金问题，是企业通过一定的途径或借助某种金融工具，获得其他经济主体的资金，并转化为自己投资的过程。由于世界各国企业制度安排、金融机构组成、金融市场发育程度等存在不同程度差异，各国企业融资规模不尽相同。随着技术进步和生产规模扩大，内源融资很难满足企业资金需求，外源融资逐渐成为企业获得资金的重要方式。

一般来讲，外源融资又可以划分为两种方式，即直接筹资方式和间接筹资方式；但企业究竟如何选择，要受诸多因素的制约，如企业自身财务状况、相关国家融资体制等。

二、按照是否有中介机构参与划分为直接融资和间接融资

跨国公司在融资过程中，可以选择直接向投资方发出融资要约，也可以选择通过中介机构联络投资方，向其发出融资要约，由此形成直接融资和间接融资。

（一）直接融资

直接融资是指资金供给方（通常是居民）向资金需求方直接提供资金，而不需要金融中介机构参与的融资方式。比如B国资金需求方在A国发行股票或债券，A国居民购买股票或债券，从而使得B国需求方获得资金，实现融资目的（如图9-1所示）。此时，证券公司可参与其中，但此时的证券公司仅仅是经纪商，接受客户委托，代客户买卖证券或债券，收取相应佣金作为回报，而不是融资主体，也不承担风险。

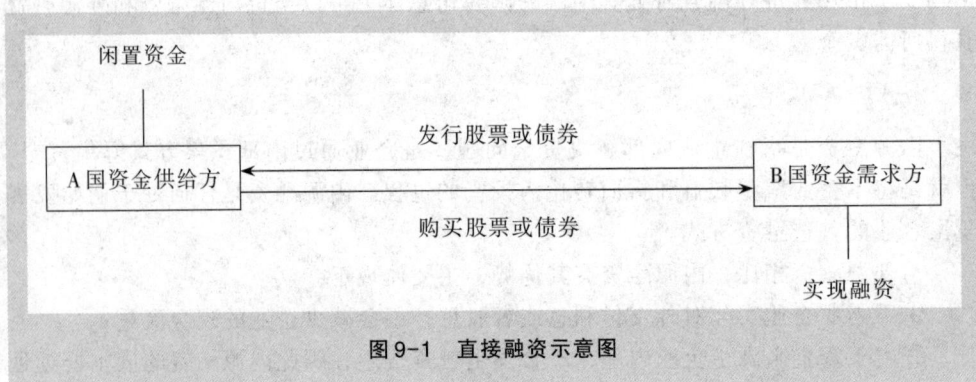

图9-1 直接融资示意图

（二）间接融资

间接融资是指通过金融中介机构，如商业银行、保险公司或投资公司等非银行

金融机构，实现资金融通。在间接融资中，作为中介的金融机构发挥着"集-转"功能。"集"强调的是吸引存款、保险金或信托投资金等手段，将分散于供给方的资金汇集于己；"转"强调的是将汇集而来的资金，通过发放贷款或购买原始有价证券等方式转移给资金需求方，达到调剂资金余缺的作用（如图9-2所示）。

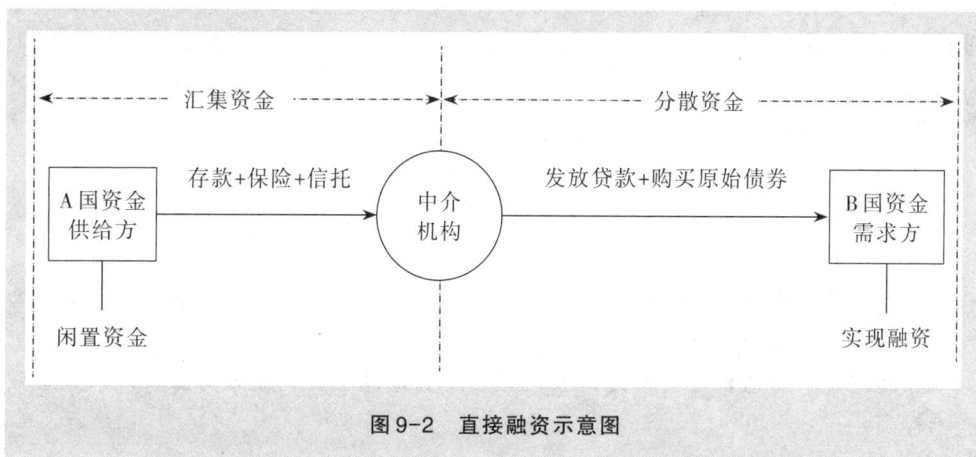

图9-2　直接融资示意图

与直接融资相比较，间接融资最大的优势是，因为金融中介机构（尤其是商业银行）的参与，能够突破时间、空间、期限、规模、结构等各方面的局限，从而更充分、有效地使用资金。

在现代市场经济中，直接融资与间接融资各有优劣，不仅并行发展，而且相互促进（见表9-1）。

表9-1　　　　　　　　　　　　**直接融资与间接融资的优缺点**

项　目	优　点	缺　点
直接融资	（1）资金供求双方联系紧密，利于资金快速合理配置 （2）资金使用效率较高 （3）筹资成本较低	（1）资金供需双方在时间、地点、数量、期限等方面受到限制 （2）使用的金融工具流通性较间接融资弱，兑现能力较差 （3）融资风险较大
间接融资	（1）灵活方便 （2）安全性高 （3）提高规模经济	（1）资金供求双方的直接联系被割断了，会在一定程度上降低投资者对企业生产的关注以及筹资者对使用资金的压力和约束力 （2）中介机构提供服务收取费用，在一定程度上增加了筹资成本

资料来源　商务部跨国经营管理人才培训教材编写组.中外跨国企业融资理念与方式比较［M］.北京：中国商务出版社，2009：8.

三、按照投融资双方关系划分为股权融资和债权融资

(一) 股权融资

股权融资是指资金不通过金融中介机构,借助股票这个载体,直接从资金盈余部门流向资金短缺部门,资金供给者作为所有者(即股东)享有对企业控制权的融资方式。

股权融资属于权益性融资,其特点是:

①具有长期性。所筹资金具有永久性,无到期日。

②具有不可逆性。融资企业不需要还本;投资者想收股本金,只能借助流通市场出售所持股票。

③具有无负担性。没有固定的股利负担,股利是否支付、支付多少需要根据公司经营状况及其需要来确定。

除此之外,与债权融资相比,股权融资还会稀释融资企业现有股权,而且融资成本较高。

(二) 债权融资

债权融资也称债务融资,是指企业通过举债筹措资金,资金供给者作为债权人享有到期收回本息的融资方式。国际市场上三种主要的债权融资来源于国际银行贷款和银团贷款、欧洲票据市场、国际债券市场。

相对于股权融资,债权融资的特点是:

①具有时间性。资金使用具有明确的时间性,到期需要偿还。

②具有可逆性。对所筹资金负有到期还本付息的义务。

③具有负担性。对所筹资金需要支付债务利息,此为融资企业的固定负担。

另外,债权融资不会稀释现有股权,融资成本一般低于股权融资。

尽管债权融资可以获得资金,而且不会丧失企业控制权,但是到期时融资企业必须还本付息;一旦融资企业到期无法偿还债务,就可能出现债务危机,甚至被迫破产倒闭,因此债务融资风险和压力都比较大。

拓展阅读9-1 国际市场上主要的债权融资

四、按照融资期限长短划分为短期融资和中长期融资

(一) 短期融资

短期融资是指在1年之内的资金融资。其最大特点是,融资周转期较短,如银

行短期借款、短期证券、商业信用等。

（二）中长期融资

中长期融资是指期限在1年以上的资金融资，如发行股票、发行中长期债券、中长期银行借款、吸收直接投资、融资租赁等。其中，期限在1~5年之间的为中期融资；期限超过5年的为长期融资，最长期限可达50年。

五、按照融资目的划分为项目融资、贸易融资和其他融资

（一）项目融资

项目融资是指为具体的投资项目、承包工程项目等融通资金，包括工业项目（如化工、机械设备、汽车、石化企业的建设）、商业项目（如大型酒店、商场、旅游、娱乐项目）、基础设施项目（如交通、电力、管道建设）、矿业项目（如石油、煤炭、天然气、铁矿、有色金属）等。其特点是：

1.资金规模大

项目融资的资金需求量大，通常由多家银行组成银团提供贷款，也因此通常需要担保。

2.资金专款专用

通常情况下，资金都要专款专用。在具体实施过程中，一般会成立一个具有独立法人资格的项目公司，以作为项目贷款的直接债务人。

3.资金期限较长

资金期限一般都是中长期。当偿还期限到来时，融资企业通常会用项目收入、项目本身的资产来偿还资金。

（二）贸易融资

贸易融资是指与国际贸易业务有直接联系的融资。从融资方来看，既可以是出口商融资，也可以是进口商融资。从融资期限来看，既可以是1年以下的短期融资，表现为对进出口商的短期贸易融资，如商业信用、银行信用等，也可以是1年以上的中长期贸易资金融通，比较典型的形式是出口信贷，分为提供给出口商的卖方出口信贷和提供给进口商的买方出口信贷。

（三）其他融资

其他融资是指不与投资项目、承包工程项目、进出口贸易直接联系的融资。如为了调剂外汇资金、弥补国际收支逆差、维持货币汇率稳定等而提供的资金。其他融资的供给方和需求方（融资主体）可以是企业，也可以是一国政府或国际金融机构。

第三节 跨国公司国际融资风险

与所有经济事务一样，跨国公司国际融资也离不开各类风险。跨国公司国际融资风险是指跨国公司在生产经营过程中遇到的与筹措资金有关的风险，如政治风险、汇率风险、利率风险、税收风险、其他风险等。

一、政治风险

跨国公司进行国际融资过程中，难以避免政治风险。一般来讲，一些政治事件，如东道国政权更替、战争、社会动荡、暴力冲突、与母国或第三国的关系恶化等，都有可能引发政治风险。政治风险的表现形式包括对外国投资的商业歧视、产业投资限制、融资范围限制、外资政策变动、外资税法变动、外汇管制、利润汇回限制、征用或没收等。

跨国公司采用不同国际融资方式时，政治风险表现形式也不同。当跨国公司采用外源性国际融资时，融资政治风险强调的是资金来源国政局不稳定，导致跨国公司的国际融资资金无法到位。当跨国公司采用内源性国际融资时，融资政治风险强调的是跨国公司对外进行投资之后，或由于东道国政局动荡，导致投资失败，或由于东道国严厉的外汇管制，子公司无法将利润顺利地汇回母国。

二、汇率风险

国际外汇市场变动非常剧烈，跨国公司以不同币种表示的资产和负债，经常暴露在相应的外汇汇率波动的风险之下。而外汇汇率波动既可能为跨国公司带来损失，也有可能带来收益。后者不会给跨国公司带来负面影响，前者才会给跨国公司带来负面影响，此为常说的汇率风险。

所谓跨国公司国际融资的汇率风险，是指跨国公司在国际融资过程中，使用不同币种的汇率发生变化，使得跨国公司需要承受比预期成本更高或更低融资成本的可能性，进而使其蒙受损失或受益。

跨国公司国际融资中的汇率风险主要包括：

1. 折算风险

折算风险是指跨国公司在编制会计报表时，需要将各种外汇按币种分门别类地进行折算，由此而来的外汇头寸带来的存量风险。

2. 交易风险

交易风险是指跨国公司在进行以外币计价的跨国交易过程中，外汇汇率变动引致其尚未结算的外币交易发生外汇兑换损益的可能性。

3. 经营风险

经营风险是指跨国公司未来的经营性现金流量，由于意外的汇率变动而发生变化，直至影响跨国公司价值的可能性。[①]

三、利率风险

跨国公司国际融资的利率风险是指跨国公司进行国际融资时，所需承担的贷款成本因为不同时间、不同国际金融市场、不同货币形成的利率变动差异而引致变动的风险。其主要表现形式是利率波动带来的不确定性。

从全球范围来看，跨国公司发展迅猛，海外子公司遍布世界。然而，世界各个国家或地区在经济、政治、社会、利益等方面各不相同，出现利率波动是不可避免的。当跨国公司通过国际信贷进行融资时，利率变化导致融资成本变化已经成为常态，因此跨国公司进行国际融资时需要防范、规避利率风险。

在跨国公司众多融资方式中，受利率波动影响最大的是借款。比如，跨国公司以固定利率融资，如果市场利率在借贷期限内下跌，那么跨国公司需要支付高于以当时市场利率计量的利息，造成相应的机会损失；如果跨国公司以浮动利率融资，市场利率在借贷期限内上升，那么跨国公司也要支付高于以借贷日利率计量的利息，也会造成相应的机会损失。这些都会造成跨国公司融资成本的上升。

四、税收风险

世界各国税制、税则差异非常大，而且变化多端，因此跨国公司在国际融资时，需要面临复杂的税收风险。跨国公司国际融资的税收风险是指跨国公司在进行国际融资时，由于各国之间税制不同，以及跨国公司融资渠道和融资方式不同，对跨国公司融资形成一定的税务风险，从而影响其融资成本。

税务风险产生的原因包括：

1.融资渠道和融资方式产生的税务效应差异

跨国公司国际融资渠道大体可以分为股权融资和债权融资，不同融资渠道的税收待遇及税收负担是不同的。如果是债权融资，则融资成本即借款利息可以在税前扣除，企业税负得到减轻；如果是股权融资，则融资需要支付的股息或红利不能在税前扣除。因此，债权融资比股权融资更节约税负成本，即股权融资存在一定的税务风险。

2.税制差异

跨国公司在国际市场上进行融资时，会涉及不同国家或地区，但是不同国家或地区对于税收管辖权、税种税率规定不同，引致其对同一笔资金征税的具体数额也不同。

（1）税收管辖权方面

如果按照属地原则，那么企业征税范围仅限于本国境内的各种应税收入，对来源于本国境外的各种收入不予征税；如果按照属人原则，那么征税范围包括来自全

---

① 依据下列文献整理、改编和提升：卢进勇，郜志雄，刘恩专.跨国公司经营与管理［M］.2版.北京：机械工业出版社，2017.

球范围的各种应税收入。

（2）税基方面

不同国家或地区规定外汇收益和外汇损失享有不同的税收待遇，而外汇是跨国公司进行国际融资时必然涉及的，外汇收益和外汇损失也是不可避免的，由此导致跨国公司纳税负担各不相同。

（3）税种和税率方面

各国或地区对税种的设置各不相同，比如在所得收益征税方面，有些国家或地区对工资、股息、红利、财产租赁所得等分别设置税种进行征税；有些国家或地区则是综合设置税种征税。有时即使各国税种名称相同，但是纳税人和征税对象不完全相同，导致税率确定存在较大差异，一些国家或地区采用比例税率，一些国家或地区采用超额累进税率等。

（4）国际重复征税方面

国际重复征税是指两个或两个以上的国家或地区，在同一时期内，对参与或被认为参与国际经济活动的同一纳税人取得的同一笔所得，征收同样或类似的税收。国际重复征税加重了跨国公司的税务负担，在一定程度上增加了跨国公司国际融资的税务风险。为此，各国或地区都在努力制定一些措施，避免或消除国际重复征税。跨国公司也会利用各国或地区税制差异，在全球范围内寻求税负最小化的机会，以降低融资成本，实现更高的利润率。

五、其他风险

跨国公司在进行国际融资时，除去面临上述几种风险之外，有时还要面临其他不同风险，如套期保值风险、法律风险等。

套期保值风险是指跨国公司进行国际融资过程中面临的一种间接风险，是由规避融资风险而引致的；强调的是跨国公司在进行套期保值时运用了高风险的衍生工具，而需要面对的风险。

法律风险是指跨国公司在国际融资时，需要面对不同国家或地区不同的法律规定而产生的风险。

当然，跨国公司在国际融资过程中面对的风险多种多样，需要做好"事前—事中—事后"全周期的准备工作，随时应对出现的不同类型的风险，才能够在国际市场上从容不迫，有效降低风险，实现利润率更高、竞争力更强、影响力更大的"百年老店"。

第四节　跨国公司国际融资战略[①]

跨国公司进行国际融资活动时，通常会在不同来源资金之间对融资成本、经营

---

① 依据下列文献整理、改编和提升：[1] 袁林. 跨国公司管理 [M]. 北京：清华大学出版社，2012.
[2] 张笑宇. 跨国公司管理手册[M]. 2版. 北京：中央编译出版社，2017. [3] 商务部跨国经营管理人才培训教材编写组. 中外跨国企业融资理念与方式比较 [M]. 北京：中国商务出版社，2009.

风险以及财务结构等进行比较、权衡与选择，即作出国际融资战略选择，以最小化融资成本、规避或降低经营风险，以及建立最佳财务结构等。

一、最小化融资成本

跨国公司进行国际融资活动时，需要面对的是在政治、经济、文化等各方面存在明显差异的国际资本市场，从而出现国际融资成本差异。这种差异为跨国公司提供了最小化融资成本，获得更大利润空间的可能性；与此同时，跨国公司在全球范围内的资金调度能力能够把可能性变成现实。

（一）避免或减少税负

从同一个国家的税收政策来看，股息与利息的支出是不同的。债务利息支出具有"税收挡板"作用，可以作为成本支出扣除之后，再计算出纳税的利润基数。因此，母公司在给海外子公司融资时，更愿意采取贷款方式，以获得更大的税收优势。

从不同国家来看，各国对于预提所得税的征收存在差异。比如，一些国家对国内公司支付给外国投资者的利息和股息征收较高的预提所得税，外国投资者反过来势必把这部分预提所得税支出转嫁给融资企业，也会要求更高的税前利息作为补偿。如此循环，预提所得税支出负担又部分或全部地转嫁给融资企业。因此，跨国公司在选择国际融资区位时，通常会考虑那些具有较低预提所得税甚至不征预提所得税的国家或地区。

从还本付息来看，鉴于各国货币存在软硬之分，融资货币应当选择软货币。

（二）绕过当地政府的信贷和资本管制

各国政府出于限制信贷资金增长、提高或降低某类借款成本、引导资金进入国家鼓励的经济领域等方面的考虑，通常会对本国金融市场采取或多或少的干预政策。干预引致的结果是，利率低于调整了风险的均衡水平。此时，只要能够获得信贷额度，就会得到成本很低的融资。

某些国家也有可能对跨国公司借入外资加以鼓励或限制。在某些情况下，借入外资会得到鼓励。比如，当本地融资规模受到限制时，政府就会鼓励借入外资，以补充超过限额的融资资金。再比如，一个新项目要得到政府批准，则把外资参与作为先决条件。在某些情况下，借入外资会受到限制，比如需要控制国际收支逆差。此时，政府会采取措施提高企业借入外资的利息成本，以限制外资。

（三）利用东道国政府的优惠政策

跨国公司对东道国进行直接投资可以为当地带来资金流、信息流、人才流、商品流、数字流等，因此世界上许多经济体，特别是发展中经济体都会制定相应的优惠政策，吸引跨国公司的投资。优惠政策非常丰富，基本可以归结为：

1.间接优惠政策

其主要表现为通过制定相应的税收优惠政策，降低跨国公司税收负担，如所得税、资本税、销售税、增值税减免和宽限等。

2.直接优惠政策

其主要涉及利息、信贷优惠等金融类激励政策，如以低于竞争性市场的利率提供贷款、提供金融担保以及承担金融风险，以货币支付方式提供资助或补贴等。

3.其他优惠政策

其涉及通过非财政和金融手段之外的实物资助或价格优惠等（见表9-2）。

表9-2 　　　　　　　　　　各类优惠政策

政策类别	优惠类别	主要工具
间接优惠政策	利润税	降低公司所得税、免税期、免税期内亏损以来年利润抵销
	资本税	加速折旧、投资及再投资补贴
	劳动力税	社会保险金减免
	销售税	减征公司总销售收入税
	增值税	根据产出中当地成分比例给予公司所得税减免或奖励，根据净增加值给予所得税奖励，减征当地产出部分的公司收入税
	其他特别支出税	减征营销或促销支出的公司所得税
	进口税	免征资本品、设备或与生产相关的原材料、零部件和其他投入品的进口关税、进口原材料退税
	出口税	减免出口税、出口收入税收优惠、特殊创汇活动或制成品出口所得税减免、根据出口业绩对国内销售予以税收奖励退税、出口净当地成分所得税奖励、出口行业国外开支或投资减免出口税
直接优惠政策	现金资助	对投资项目的投资、生产和营销予以补贴
	补贴性贷款	提供贷款担保、给出口信贷以担保
	股权参与	公共机构参与高商业风险投资，对高商业风险投资项目给予风险融资
	优惠利率保险	汇率变动、货币贬值等商业风险或征收等商业风险政策优惠保险
其他优惠政策	基础设施补贴	以低于市场价格提供土地、建筑、工业厂房或电信运输、电力和水利供应等基础设施
	服务补贴	提供融资服务，寻找融资渠道；实施和管理项目；进行投资前期的可行性研究；提供市场信息；获取原材料供应；提供生产工艺和营销技术顾问咨询；为开发新技术或提高质量控制的培训和再培训提供帮助
	市场优先	优先政府合同；对后来投资者市场禁入；保护国内市场免遭进口竞争；授予垄断权
	外汇优惠待遇	特殊汇率；特殊债转股政策；消除从国外贷款的汇率风险；对出口收入的外汇信贷给予优惠；对收入和资本汇回给予特殊待遇

资料来源　UNCTAD. Incentives and foreign direct investment［R］. New York and Geneva: UNCTAD，1996:4，6.

二、规避或降低经营风险

跨国公司进行国际融资时，不同的资金来源对跨国公司生产经营产生不同程度的风险，也对跨国公司保持和提升其融资能力产生不同作用。因此，跨国公司需要挖掘更低成本的融资机会，规避经营风险、扩大融资渠道。

（一）规避外汇风险

汇率波动具有不确定性，当跨国公司生产经营中出现外汇暴露时，汇率波动将对跨国公司海外资产价值产生影响。为此，跨国公司进行国际融资时，应当考虑规避外汇暴露带来的风险，从而提升融资安排的安全性。

（二）规避政治风险

政治风险会给跨国公司带来经营风险。为此，跨国公司应当尽量规避政治风险。

①尽量避开在政治风险较高的东道国进行投融资，而要尽量选择在政治相对稳定的东道国进行投资，以在最大程度上避免海外资产遭遇暂时性冻结或国有化等；否则，投资血本无归，融资无法偿还，直接影响跨国公司的生存和发展。

②如果只能投资于政治风险高的东道国，那么要尽量使用外部融资。

③如果东道国要求母公司提供内部资金，那么应当采用贷款形式提供资金，从东道国政府、国际开发机构以及海外银行等进行融资，同时要以项目利润还贷为条件，以利益共同体的形式将各方紧紧联系在一起，以规避或抵制东道国政府采取过激行为，最终保护自身利益。

（三）规避销售风险

通常情况下，跨国公司会采用两种预售方式规避销售风险：

①预售商品给客户，同时向出资方出售应收账款取得资金。一方面，跨国公司通过预售获得稳定客户源，客户则获得稳定货源供给以及优惠价格；另一方面，跨国公司获得出资方的贴现，实现资金回笼。不过在此过程中，跨国公司并不是零成本的，成本主要源于预售商品的折扣以及贴现费用。

②预售商品给客户，同时向客户借款。此时，跨国公司需要承担的筹资成本包括较低的贷款利息和预售产品的价格折扣。

（四）维持和扩大融资渠道

如果说跨国公司规避各类风险视为"节流"，维持和扩大融资渠道则可谓"开源"。"开源"可以保证稳定的资金来源以及融资的灵活性。通常情况下，跨国公司的做法是：

①争取多样化的资金来源，以减少对某一个资金市场的过度依赖。

②优先使用信贷额度，以保持已拥有的资金来源。通常情况下，多数银行为避免不必要的资金闲置，都会定期检查每笔信贷额度的使用情况，一旦确认某一客户

的借款水平经常低于协议额度，就会在下一期降低相应额度。为避免被银行降低额度，跨国公司通常会在不需要资金的情况下也向银行借入资金，以保证其在通货紧缩情况下仍然可以获得生产经营所需的资金。

三、建立最佳财务结构

跨国公司的每一次融资，无论是股权融资，还是债权融资，都会不同程度地影响其财务结构。如果财务结构不恰当，那么必然影响跨国公司的经营稳定性、融资能力以及最终盈利。因此，跨国公司必然追求最佳账务结构，在最小化经营风险的前提下，实现融资能力最佳和利润率更高。

（一）跨国公司的总体财务结构

跨国公司是由母公司、海外分公司和子公司等在全球范围内共同构成的一个整体，其财务结构与其在世界范围内的总体财务结构密切联系在一起。这就决定了跨国公司的资金提供者关注的是跨国公司的总体财务结构及其财务风险。

跨国公司多样化的融资渠道在一定程度上规避了可能的违约和破产风险，从而增加了收益的稳定性，因此使得跨国公司比一般企业更易于获得投资者的青睐，投资者也会接受跨国公司资产负债率高于一般国内企业。但是全球范围内任何一家海外子公司的违约、破产以及其他任何一种财务困境都会危及跨国公司总体的经营状况和偿债能力。因此，跨国公司要想实现融资能力最佳，就必须在全球范围内考虑所有子公司的财务结构，实时或者定期监测、统筹调整跨国公司的总体财务结构。

然而，跨国公司在全球范围内的子公司各自遵守所在东道国的法律法规，各个东道国的法律法规各不相同，甚至差异非常大，导致跨国公司想要确定和保持一个最佳财务结构只能是一个理想目标，实现起来非常困难。尽管如此，跨国公司依然努力维持一个最佳的财务结构，以获得更高的利润率、赢得更大的资金回报。

（二）跨国公司子公司的财务结构

从法律意义上来看，子公司具有独立的法人地位，遵从东道国的法律法规，自担经营成本、风险和收益。但是从子公司与母公司之间的隶属关系来看，子公司并不存在独立的财务结构。因此，子公司账面反映的财务结构并不能反映子公司风险，而是依靠合并报表后的跨国公司总体财务结构。比如，母公司把在母国借入的资金以股本形式满足海外子公司的全部资金需求，子公司拥有经营资金却没有借入任何资金，那么子公司的债务/股本比率就等于零；如果母公司只支持子公司很低份额的股本，子公司几乎全部依靠当地或国际债务来满足其自身的资金需求，那么子公司的债务/股本比率接近于100%。在上述两种情况下，跨国公司合并报表之后的债务总额和债务/股本比率几乎完全相同。也就是说，子公司财务报表的巨大差异没有影响跨国公司的总体风险地位。

综上，跨国公司子公司的财务结构具有与母公司不同的特点，因此子公司财务结构的确定也应当与母公司不同。在一般情况下，母公司依据下列原则来确定子公司或投资项目的债务和股本组合：

①与母公司财务结构保持一致。

②与东道国企业的财务结构保持一致。

③成本最小化。这是最普遍原则，强调的是子公司依据各自具体的融资成本确定各自的债务/股本比率。比如在融资成本较低的东道国，子公司可以保持高于跨国公司总体债务/股本比率；反之，则要低于跨国公司总体债务/股本比率。经过此番操作，既能在风险控制范围内满足海外子公司的融资需求，也能满足跨国公司总体财务结构最佳目标。

第五节　案例——德国电信股份公司收购美国声流公司的融资方式

一、基本案情

德国电信股份公司（Deutsche Telekom AG）创立于1989年，总部在德国波恩（Bonn），是世界领先的综合电信公司之一，拥有约2.42亿名移动用户、2 700万条固定网络线路和2 200万条宽带线路，分布于全球50多个国家和地区。截至2020年年末，德国电信全球员工人数为226 300人，2020财年约66%的营业收入来自德国之外；2021年居《财富》世界500强排行榜第53位，营业收入为1 150.83亿美元，利润为47.38亿美元，年增长分别是27.7%和9.5%。

美国声流无线通信公司（以下简称声流公司）成立于1994年，总部设在华盛顿州贝尔维尔，2000年年底拥有380万名客户、8 700名员工，在被德国电信并购前已经是美国第八大移动电话公司。该公司虽然是20世纪90年代成立的新公司，但在其业务所延伸的区域内人口稠密，因而具有很大的发展潜力。该公司面临的主要任务是寻找资金，争取扩大市场份额。

2001年4月，德国电信成功收购声流公司，为其进入美国电信市场打开了通道。此次兼并主要通过换股完成，每股声流公司的股票按3.2股德国电信另加30美元的方式交换。以声流公司流通股份2.59亿股计算，那次并购德国电信公司将支付507亿美元，这是当时世界通信业中代价最高昂的兼并。该次兼并于2002年上半年最终完成，声流公司股东获得德国电信约8.29亿股和约78亿美元现金，该公司股东在合并后将拥有约22%的德国电信股份。

二、案例评析

（一）注重目标企业的潜力

德国电信看中声流公司的主要原因是：

①美国只有少数几家公司采用欧亚国家普遍采用的 GSM 移动通信技术标准，而声流公司是其中之一。

②收购声流公司为德国电信进军美国市场铺平道路，是德国电信进入美国市场的桥头堡。

③声流公司虽然成立时间不长，但发展潜力巨大，是当时全球增长最快的移动电话公司之一。虽然其市场占有率仅为 4%，但网络覆盖全美，并拥有大规模潜在用户。

（二）采用恰当的融资方式

规模经济是电信产业的基本特征，也决定了需要高资金投入。德国电信通过并购形式拓展海外市场，扩大业务规模，这种扩张尤其需要巨额资金支持。德国电信在收购声流公司的过程中采用了恰当的融资方式，即同时采用股权融资和债权融资两种方式，形成比较合理的财务结构，既可以实现国际融资的目的，也可以有效规避财务风险。

（三）充分利用全球资本市场

德国电信在收购声流公司过程中充分利用全球资本市场，采用发行新股和债券的方式筹集巨额资金。

1.用美国、日本、法国等的国际资本市场进行股权融资

1996 年，德国电信首次公募融资。1996 年 11 月 18 日，德国电信在纽约、东京、法兰克福同时上市，集资额达 207 亿马克（约 137 亿美元）。1999 年 6 月，德国电信第二次发行新股，筹资 106 亿欧元。这些资金主要用于实施德国电信的国际化发展战略，包括收购声流公司的资金支出。

2.在欧洲和日本分别进行债权融资

在利用股票市场筹集巨额资金的同时，德国电信还大幅增加了它的债券发行额，以支持其收购行为。1999 年 6 月，德国电信在欧洲市场上宣布发行债券集资 146 亿美元，成为欧洲最大的一次债券集资。2001 年，德国电信又发行了总额 1 600 亿日元的武士债券，并将筹资所得的日元换成欧元。这两次债券的发行也为成功并购声流公司提供了资金支持。

资料来源　[1] DEUTSCHE TELEKOM. Leading European telco［EB/OL］．［2021-12-15］．https://www.telekom.com/en/company/companyprofile/company-profile-625808.［2］商务部跨国经营管理人才培训教材编写组．中外跨国企业融资理念与方式比较［M］.北京：中国商务出版社，2009.

三、思考

思考一：德国电信为什么要向海外发展？为什么会看中美国声流公司？

思考二：德国电信成功获得国际融资，对中国企业进军海外市场有何借鉴意义？

关键术语

国际融资 股权融资 债权融资 融资风险

复习思考题

1.何谓跨国公司的国际融资？与国内融资相比，国际融资有何特点？

2.简述跨国公司国际融资的类型。

3.跨国公司国际融资风险有哪些？如何规避？

第十章
发展中经济体的跨国公司

学习目标

学思践悟
关键术语
复习思考题

学习目标

◆重点掌握发展中经济体的含义及对外直接投资的特点；掌握发展中经济体对外直接投资的发展历程及发展背景；了解发展中经济体对外直接投资的发展趋势。

第一节　发展中经济体跨国公司的发展历程

发展中经济体泛指所有不属于发达经济体和转型经济体之列的经济体。其中，发达经济体包括经合组织成员（智利、墨西哥、韩国和土耳其除外），加上不属于经合组织成员的部分欧盟成员（保加利亚、塞浦路斯、拉脱维亚、立陶宛、马耳他、罗马尼亚），还包括安道尔、百慕大、列支敦士登、摩纳哥和圣马力诺；转型经济体包括东南欧国家和独立国家联合体。[①]与发达经济体相比，出于对经济发展水平以及对本国企业竞争力的担心，发展中经济体跨国公司发展较晚，但是发展很迅速。这一点可以从发展中经济体的跨国公司数量及对外直接投资额得到证实。发展中经济体跨国公司的发展分为以下时期：20世纪80年代之前的起步期、20世纪80年代至90年代末的发展期以及21世纪以来的稳定期。

一、20世纪80年代之前的起步期

发展中经济体最早的对外直接投资可以追溯到20世纪20年代。1928年，阿根廷的美洲工业机械公司的油泵制造企业在巴西开设了一家子公司，在智利和乌拉圭分别建立了工厂，在纽约和伦敦分别设立了贸易机构。

进入20世纪60年代，一些发展中经济体依据本国国情，相继采取了相应的经济发展战略，经济得到了举世瞩目的高速增长，对外直接投资也逐渐增多，如亚洲的印度、韩国、新加坡、中国香港、中国台湾和菲律宾等，拉丁美洲的巴西、墨西哥和委内瑞拉等。20世纪70年代之后，包括许多中小企业在内的发展中经济体的跨国公司纷纷到海外投资。截至1980年，发展中经济体对外直接投资总额为50亿～100亿美元。发展中经济体拥有跨国公司963家，海外子公司和分支机构共计1 964家，其中938家从事制造业，子公司遍布125个国家和地区。[②]1975—1978年15个发展中经济体的对外直接投资额和海外子公司数量见表10-1。此时，发展中经济体对外直接投资以中小型企业为主，部门分布虽然很广，但是以制造业为主，大多集中于母国制成品出口中占主导地位的那些产业，还有就是农矿业和建筑业。

① 联合国贸易和发展会议. 2011年世界投资报告 [R]. 日内瓦：联合国贸易和发展会议，2011.
② WELLS L T. Jr. Third world multinationals：The rise of foreign investment from developing countries [M]. Cambridge, MA：MIT Press, 1983：2.

表 10-1 1975—1978年发展中经济体对外直接投资

资本来源国和地区	对外投资额ᵃ（百万美元）	子公司数量ᵇ（家）	
		子公司总数	其中：制造业子公司
中国香港	976	325	202
印度	88	215	168
阿根廷	38	146	76
新加坡	370	89	57
菲律宾	276	66	26
巴西	41	147	25
韩国	71	155	25
墨西哥	23	62	22
秘鲁	4	37	18
哥伦比亚	35	37	18
委内瑞拉	64	18	9
智利	14	11	7
玻利维亚	3	0	0
厄瓜多尔	19	2	0
巴拉圭	0	2	0

注：a表示政府提供的资料；b表示银行提供的资料。

资料来源　WELLS L T, Jr. Third world multinationals：The rise of foreign investment from developing countries［M］. Cambridge，MA：MIT Press，1983：10.

二、20世纪80年代至90年代末的发展期

20世纪80年代以后，随着发展中经济体，特别是一些新兴工业国家和地区经济实力的大幅提升，以及经济全球化的有力推动，发展中经济体的跨国公司得到快速发展。截至1999年，发展中经济体的跨国公司增至12 518家，海外子公司和分支机构共计355 324家，其中非洲分别为167家和3 669家，亚洲分别为10 332家和327 310家，中东欧分别为2 150家和239 927家，①与20世纪80年代之前相比，均出现大幅增加。另外，发展中经济体对外直接投资额也在不断增加，特别是相对数。比如，1980—1984年，发展中经济体的对外直接投资额占世界对外直接投资总额的比重平均为5%，1985—1989年平均为6%，1990—1994年平均为10%，

---

① 联合国贸易和发展会议. 2000年世界投资报告［R］. 日内瓦：联合国贸易和发展会议，2000.

1995—1998 年尽管受亚洲金融危机的巨大冲击，仍然维持在 10% 以上的水平；从增长速度来看，1981—1990 年发展中经济体的对外直接投资额以 41% 的速度增长，1993—1995 年的增长率分别为 52%、17% 和 20%。[①]这不能不说是奇迹。

三、21世纪以来的稳定期

进入 21 世纪之后，发展中经济体和转型经济体的崛起在国际生产格局中非常明显。它们为外国子公司提供了大部分劳动力，2008 年其在全球约 82 000 家跨国公司中占 28%，比 2006 年上升了 2 个百分点，1992 年这一比例还不到 10%。这充分反映了发展中经济体和转型经济体作为母国的分量也在增加。[②]随着跨国公司的发展，发展中经济体 FDI 流入量和流出量进一步增加，2005—2020 年占全球的比重呈上升趋势。从流入量占比来看，观察期出现回落的年份是 2007 年、2011 年、2015 年、2016 年、2019 年，其中下降幅度较大的是 2016 年，从 2014 年的 53.16% 经过 2015 年的回落之后，降到 36.99%。值得注意的是，每次回落之后的回升高点都高于上一次的高点，也因此形成明显上升趋势。从流出量占比来看，出现回落的年份包括 2007 年、2015 年和 2019 年，其中降幅较大的是 2015 年和 2019 年，降幅大概都是 12 个百分点，每次回落的低点都高于上一次的低点，每次回落之后的回升高点都高于上一次的高点，呈明显上升趋势，后半期虽有较大波动，但上升趋势更明显（如图 10-1 所示）。

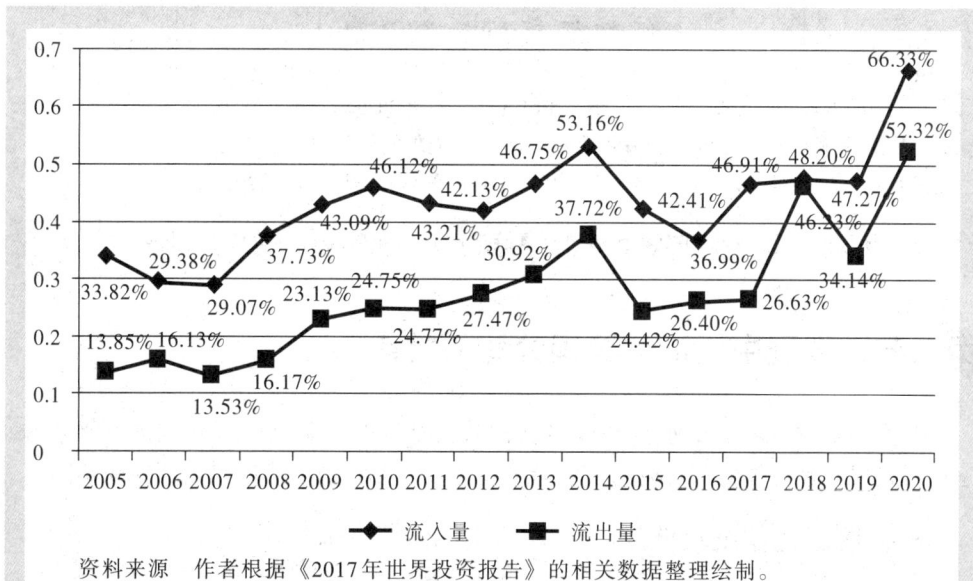

资料来源　作者根据《2017 年世界投资报告》的相关数据整理绘制。

图 10-1　2005—2020 年发展中经济体 FDI 流入量与流出量占全球比重

2020 年，在全球对外直接投资排名前 15 位的经济体中，共有 5 个发展中经济体，它们是中国内地、中国香港、韩国、新加坡、泰国，其中中国内地排名第 1

① 崔日明，徐春祥. 跨国公司经营与管理［M］. 2 版. 北京：机械工业出版社，2009：244.
② 联合国贸易和发展会议. 2010 年世界投资报告（简版）［R］. 日内瓦：联合国贸易和发展会议，2010.

位，比上一年上升2位（如图10-2所示）。在未来，正如党的二十大报告所言，中国将"深度参与全球产业分工和合作，维护多元稳定的国际经济格局和经贸关系"。因此，中国对外直接投资有望继续增长。

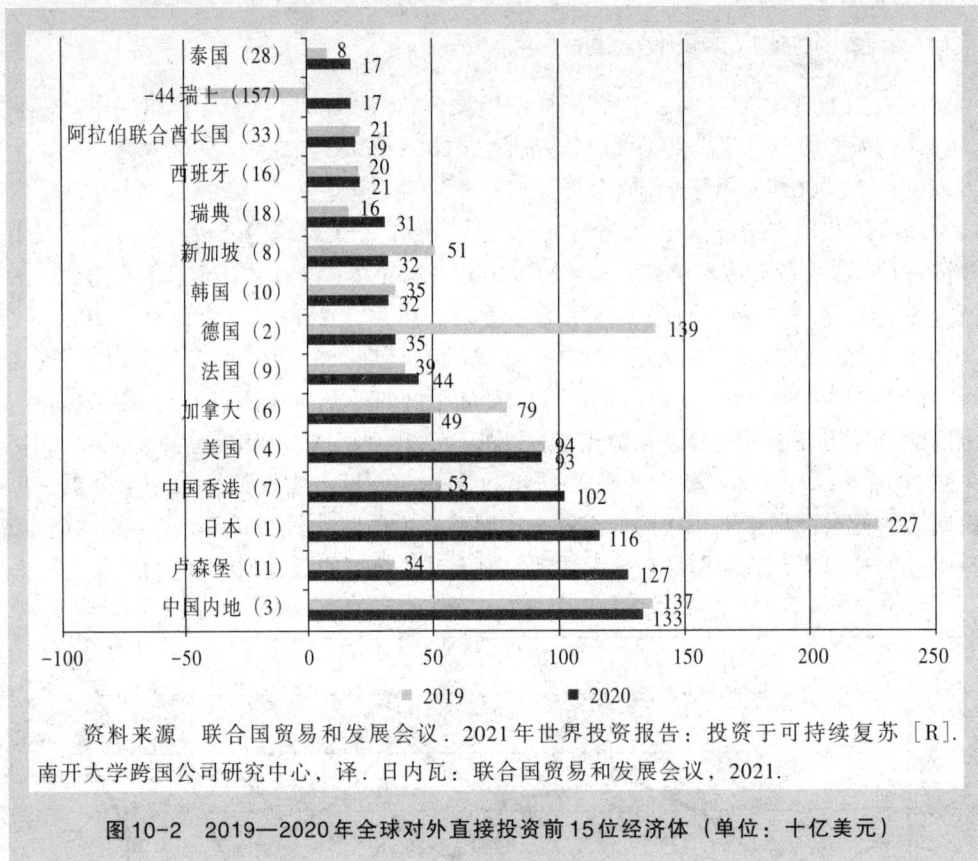

泰国（28）8 17
瑞士（157）-44 17
阿拉伯联合酋长国（33）21 19
西班牙（16）20 21
瑞典（18）16 31
新加坡（8）51 32
韩国（10）35 32
德国（2）139 35
法国（9）39 44
加拿大（6）79 49
美国（4）94 93
中国香港（7）53 102
日本（1）227 116
卢森堡（11）34 127
中国内地（3）137 133

■ 2019 ■ 2020

资料来源　联合国贸易和发展会议.2021年世界投资报告：投资于可持续复苏［R］.南开大学跨国公司研究中心，译.日内瓦：联合国贸易和发展会议，2021.

图10-2　2019—2020年全球对外直接投资前15位经济体（单位：十亿美元）

第二节　发展中经济体跨国公司的特点

与发达经济体相比，发展中经济体的政治情况非常复杂，经济发展水平悬殊，这使得发展中经济体的跨国公司发展差异非常大，但我们依然能够找到一些共同点。

一、国际化程度较低

经过几十年的发展，发展中经济体跨国公司的实力明显增强，但是与发达经济体跨国公司相比，从国外资产、海外销售量和海外员工数量来看，国际化程度较低，但正上升。

从国外资产来看，2019年，全球前100位跨国公司的国外资产为94 030亿美元，国外资产占比为54%，比2015年的62%下降8个百分点。发展中经济体和转型经济体前100位跨国公司国外资产为27 000亿美元，国外资产占比为31%，比

2015年上升两个百分点。此现象充分说明发展中经济体和转型经济体前100位跨国公司对外扩张速度正在加快。

从国外销售量来看，2019年，全球前100位跨国公司国外销售额达58 430亿美元，国外销售额占比为57%，比2015年下降7个百分点，但比上一年上涨5.1%。发展中经济体和转型经济体前100位跨国公司的海外销售量为24 760亿美元，国外销售额占比为42%，比2015年下降5个百分点，比上一年上涨3.3%。此现象说明发展中经济体和转型经济体前100位跨国公司的海外市场正在恢复之中。

从国外员工的数量来看，2019年，全球前100位跨国公司的国外员工为9 339 000人，占比为47%，比2015年下降10个百分点。发展中经济体和转型经济体前100位跨国公司的国外员工为4 532 000人，占比为33%，与2015年持平（见表1-3）。

之所以出现上述情形，其原因在于：发展中经济体跨国公司起步晚，企业规模本身就小，而且缺乏海外投资的经验以及战略规划，大部分企业还处于边投资边摸索的阶段。但是，近年来，在全球前100位跨国公司中，发展中经济体与转型经济体的跨国公司依然努力继续扩张。2020年，在全球百强企业中，来自新兴市场的跨国公司数量为15家，比2015年增加7家。它们较低的跨国水平影响总体国际化水平。2019年沙特阿拉伯国家石油公司等公司的进入尤其有影响，跨国指数为15%以下。[①]

二、净对外直接投资额持续为负

发展中经济体的跨国公司经过起步、发展与稳定时期，对外直接投资规模不断扩大，但是与发达经济体相比，净对外直接投资额一直处于负增长状态，负增长幅度虽有不同，但总体基本平稳。所谓净对外直接投资额，是指一国企业对外直接投资总额减去引进对外直接投资总额，它与该国经济发展水平存在密切的正相关关系。[②]2011—2014年，发展中经济体净对外直接投资额负增长幅度缩小，2015年负增长幅度急剧扩大，2016年负增长幅度再次缩小，2017—2019年负增长幅度逐年小幅扩大，2020年负增长幅度收窄。相对于发达经济体净对外直接投资额持续下降的趋势，发展中经济体净对外直接投资额相对稳定。与转型经济体相比，发展中经济体是更有吸引力的投资接受国（如图10-3所示）。

邓宁认为，一国的经济发展水平决定了其所有权优势、内部化优势和区位优势的强弱。发展中经济体的平均经济发展水平低于发达经济体，决定了发展中经济体在所有权优势、内部化优势和区位优势等方面弱于发达经济体，也最终决定了发展中经济体的净对外直接投资地位弱于发达经济体。但是随着发展中经济体经济发展水平的不断上升，其净对外直接投资地位也会不断上升。

① 联合国贸易和发展会议. 2021年世界投资报告：投资于可持续复苏［R］. 南开大学跨国公司研究中心，译. 日内瓦：联合国贸易和发展会议，2021.
② DUNNING J H. International production and the multinational enterprise［M］. London：George Allen and Unwin Ltd.，1981：144.

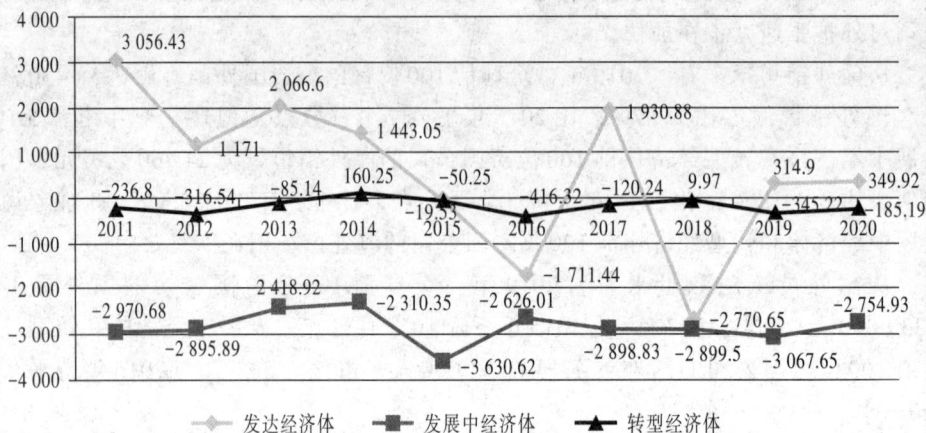

资料来源　作者根据《2021年世界投资报告：投资于可持续复苏》的相关数据整理绘制。

图10-3　2011—2021年全球各经济体净对外直接投资额（单位：亿美元）

三、南-南投资重要性不断增强

一般情况下，发展中经济体优先选择向周边经济体和其他同水平或更低级经济发展水平的经济体投资，主要原因是：

①与周边国家和地区长期频繁接触与交流，缩小了彼此之间的心理距离，在文化和消费习惯等方面都存在明显的相似性，这就决定了发展中经济体的跨国公司更易于进入周边国家或地区的市场。

②与周边国家和地区较近的地理距离，可以节约运输成本和旅行成本，再加上相似的生产方式和技术水平，助推了发展中经济体向周边国家和地区投资。

③发展中经济体本身也需要进行产业结构升级，改变经济增长方式，这就需要发展中经济体将其相关产业转移至与其经济发展水平相似甚至更低的经济体，这种情况完全符合全球产业结构梯度转移规律。

发展中经济体的优先选择性投资将会促进区域生产网络的发展，而战略自治、商业弹性考虑和经济合作的政策压力将进一步推动区域生产网络的发展。比如，普遍预期国际生产网络将在新冠肺炎疫情后变得更具区域性。确定区域内投资规模的最简单方法是对同一地区任何两个国家（直接投资者和直接接受者）的双边外国直接投资存量进行求和。该方法可以将各种不同的双边联系糅合在一起，这些联系十分多样，不仅包括最终投资者（或所有者）和最终目的地之间的直接联系，还包括双重传递投资（来自该地区的投资者通过该地区第三国的中转在该地区的另一个国家投资）和转移性投资，其中最终生产性投资或最终所有者位于该地区之外。研究结果表明，区域内FDI的重要性低于双边投资联系，区域内投资增长也相对缓慢，各区域的区域内投资存量的规模和相对重要性差别很大。而发展中经济体之间的投资价值显著下降。任何两个发展中经济体之间的 FDI 双边存量总值都超过 6 万亿美元,相当于发展中经济体 FDI 存量的一半。然而最终所有权联系的价值仅为 2.5 万亿美元,相当于发展中经济体 FDI 总存量的20%(如图 10-4 所示)。但是,无论是从直接角度还是从最终角度来看,南-南投资的重要性都在不断增强。①

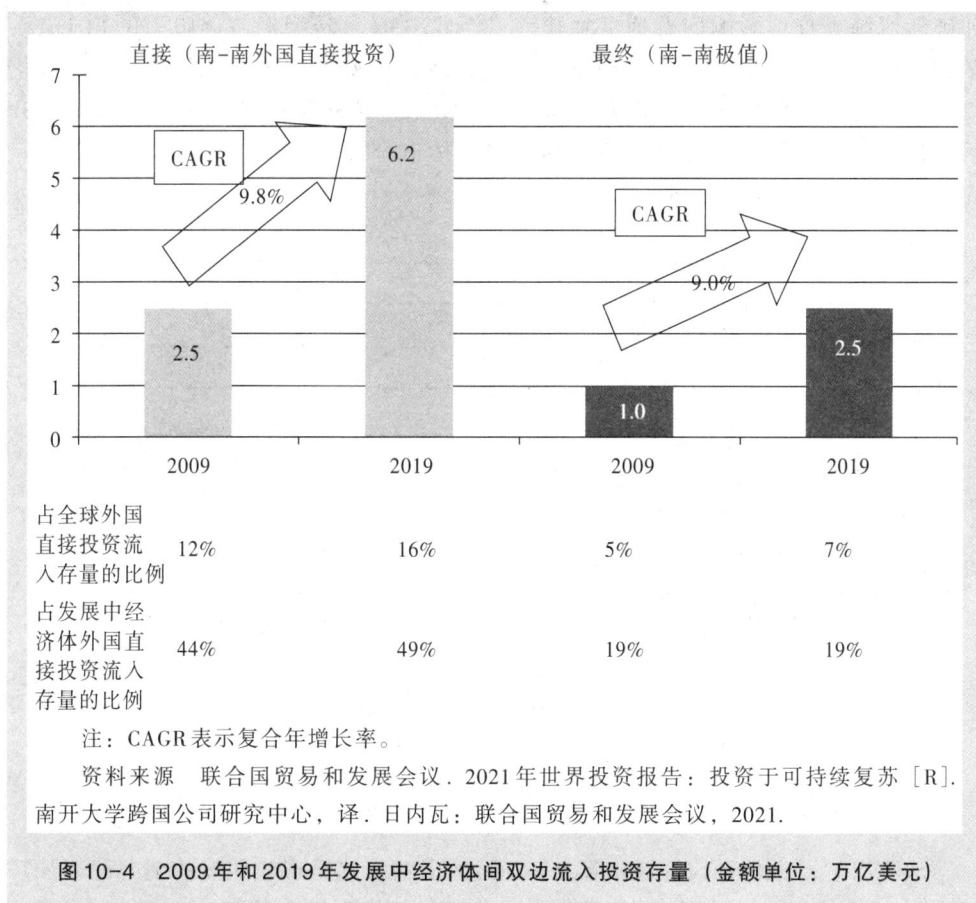

	直接(南-南外国直接投资)		最终(南-南极值)	
	2009	2019	2009	2019
CAGR	2.5 (9.8%)	6.2		
CAGR			1.0 (9.0%)	2.5
占全球外国直接投资流入存量的比例	12%	16%	5%	7%
占发展中经济体外国直接投资流入存量的比例	44%	49%	19%	19%

注:CAGR 表示复合年增长率。

资料来源 联合国贸易和发展会议. 2021年世界投资报告:投资于可持续复苏[R].南开大学跨国公司研究中心,译.日内瓦:联合国贸易和发展会议,2021.

图 10-4 2009年和2019年发展中经济体间双边流入投资存量(金额单位:万亿美元)

第三节 发展中经济体跨国公司的发展趋势

进入 21 世纪第二个 10 年之后,发展中经济体跨国公司的发展更多依赖世界经济发展的大环境,并呈现出以下几个方面的发展趋势:

一、投资地位越发重要

发展中经济体作为受资方和投资方的地位相对重要。2010 年,随着国际生产与国际消费向发展中经济体和转型经济体转移,在效益型和市场型投资项目上,跨国公司对这些经济体的投资越来越多。2014 年之前,发展中经济体吸引的 FDI 流入

① 联合国贸易和发展会议. 2021年世界投资报告:投资于可持续复苏[R].南开大学跨国公司研究中心,译.日内瓦:联合国贸易和发展会议,2021.

量占全球总流入量的比重基本上处于上升状态，2014年占比高达53.16%，突破历史纪录。2015—2016年占比出现回落，但是并没有动摇发展中经济体越来越重要的投资地位。之所以出现回落，是因为其疲弱的商品价格和较慢的经济增长速度。2017—2019年连续3年回升，2017年回升幅度较大，其他两年微幅回升；2020年冲破新冠肺炎疫情影响回升速度加快，升至66.33%。转型经济体吸引的FDI流入量占比由2015年的2.12%上升到2016年的3.89%，这与俄罗斯国有资产的私有化以及哈萨克斯坦的矿业勘探相关，2017—2018年连续两年回落，经过2019年回升后2020年又出现回落。总体来看，转型经济体占全球份额依然较低，大部分时间在5%之下徘徊（如图10-5所示）。

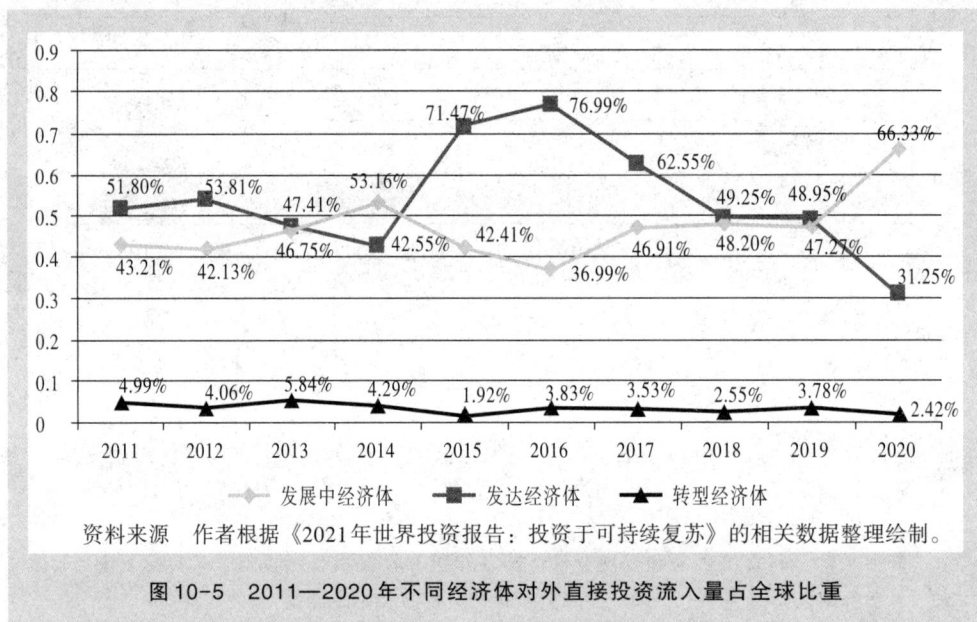

资料来源　作者根据《2021年世界投资报告：投资于可持续复苏》的相关数据整理绘制。

图10-5　2011—2020年不同经济体对外直接投资流入量占全球比重

从流出量占比来看，发展中经济体FDI流出量占比呈现较明显的上升趋势。其间，除2015年和2019年出现回落之外，其他年份均出现不同程度上涨。2020年，发展中经济体流出量占比高达53.32%，超过全球流出量的五成，首次超过发达经济体占比。转型经济体流出份额依然很小，且有回缩之势（如图10-6所示）。

二、数字经济投资将继续扩大

在亚洲，2020年下半年贸易和工业生产复苏的迹象为2021年FDI的增长打下了坚实基础。然而，该区域内许多经济体仍面临严重的下行风险。尽管如此，该地区对数字经济、数据中心和通信技术以及医疗保健的投资十分强劲。鉴于东亚、东南亚和印度的市场规模及先进的数字和技术生态系统，这些经济体将继续吸引外国对其高科技产业的投资。正如党的二十大报告所言，中国正在"加快发展数字经济，促进数字经济和实体经济深度融合，打造具有国际竞争力的数字产业集群"。2020年，该区域在全面收缩绿地投资公告的情况下，信息和通信技术行业新项目的

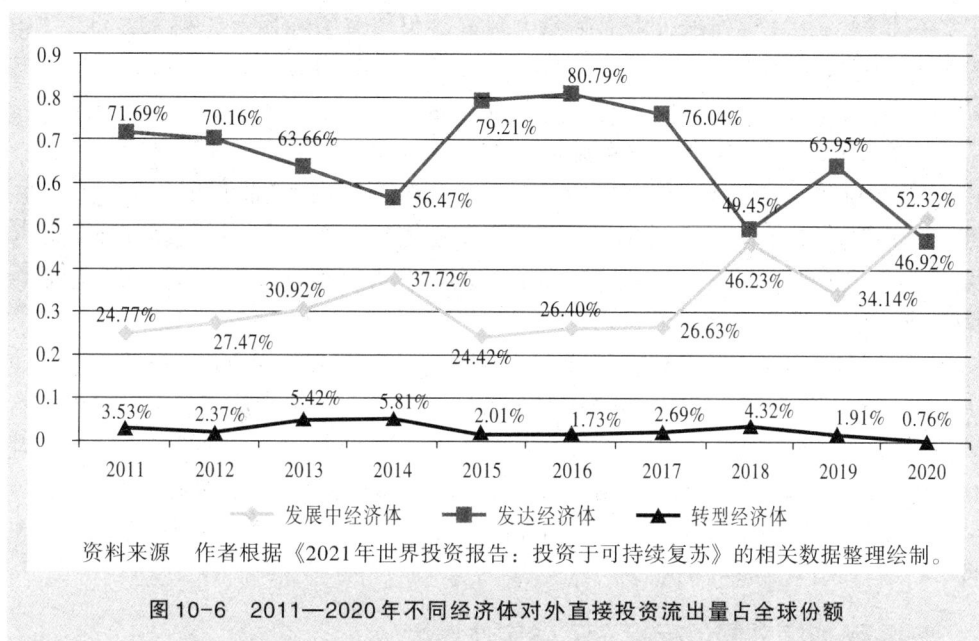

资料来源　作者根据《2021年世界投资报告：投资于可持续复苏》的相关数据整理绘制。

图 10-6　2011—2020 年不同经济体对外直接投资流出量占全球份额

价值增长了 8%（见表 10-2）。比如，位于西亚的沙特阿拉伯启动了一项经济特区计划，重点关注非传统行业，包括云计算、旅游、可再生能源和物流。2020 年年底，Alphabet（美国）宣布计划推出一个"云区域"，通过与沙特阿拉伯国有石油公司沙特阿美的合资企业提供谷歌的云服务。

表 10-2　　　　　　2019—2020 年披露的绿地项目的价值和数量

项目	价值（百万美元）		数量	
行　业	2019	2020	2019	2020
共计	265 117	169 743	4 336	2 626
初级产业	4 545	673	33	25
制造业	149 375	101 319	1 974	1 113
服务业	111 197	67 752	2 329	1 488
按价值划分的前几大行业				
化学制品	16 686	29 003	237	137
焦炭和精炼石油	52 656	22 659	39	18
电子和电气设备	20 410	17 818	382	230
信息和通信	14 373	15 538	771	541
能源	19 682	14 374	65	55
金融和保险	9 463	10 923	286	229

资料来源　联合国贸易和发展会议. 2021年世界投资报告：投资于可持续复苏［R］. 南开大学跨国公司研究中心，译. 日内瓦：联合国贸易和发展会议，2021.

在非洲，2021年外国投资面临重大风险，但一些指标显示，到2022年，FDI有可能恢复到疫情前水平。虽然计划的项目融资和绿地投资的总价值大幅下降，但2020年宣布的一些大型交易表明，尽管投资环境不利，但外国投资者坚持参与其中。例如MTN集团（南非）宣布投资16亿美元加强其在尼日利亚的4G网络服务。在2020年11月举行的第三届南非投资会议上，与会企业也宣布了重要的投资计划。例如，谷歌宣布投资约1.4亿美元建设一条海底光纤电缆，为全国提供高速互联网连接。然而由于不利的投资、经济和流行病等，这些大规模投资项目的实现可能会被拖延。

在拉丁美洲和加勒比地区，信息和通信业应该会继续保持活力，特别是在软件生产业务流程、外包服务和金融科技方面。比如，哥伦比亚政府实施了一项国内基础设施方案（5G网络计划），以加强其日益增长的数字部门的连通性。随着Teleperformance（法国）和亚马逊（美国）宣布将增加在该国的业务运营，该部门显示出FDI的活力。而在客户体验部门，Alorica（美国）、Transcom（瑞典）和TDCX（新加坡）开展新的业务。①

三、可持续发展目标投资不确定性增大

疫情正在加剧可持续发展目标的投资缺口，特别是在最不发达经济体和其他结构薄弱的经济体。2020年，发展中地区与可持续发展目标相关的绿地投资比疫情之前下降了33%，国际项目融资下降了42%，因此增大了可持续发展目标投资的不确定性。

绿地项目融资投资活动明显下降，除一个可持续发展目标投资部门（可再生能源）外，所有部门都比疫情之前的水平下降了两位数。从绿地项目投资来看，在发展中经济体和转型经济体，疫情危机扭转了疫情之前的积极趋势，但电信部门除外。在疫情之前时期（2015—2019年），披露的绿地项目数量以每年4%的速度增长，主要由运输、电信、卫生和教育部门牵头（见表10-3）。这一冲击还恶化了电力、食品和农业以及卫生等在疫情暴发前就已经举步维艰的行业趋势。

表10-3 　　　　　　　　　**已披露的可持续发展目标领域的绿地项目** 　　　　　金额单位：百万美元

可持续发展目标相关部门	发展中经济体和转型经济体				最不发达经济体			
	疫情前趋势ᵃ（%）	2019	2020	疫情期间趋势ᵇ（%）	疫情前趋势ᵃ（%）	2019	2020	疫情期间趋势ᵇ（%）
总行业								
价值	−5	137 192	92 266	−33	−8	12 711	9 808	−23
项目数量	4	1 727	1 157	−33	−5	106	73	−31

① 联合国贸易和发展会议. 2021年世界投资报告: 投资于可持续复苏 [R]. 南开大学跨国公司研究中心, 译. 日内瓦: 联合国贸易和发展会议, 2021.

续表

可持续发展目标相关部门	发展中经济体和转型经济体				最不发达经济体			
	疫情前趋势[a]（%）	2019	2020	疫情期间趋势[b]（%）	疫情前趋势[a]（%）	2019	2020	疫情期间趋势[b]（%）
电力[c]								
价值	-23	18 144	10 571	-42	-32	1 480	3 446	133
项目数量	-10	29	15	-48	-19	3	3	—
可再生能源								
价值	-5	42 594	30 180	-29	-21	2 030	3 204	58
项目数量	5	259	195	-25	-3	15	20	33
运输服务								
价值	9	27 115	11 221	-59	31	3 627	756	-79
项目数量	2	347	196	-44	6	36	15	-58
电信[d]								
价值	6	19 107	24 197	27	-34	256	1 896	642
项目数量	4	322	250	-22	-32	6	20	233
水、卫生和个人卫生								
价值	4	1 894	598	-68		61	—	-100
项目数量	4	19	7	-63		1	—	-100
粮食和农业								
价值	-2	20 815	10 846	-48	19	4 703	408	-91
项目数量	3	386	268	-31	-4	23	7	-70
健康								
价值	-6	6 252	3 840	-39	-15	419	77	-82
项目数量	7	286	165	-42	4	14	5	-64
教育								
价值	12	1 271	812	-36	22	137	21	-85
项目数量	3	79	61	-23	-3	8	3	-63

注：a表示2015—2019年的复合年增长率；b表示2019—2020年的变化；c不包括可再生能源；d包括信息服务活动。

资料来源　联合国贸易和发展会议. 2021年世界投资报告：投资于可持续复苏［R］. 南开大学跨国公司研究中心，译. 日内瓦：联合国贸易和发展会议，2021.

　　最不发达经济体绿地项目总价值的下降不是很明显，但其影响的有害性可能会超过其他发展中经济体。作为最不发达经济体重要投资部门的粮食和农业（包括加工业）的绿地项目投资下降了91%。这一现象引起了对世界上最贫穷经济体所受影响的进一步关注，并证实了进一步调动投资满足基本需求的紧迫性。①

从项目融资来看，发展中经济体和转型经济体的国际项目融资也受到卫生危机的严重影响。与2019年相比，面向可持续发展目标部门的跨境项目融资交易的价值和数量分别下降了42%和14%，与绿地投资的下降幅度相当（见表10-4）。

表10-4　　　　　　已披露的可持续发展目标领域的国际项目融资交易　金额单位：百万美元

可持续发展目标相关部门	发展中经济体和转型经济体				最不发达经济体			
	疫情前趋势（%）	2019	2020	疫情期间趋势（%）	疫情前趋势（%）	2019	2020	疫情期间趋势（%）
总行业								
价值	12	204 645	117 935	−42	−8	12 711	9 808	−23
项目数量	9	393	338	−14	−5	106	73	−31
电力								
价值	−15	29 278	21 130	−28	−32	1 480	3 446	133
项目数量	0	62	15	−26	−19	3	3	—
可再生能源								
价值	9	66 649	30 180	6	−21	2 030	3 204	58
项目数量	14	257	195	−3	−3	15	20	33
交通基础设施								
价值	23	47 627	11 221	−61	31	3 627	756	−79
项目数量	4	45	196	−51	6	36	15	−58
电信								
价值	319	57 001	24 197	−81	−34	256	1 896	642
项目数量	73	9	250	9	−32	6	20	233
水、卫生和个人卫生								
价值	−2	3 403	598	1 172	—	61	—	−100
项目数量	3	16	7	7	—	1	—	−100
粮食和农业								
价值	−29	687	10 846	219	19	4 703	408	−91
项目数量	19	4	268	−2	−4	23	7	−70
健康								
价值	−100	—	3 840	9	−15	419	77	−82
项目数量	−100	—	165	1	4	14	5	−64
教育								
价值	—	—	812	18	22	137	21	−85
项目数量	—	—	61	1	−3	8	3	−63

资料来源　联合国贸易和发展会议.2021年世界投资报告：投资于可持续复苏［R］.南开大学跨国公司研究中心，译.日内瓦：联合国贸易和发展会议，2021.

① 联合国贸易和发展会议.2021年世界投资报告：投资于可持续复苏［R］.南开大学跨国公司研究中心，译.日内瓦：联合国贸易和发展会议，2021.

在最不发达经济体，项目融资总额增长了27%，但项目数量减少了22%。投资价值的积极趋势是由交通基础设施方面的一些交易推动的：赞比亚的标准轨道铁路项目，价值110亿美元；塞内加尔耗资11亿美元的恩迪亚港口项目；可再生能源项目，包括在埃塞俄比亚投资100亿美元的莲花太阳能项目；在乌干达投资14亿美元的阿亚伐项目。①

第四节 案例——韩国三星集团的跨国之路

一、基本案情

韩国三星集团（以下简称三星）的前身是"三星商会"，成立于1938年3月。三星创始人李秉喆以30 000韩元在韩国大邱市起家，早期的主要业务是将韩国的干鱼、蔬菜、水果等出口到中国的北京及满洲里。之后，三星拥有了自己的面粉厂和制糖厂，自己进行生产及销售。在经历了半个多世纪的风雨之后，三星的业务不断拓展，最终发展成为一家世界性公司。截至2021年6月30日，三星集团设有59家国内附属公司，其中，16家为上市公司（包括三星电子子公司），43家为未上市公司。国外附属子公司共计592家，分布于北美洲、欧洲、拉丁美洲、亚太地区、非洲、中东地区等，遍及80多个国家和地区。另外，三星还对140余家其他公司进行了股权投资，投资额达579 170亿韩元。②三星旗下3家企业入选2021年《财富》世界500强行列：三星电子排名第15位；三星人寿保险排名第416位；三星物产排名第473位。三星电子的营业收入达2 007.34亿美元，利润为221.16亿美元，年增幅分别为1.5%和19.9%，全球员工为26万多人。三星人寿保险的营业收入和利润分别为292.74亿美元和10.73亿美元，分别比上一年增长7.3%和27.9%，全球员工有5 000多人。三星物产的营业收入和利润分别为256.13亿美元和8.78亿美元，分别比上一年减少3.0%和2.6%，全球员工有1.6万人。

1992年4月，三星康宁公司在哈尔滨成立三星第一家在华合资企业。目前，三星的业务已经遍布中国，业务以电子产业为主，涉及金融、化学、重工业、毛纺织、贸易、软件、服务等诸多领域。

二、案例评析

（一）倡导开放式创新

随着新技术的不断推出，要保持核心竞争力，研发速度是至关重要的。另外，还需要不断开发新市场，不断吸引有创新能力的杰出人才，构建全球性研发网络，加强

① 联合国贸易和发展会议. 2021年世界投资报告：投资于可持续复苏［R］. 南开大学跨国公司研究中心，译. 日内瓦：联合国贸易和发展会议，2021.
② SAMSUNG ELECTRONICS Co., Ltd. 2021 Half-year Business Report（For the quarter ended June 30, 2021）［R/OL］.［2021-12-15］. https://images. samsung. com / is / content / samsung / assets / global / ir / docs / 2021_Half_Year_Report.pdf.

与合作伙伴的协作，加大可持续发展投资。为此，三星将研发放在所有工作的首位。

以三星电子为例，主要集中于：

1.注重研发队伍建设

众多优秀研究员和工程师是三星最有价值的资产之一。三星电子设有三星研究院，是专门负责三星电子消费类电子（CE）部门、IT&移动通信（IM）部门的研发中心，其在海外研发中心的研究人员和开发人员已超过1万人，他们把握着三星产品和服务的未来技术的发展。

2.强调研发愿景规划

三星电子在"用创新和智慧塑造未来"的愿景下，积极开展研发活动，以确定新的未来增长领域，确保产品和服务的先进技术，创造新的价值，改善人们的生活。三星研究中心的核心研究主题包括人工智能（AI）、数据智能、下一代通信、机器人、Tizen操作系统、下一代媒体、安全等。尤其是将研究范围扩展到新的富有前景的领域，以实现基于人工智能技术的新生活方式。该中心通过与全球12个国家的14个海外研发中心和7个全球人工智能中心合作，为创新技术提供保障，提高了全球研发能力。

3.构建开放式创新平台

三星研究院与全球拥有世界顶尖技术的知名大学、研究机构、合作企业，进行最大化的技术合作，研究网络遍布美国、英国、波兰、俄罗斯、乌克兰、以色列、约旦、印度、菲律宾、印度尼西亚、中国、日本等国。三星电子在中国有两个研发中心，分别位于北京和南京。[①]

（二）恪守可持续发展理念

三星在世界范围内采取行动，确定目标，实现可持续发展。其主要方面包括：

1.环境

保护地球是三星的第一考量，确立了生态管理价值体系，坚持通过尊重人和自然的实践，努力保护人类生命与全球环境，坚持通过创新的环保产品和技术，为客户提供新的可持续发展体验，并走向可持续发展的未来，涉及气候行动、环保产品、资源效率、环保型办公场所，以及环境数据。

2.企业公民

根据"携手共创明天！助人为乐"的三星企业社会责任（CSR）愿景，致力于后代教育，充分发挥其潜能，开创积极的社会变革，涉及探知未来、创新校园、智慧学校三个板块。

3.数字责任

三星致力于为大众创造安全和健康的数字生活，涉及隐私、网络安全、AI道德、辅助功能、数字健康，还包括劳工与人权、多元化与包容性、可持续供应链以

---

① 三星（中国）投资有限公司. 公司介绍［EB/OL］.［2021-12-15］. https://www.samsung.com/cn/about-us/business-area/r-and-d-center.

及社会责任等方面。①

（三）坚持"以人为本"的宗旨

三星电子始终坚持"以人为本"的宗旨，将人们的关切点作为一切创意的核心。经过几十年的磨砺和发展，三星电子依然不断创新，创造出突破过去与迈向未来的技术，通过创新向人们展示未来已来。

三星电子遵循对人类、卓越、变革、诚信和共同繁荣的承诺，不断寻找新方法，发明和创造新的产品，拓展新的服务，来改善人们的生活。②

三、思考

思考一：三星成为跨国公司的原因是什么？
思考二：三星对于中国民族企业走向世界的启示是什么？

学思践悟

粮油丝路暖民心

早在公元前，中国汉朝的张骞就两次从长安出发，开始打通东方通往西方的道路。张骞使团风餐露宿，备尝艰辛，带回了西域的核桃、葡萄、石榴、蚕豆和苜蓿等作物，也把汉朝的"坎儿井"技术、丝绸、茶叶和冶铁技术等传播到康居、大宛乃至更远的安息、大秦。

两千多年之前的"凿空之旅"开辟出连通亚欧非的陆上丝绸之路，展开中外商贸文化交流的壮美画卷。如今，中国西安和哈萨克斯坦北哈州因为农业合作和商贸往来，联系得更加紧密了。

一、同心共创"爱菊速度"

初冬时节，一座现代化的油脂加工厂拔地而起。高大的烘干塔、宽敞的原料库、装备现代的压榨车间，以及饼库、油罐车间等，井然有序地分布在北哈州的广袤土地上。这是西安爱菊粮油工业集团（以下简称爱菊集团）哈萨克斯坦北哈州农产品加工物流园区一期项目，是中哈贸易的重要物流枢纽节点，也是爱菊集团实施跨国种植、贸易的重要基地，内可辐射北哈州乃至周边数百千米的其他州，外可连接西西伯利亚平原优质农产品产地，进口俄罗斯、乌兹别克斯坦等周边国家的优质小麦、油菜籽等原料。

这座设计年加工油料作物30万吨的工厂，仅用了不到半年时间就保质保量地建成投产，而通常情况下需要两年时间。除了建造速度快，工厂还实现了凝聚人心快、创造收益快。北哈州政府对"爱菊速度"惊叹不已。

"爱菊速度"不是凭空而来的。

① 三星（中国）投资有限公司. 可持续发展 [EB/OL]. [2021-12-15]. https://www.samsung.com/cn/sustainability/overview.
② 三星（中国）投资有限公司. 关于我们 [EB/OL]. [2021-12-15]. https://www.samsung.com/cn/about-us/brand-identity/brand-story.

油脂加工厂的迅速建成是中哈两国人民精诚合作、攻坚克难的结晶。压榨车间建设过程中,正值北哈州多雨的夏季,潮湿和泥泞给施工带来诸多不便。工人们穿着沉重的雨衣、雨鞋,安装钢结构、拧紧螺丝、吊装钢材等,一天下来,在不透气的雨具里常常浑身湿透。

铺设室外电缆期间,北哈州已是冰天雪地的冬季,温度常在零下三十几摄氏度,冻土层厚度达到2米,硬度堪比钢筋混凝土。挖掘机作业的难度可想而知,强行开挖,挖齿开裂,用火烘烤地面也无济于事。为了提前完工、投产,建设者们用切地机割开冻土层后,再用挖掘机作业,就这样齐心协力"与天斗、与地斗",最终如期完成电缆铺设。

油脂加工厂投产后,爱菊集团更是快速凝聚人心、创造效益。在尊重当地员工文化特色和工作习惯的前提下,爱菊集团制定了人性化的奖励机制和晋升体系;悉心传授生产知识和操作技术,帮助员工拥有傍身之本。此外,以情动人,给当地员工集体过生日;帮助员工子女上学……让员工们感受到爱菊集团这个大家庭的温暖。

在爱菊集团的科学管理和北哈州员工的努力下,油脂加工厂获得了良好的发展,平均工资高出邻近工厂,而且年年都有增加。这让员工能够长期稳定工作,生活品质的提高也带来满满的幸福感和获得感。

大学毕业后,耶尔肯别克就来到爱菊园区工作。此前,他家一直靠他父亲一人种地维持生活,除了秋收时节卖粮,基本没有其他收入来源。"现在我和我爸都在园区上班,每月都能拿到丰厚的工资。我们再也不用在农闲时跑到城里做临时工了,也不用为没有稳定的收入而发愁了。"耶尔肯别克兴奋地说。他们父子已经在园区工作3年了,家里住房条件和生活水平都有了很大改善。像耶尔肯别克这样的普通人,在北哈州还有很多,爱菊园区的建成改变了他们的人生。

园区一期项目油脂加工厂目前有150名员工,未来3期全部建成后,预计可直接创造就业岗位300多个,间接提供工作机会1 000多个。

二、创新共育"订单农业"

哈萨克斯坦地广人稀,是世界上最重要的粮食生产国和小麦出口国,北哈州正是哈萨克斯坦3个主要粮食产区之一。北哈州拥有肥沃的黑土地和良好的自然条件,但由于广种薄收、靠天吃饭和缺乏先进农业技术和设备,农民真正种田的不多,每年都有约1/3的农田闲置。

在遵循北哈州农业土地使用相关法律的前提下,爱菊集团因地制宜,开发出适应哈萨克斯坦法律和市场需求的"订单农业"合作方式。爱菊集团与农场主签订粮食种植和收购合同,设定收购保护价格,联合中哈农业科研机构和签约农场主采用种子研发、种植、管理、收割、收购及存储全环节经营模式。"订单农业"根据市场行情,指导北哈州农场主种什么、种多少、怎么种,从根本上解决了农田闲置和农民"卖粮难"的问题。

然而,"订单农业"刚开始实行的时候,并不顺利。爱菊集团花了两个月时间，带着 1 000 多份合同，跑遍周边 12 个村庄、900 户人家，最终签约的不到 100 户。经了解，签约率不高主要是因为农民对中国企业提供的种子不放心。

于是，爱菊集团就先和已经签约的种粮大户种植试验田，用稳定的产量和品质说话；用预付订金的方式与大农场主合作，以示诚信和诚意。在此过程中，北哈州政府给予了大力支持，越来越多的当地农民加入"订单农业"合作。

鲍尔江是北哈州的一位农场主，拥有 200 平方千米土地，从前经常为粮食没销路、卖不上好价钱发愁。爱菊园区油脂加工厂的建成投产给他带来希望，而"订单农业"合作模式推广之后，鲍尔江的希望变成了现实。过去闲置的土地充分利用起来，收获的粮食也完全不愁销路，鲍尔江的干劲越来越足。他说："这都是爱菊给我指明了方向，也给我吃了定心丸。我再也不用为种什么发愁，也不用担心粮食卖不上好价钱了。"如今，鲍尔江逢人便夸爱菊集团和"订单农业"的好处。

让"订单农业"合作模式效应进一步升级的是中亚班列"长安号"的开通。它缩短了运输距离、提高了运输效率，爱菊集团特有的散粮集装箱发运方式则降低了运输成本，压缩了运输时间。目前，从哈萨克斯坦将小麦等原料运抵西安的时间由原来的 25 天缩短至 10 天，运输能力也从每集装箱 21 吨提高到 27 吨。

鲍尔江的小麦在北哈州丰收后，经过"长安号"10 天的运输，在中国西安浐灞生态区主食产业化基地完成 3 天的加工和相关检验程序后，即可进入商超，登上西安市民的餐桌。

"长安号"不仅带回哈萨克斯坦的优质小麦、食用油等产品，还有蛋、奶、蜂蜜、牛羊肉等特色农产品，扩大了两国的出口规模，丰富了产品品类，实现了双赢。目前，哈萨克斯坦正在落实"光明之路"政策与"一带一路"建设的对接，中哈合作前景广阔。

三、大爱共建"温暖之州"

爱菊集团带给哈萨克斯坦北哈州人民的不仅有实实在在的收益，还有温暖和爱。

2017 年，爱菊集团在北哈州阿依玛克村购买了一座粮库。村里仅有的一所学校建于 20 世纪 60 年代初期，条件简陋，年久失修；尤其是护栏缺失，近百个学生的安全难以保障。爱菊集团了解情况后，及时为学校购买并安装了护栏，守护了这近百个孩子的安全以及更多个家庭的圆满。

学校的供暖设备在超长期"服役"后，管道的一些地方已经薄到无法电焊的地步。之前，学校都是用防水胶带裹缠，但效果并不明显，也不长久，供暖设备近乎摆设。没有暖气，孩子们可能要在哈萨克斯坦寒冷刺骨的冬天，坐在没有暖气的教室里缩手缩脚地学习。爱菊集团就在冬季到来之前，为学校购置安装了全新的暖气设备，让孩子们能够在温暖舒适的环境中汲取知识。

爱菊集团为当地人民做的远不止这些：他们每年都会为学校里的特困生购买学习用品，缴纳相关费用；定期看望生活不便的老人；资助家庭贫困的单亲母亲……当地政府及学校也没有忘记爱菊集团的善举，每年也都会为其颁发奖状，感谢爱菊集团给学校和村子带来的帮助。

两千多年前，古丝绸之路以长安城为起点，架起了中国与中亚、西亚、欧洲贸易和交往的桥梁。两千多年后，驼铃声远，物换星移，"一带一路"建设跨越万水千山，联通更广阔空间；和平合作、开放包容、互学互鉴、互利共赢是穿越古今的不变烙印。

资料来源　宋冉. 粮油丝路暖民心 ［EB/OL］. ［2021-12-05］. http://www.mofcom.gov.cn/article/beltandroad/kz/chnindex.shtml.

关键术语

发展中经济体　数字经济　净对外直接投资额

复习思考题

1. 解释发展中经济体的含义。
2. 阐述发展中经济体对外直接投资的特点。
3. 发展中经济体对外直接投资的发展趋势是怎样的？
4. 解释净对外直接投资额的含义。

第十一章
中国的跨国公司及其投资经营

学习目标

关键术语
复习思考题

学习目标

◆ 重点掌握中国跨国公司对外直接投资的特点、动机和方式；掌握中国跨国公司对外直接投资的发展历程及每个阶段的特点；了解中国跨国公司的发展困境。

第一节 中国跨国公司的发展历程

中国跨国公司真正意义上的发展始于20世纪70年代末的改革开放，从那时到现在经历了从无到有、从小到大的发展过程。总体来看，中国跨国公司及其投资经营经历了起步探索、渐进发展、调整发展和迅速发展4个阶段。

一、起步探索阶段（1979—1985年）

1978年12月，中国共产党第十一届三中全会召开，中国开始实行改革开放政策。1979年8月13日，国务院颁布了15项经济改革措施，其中第13项明确提出：要出国开办企业。这是中国第一次以政策的形式把发展对外直接投资正式确定下来。这项政策的颁布，为中国跨国公司的发展开辟了道路。一些中国企业陆续出资在海外建立分支机构，进行对外直接投资。但是总体来讲，1979—1985年，中国处于改革开放初期，中国企业的海外投资是在严格审批条件下进行的，是少数企业的尝试性活动，不仅进行海外投资的企业数目少，投资规模也小，期间累计建有185个海外分支机构，共有20 704万美元的对外直接投资额（见表11-1），分布于全球45个国家和地区。此阶段被认为是中国跨国公司及其投资经营的起步探索阶段。

表11-1　　　　1979—1985年中国非贸易类海外企业及对外直接投资额

项目 ＼ 年份	1979	1980	1981	1982	1983	1984	1985	累　计
海外企业数	4	13	13	13	18	47	77	185
中方投资额（百万美元）	0.53	30.90	2.56	3.18	8.70	80.66	80.51	207.04

资料来源　杜奇华，白小伟. 跨国公司与跨国经营［M］. 北京：电子工业出版社，2008.

在起步探索阶段，中国对外直接投资的主体是大型贸易集团和综合集团，投资业务以贸易为主，进入海外市场的方式多为建立海外代表处或合资企业。非贸易类企业的经营业务主要涉及餐饮、建筑工程、金融保险和咨询服务等，出现了中国跨国公司发展史上的若干第一。1979年11月，北京市友谊商业服务公司同日本东京丸一商事株式会社合资在日本东京开办了"京和股份有限公司"，建立了中国改革开放以来第一家海外合资企业；1980年7月，中国银行与美国芝加哥第一国民银行、日本兴业银行、中国华润（集团）有限公司合资，创办了第一家中外合资金融企业——中芝兴业财务有限公司；1984年，中信公司投资4 000万元人民币在美国合资组建了西林公司，它被公认为中国第一家跨国公司。

二、渐进发展阶段（1986—1992年）

随着我国对外开放程度的逐步深化、企业海外经营经验的不断积累以及部分企业海外投资审批权限的下放，越来越多的中国企业走出国门，到海外进行直接投资。1986—1992年被认为是中国跨国公司及其投资经营的渐进发展阶段。

在此阶段，对外投资规模扩大，进行海外投资的企业数目增加，期间累计建有1 223个分支机构，投资额为144 521万美元（见表11-2），分别比1979—1985年增加了1 038个和123 817万美元。另外，在此阶段，海外投资的地域范围也扩大了，由上一阶段的45个国家和地区增加到120多个国家和地区；投资领域扩展到资源开发、加工装配、交通运输、医疗卫生等行业；投资主体更加多元化，由原来的外贸专业公司和省市国际技术合作公司向多行业的生产型企业和集团企业转变。

表11-2　　　　1986—1992年中国非贸易类海外企业及对外直接投资

年份 项目	1986	1987	1988	1989	1990	1991	1992	累　计
海外企业数	92	124	169	119	157	207	355	1 223
中方投资额（百万美元）	75.51	350.00	153.00	230.00	74.70	367.00	195.00	1 445.21

资料来源　杜奇华，白小伟. 跨国公司与跨国经营［M］. 北京：电子工业出版社，2008.

三、调整发展阶段（1993—1998年）

1992年，中国经济体制改革和对外开放进入了一个新的发展阶段，这为中国企业的国际化经营增添了活力。同时，中国经济出现了增长过快、物价上涨过快，以及投资结构不合理等现象。为避免上述现象进一步恶化，从1993年开始，国家决定对经济实行"软着陆"。与此相适应，中国企业进军海外的脚步也开始放缓。国家开始清理和整顿对外直接投资，主管部门重新加强了对新申请的海外投资项目的严格审批，并重新登记各部门和地方已开办的海外企业，这使得刚刚进入成长期的中国企业海外经营不得不放缓脚步，这种状态一直持续到1998年。1993—1998年被认为是中国跨国公司及其投资经营的调整发展阶段。

在此阶段，中国企业对外直接投资速度明显放缓，累计海外投资企业1 033家，累计投资额为99 400万美元（见表11-3），分别比上一阶段下降了15.5%和31.2%。投资领域继续扩展到资源开发、工业生产加工、交通运输、工程承包、旅游餐饮、研发、咨询服务、农业及农产品综合开发等行业；投资主体逐步转向以大中型企业为主，生产企业海外投资所占份额逐渐增加；投资地域向亚太、非洲和拉美等发展中经济体转移。

表 11-3　　　　　　　　1993—1998 年中国非贸易类海外企业及对外直接投资

项目 ＼ 年份	1993	1994	1995	1996	1997	1998	累　计
海外企业数	294	106	119	103	158	253	1 033
中方投资额（百万美元）	96	66	106	294	196	236	994

资料来源　杜奇华，白小伟. 跨国公司与跨国经营 [M]. 北京：电子工业出版社，2008.

这种放缓态势一直到 1998 年才基本结束。1998 年，中国政府提出了新的海外投资战略方针，即鼓励能够发挥我国比较优势的对外投资，更好地利用两个市场、两种资源；组建跨行业、跨部门、跨地区的跨国经营企业集团；在积极扩大出口的同时，要有领导、有步骤地组织和支持一批有实力、有优势的国有企业"走出去"，到国外，主要是到非洲、中亚、中东、东欧、南美等地区投资办厂。

四、迅速发展阶段（1999 年至今）

经过前一阶段的调整，中国政府于 1999 年明确提出"走出去"战略，并着力改进对外投资管理体制和政策环境。1999 年 2 月，国务院转发了外经贸部、经贸部和财政部联合制定的《关于鼓励企业开展境外带料加工装配业务的意见》，提出支持中国企业以境外加工贸易方式"走出去"的具体政策措施，并先后向 100 多家企业颁发了"境外加工贸易企业批准证书"。这些政策措施的实施推动了中国企业的对外直接投资。从 1999 年到现在是中国跨国公司及其经营迅速发展的黄金时期，2003—2016 年中国对外直接投资实现 14 年连增之后，2017—2019 年连续 3 年回落，2020 年出现较强回升（如图 11-1 所示），参与企业不断增加，投资领域不断扩大。

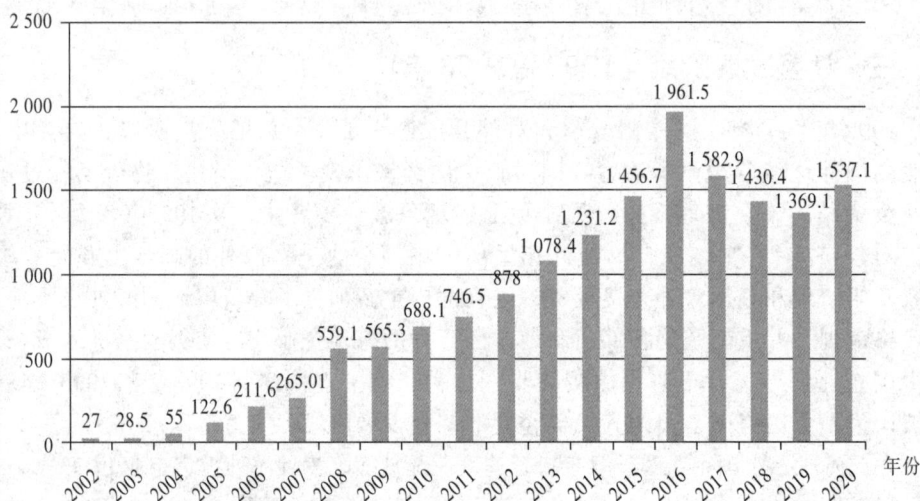

资料来源　中华人民共和国商务部，国家统计局，国家外汇管理局. 2020 年中国对外直接投资统计公报 [M]. 北京：中国商务出版社，2021.

图 11-1　2002—2020 年中国非金融类对外直接投资流量（单位：亿美元）

党的二十大报告指出："从现在起，中国共产党的中心任务就是团结带领全国各族人民全面建成社会主义现代化强国、实现第二个百年奋斗目标，以中国式现代化全面推进中华民族伟大复兴。"该中心任务的确定，必将为中国跨国公司及其对外直接投资的进一步发展奠定坚实基础。

第二节　中国跨国公司对外直接投资的特点

凯夫斯在《跨国公司与经济分析》（1996）一书中提出，研究直接投资需要解决6个标准问题：①who，是指谁要进行直接投资，即直接投资的主体问题；②where，是指在哪里进行直接投资，即直接投资的区位选择问题；③what，是指直接投资后企业开展哪种业务，即直接投资后企业在东道国市场上的业务选择问题；④when，是指什么时候进行直接投资，即直接投资的时机选择问题；⑤how，是指如何进行直接投资，即直接投资的方式问题；⑥why，是指企业为什么要以及为什么能进行直接投资，即直接投资的动机和条件问题。前3个问题，即投资主体、区位选择和业务选择是跨国公司能否顺利进行直接投资的基本问题，本节将依据《2020年度中国对外直接投资统计公报》对这些问题进行重点介绍，下一节介绍直接投资的动机与方式，时机问题不在本书中介绍。

根据《2020年度中国对外直接投资统计公报》，2020年中国对外直接投资主要呈现以下特点：

一、首次位居全球第一，占比达到两成

联合国贸易和发展会议发布的《2021年世界投资报告：投资于可持续复苏》显示，2020年全球对外直接投资流量为7 399亿美元。同比下降39.4%，其中，发达经济体对外直接投资3 471.6亿美元，下降55.5%，占全球流量的46.9%；发展中经济体对外直接投资387亿美元，同比下降7.1%，占52.3%；转型经济体对外直接投资56.4亿美元，占0.8%。2020年，中国对外直接投资逆势增长，流量达1 537.1亿美元，首次跃居世界第一，占全球份额的20.2%（如图11-2所示）。

自2003年中国有关权威部门发布年度对外直接投资统计数据以来，中国已连续9年位列全球对外直接投资流量前3，对世界经济的贡献日益凸显（如图11-3所示）。2020年流量是2002年的57倍，年均增长速度高达25.2%。"十三五"时期，中国累计对外直接投资额达7 881亿美元（如图11-4所示），较"十二五"时期增长46.2%，占全球比重连续5年超过一成，中国对外直接投资在全球外国直接投资中的影响力不断扩大。从双向投资情况看，2020年中国对外直接投资额略高于吸引外资额（1 493.4亿美元）。2013—2020年累计流量达11 647.4亿美元，占对外直接投资存量规模的45.1%。

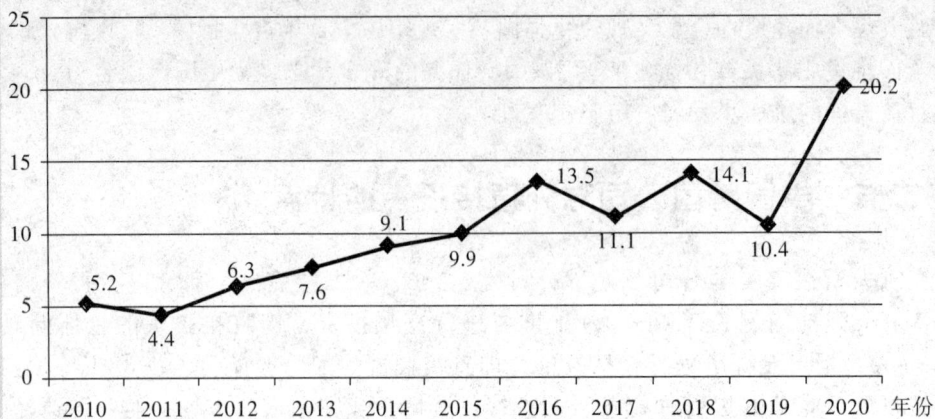

图 11-2 2010—2020 年中国对外直接投资流量占全球份额情况（%）

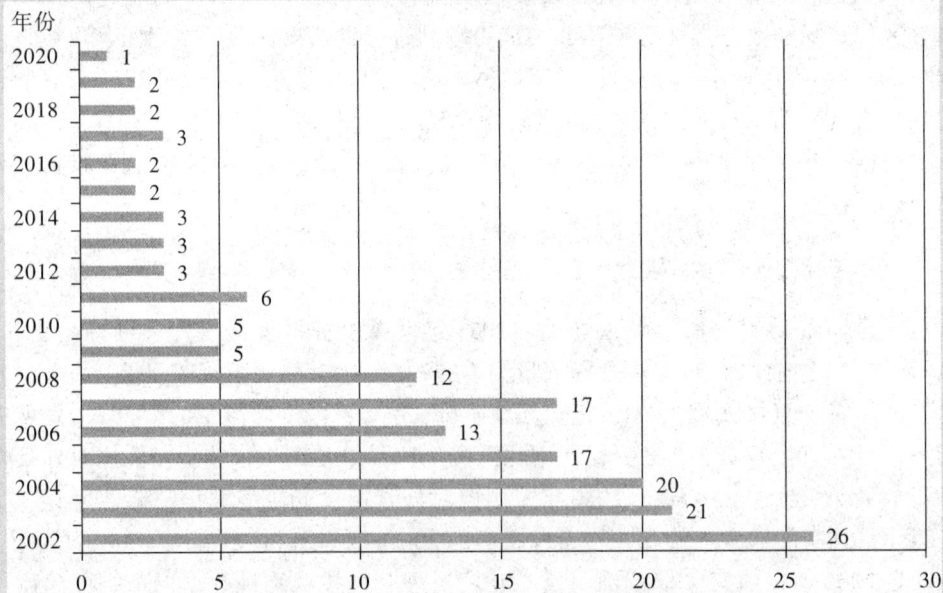

图 11-3 2002—2020 年中国对外直接投资流量在全球的位次

二、对外直接投资并购数量增、规模降、结构持续优化

受疫情影响，中国对外直接投资并购总体规模下降。2020 年，企业共实施对外直接投资并购项目 513 起（较上年增加 46 起），涉及 61 个国家和地区，实际交易总额为 282 亿美元，同比下降 17.7%（见表 11-4）。其中，直接投资 164.8 亿美元，占并购总额的 58.4%，占当年中国对外直接投资总额的 10.7%；境外融资 117.2 亿美元，占并购总额的 41.6%。

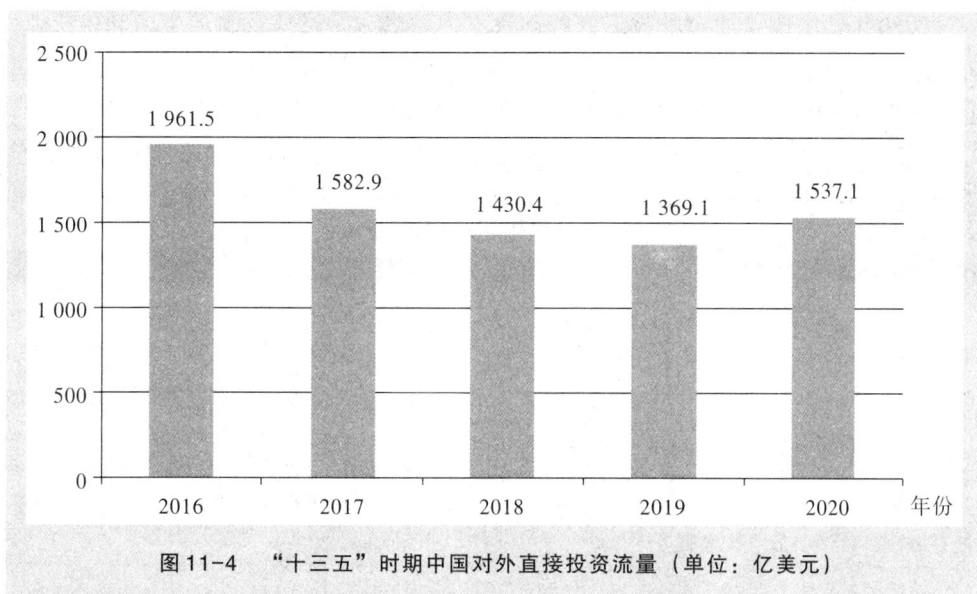

图11-4 "十三五"时期中国对外直接投资流量（单位：亿美元）

表11-4 2004—2020年中国对外直接投资并购情况

项目 年份	并购金额（亿美元）	同比（%）	比重（%）
2004	30.0	—	54.4
2005	65.0	116.7	53.0
2006	82.5	26.9	39.0
2007	63.0	−23.6	23.8
2008	302.0	379.4	54.0
2009	192.0	−36.4	34.0
2010	297.0	54.7	43.2
2011	272.0	−8.4	36.4
2012	434.0	59.6	31.4
2013	529.0	21.9	31.3
2014	569.0	7.6	26.4
2015	544.4	−4.3	25.6
2016	1 353.3	148.6	44.1
2017	1196.2	−11.6	21.1
2018	742.3	−37.9	21.7
2019	342.8	−53.8	12.6
2020	282.0	−17.7	10.7

注：2012—2020年并购金额包括境外融资部分，比重为并购金额中直接投资占当年流量的比重。

2020年，中国企业对外投资并购涉及电力、热力、燃气及水的生产和供应业，制造业，交通运输、仓储和邮政业等16个行业大类。从并购金额上看，电力、热力、燃气及水的生产和供应业为97.5亿美元，居首位，涉及27个项目；制造业为69.7亿美元，位居次席，涉及152个项目；交通运输、仓储和邮政业为33.1亿美元，居第3位，涉及17个项目（见表11-5）。

表11-5 　　　　　　　　　　2020年我国对外投资并购行业构成

行业类别	数量（个）	金额（亿美元）	金额占比（%）
电力、热力、燃气及水的生产和供应业	27	97.5	34.6
制造业	152	69.7	24.7
交通运输、仓储和邮政业	17	33.1	11.7
采矿业	12	27.5	9.8
信息传输、软件和信息技术服务业	87	20.0	7.1
科学研究和技术服务业	81	14.3	5.1
租赁和商务服务业	34	7.4	2.6
农、林、牧、渔业	19	4.1	1.5
批发和零售业	62	3.8	1.4
建筑业	5	2.8	1.0
教育	3	0.6	0.2
居民服务、修理和其他服务业	6	0.4	0.1
文化/体育和娱乐业	3	0.4	0.1
其他	5	0.4	0.1
总　计	513	282.0	100.0

2020年，中国企业对外投资并购分布在全球61个国家和地区，从并购金额看，秘鲁、美国、智利、中国香港、开曼群岛、加拿大、法国、巴西、尼日利亚和阿曼位列前10。2020年，中国企业对"一带一路"沿线国家实施并购项目84个，并购金额为31.5亿美元，占并购总额的11.1%，其中，阿曼、印度尼西亚、新加坡、斯里兰卡和菲律宾吸引中国企业并购投资均超1亿美元。

三、新增股权投资增长三成，收益再投资创历史新高

从对外直接投资流量构成看，2020年中国新增股权投资630.3亿美元，同比增长30.4%，占流量总额的41%；债务工具投资（仅涉及对外非金融类企业）为190.4亿美元，占12.4%。2020年中国境外企业的经营情况良好，超七成企业盈利或持平，当年收益再投资（即新增留存收益）716.4亿美元，创历史最高值，占同期中国对外直接投资流量的46.6%（见表11-6）。

表 11-6　　　　　　　　**2006—2020 年中国对外直接投资流量构成**　　　　金额单位：亿美元

项目 年份	流量	新增股权		当期收益再投资		债务工具投资	
		金额	占比（%）	金额	占比（%）	金额	占比（%）
2006	211.6	51.7	24.4	66.5	31.4	93.4	44.2
2007	265.1	86.9	32.8	97.9	36.9	80.3	30.3
2008	559.1	283.6	50.7	98.9	17.7	176.6	31.6
2009	565.3	172.5	30.5	161.3	28.5	231.5	41.0
2010	688.1	206.4	30.0	240.1	34.9	241.6	35.1
2011	746.5	313.8	42.0	244.6	32.8	188.1	25.2
2012	878.0	311.4	35.5	224.7	25.6	341.9	38.9
2013	1 078.4	307.3	28.5	383.2	35.5	387.9	36.0
2014	1 231.2	557.3	45.3	444.0	36.1	229.9	18.6
2015	1 456.7	967.1	66.4	379.1	26.0	110.5	7.6
2016	1 961.5	1 141.3	58.2	306.6	15.6	513.6	26.2
2017	1 582.9	679.9	42.9	696.4	44.0	206.6	13.1
2018	1 430.4	704.0	49.2	425.3	29.7	301.1	21.1
2019	1 369.1	483.5	35.3	606.3	44.3	279.4	20.4
2020	1 537.1	630.3	41.0	716.4	46.6	190.4	12.4

四、涉及领域广泛，近七成投资流向租赁和商务服务、制造、批发和零售、金融领域

2020 年，中国对外直接投资涵盖了国民经济的 18 个行业大类，其中流向租赁和商务服务业、制造业、批发和零售业、金融业的投资均超过百亿美元。租赁和商务服务业保持第 1 位，制造业位列第 2（见表 11-7）。

流向租赁和商务服务业的投资额为 387.2 亿美元，同比下降 7.5，占当年流量总额的 25.2%；投资主要分布在中国香港、开曼群岛、英属维尔京群岛、新加坡、澳大利亚、德国、卢森堡等国家和地区。

制造业的投资额为 258.4 亿美元，同比增长 27.7%，占当年流量总额的 16.8%；投资主要流向汽车制造业、医药制造业、计算机/通信和其他电子设备制造业、专用设备制造业、有色金属冶炼和压延加工业、其他制造业、橡胶和塑料制品业、化学原料和化学制品制造业、通用设备制造业、电气机械和器材制造业、纺织业、造纸和纸制品业、非金属矿物制品业、食品制造业、黑色金属冶炼和压延加工业、纺织服装/服饰业等（如图 11-5 所示）。其中，流向装备制造业的投资为 119 亿美元，同比增长 89.8%，占制造业投资总额的 46.1%。

表 11-7　　　　　　2020 年中国对外直接投资流量行业分布情况　　　　金额单位：亿美元

行　业	流量	同比增长（%）	占比（%）
合　计	1 537.1	12.3	100.0
租赁和商务服务业	387.2	-7.5	25.2
制造业	258.4	27.7	16.8
批发和零售业	230.0	18.3	15.0
金融业	196.6	-1.5	12.8
信息传输、软件和信息技术服务业	91.9	67.7	6.0
建筑业	80.9	114.0	5.3
交通运输、仓储和邮政业	62.3	60.6	4.0
采矿业	61.3	19.5	4.0
电力、热力、燃气及水的生产和供应业	57.7	49.1	3.7
房地产业	51.9	51.8	3.4
科学研究和技术服务业	37.3	8.7	2.4
居民服务、修理和其他服务业	21.6	29.3	1.4
农、林、牧、渔业	10.8	-55.7	0.7
卫生和社会工作	6.4	178.3	0.4
水利、环境和公共设施管理业	1.6	-40.7	0.1
教育	1.3	-80.0	0.1
住宿和餐饮业	1.2	-80.0	0.1
文化、体育和娱乐业	-21.3	0.0	-1.4

　　批发和零售业的投资额为 230 亿美元，同比增长 18.3%，占当年流量总额的 15%；主要流向中国香港、新加坡、美国、英属维尔京群岛、荷兰、开曼群岛、英国、中国澳门、法国、德国等国家和地区。

　　金融业的投资额为 196.6 亿美元，同比下降 1.5%，占比为 12.8%。2020 年，中国金融业境内投资者对境外金融类企业的直接投资额为 163.5 亿美元，占比为 83.2%；中国非金融业境内投资者投向境外金融企业的投资额为 33.1 亿美元，占比为 16.8%。

　　上述 4 个领域合计投资 1 072.2 亿美元，占当年流量总额的 69.8%。

　　此外，2020 年中国流向信息传输、软件和信息技术服务业的投资为 91.9 亿美元，同比增长 67.7%，占当年流量总额的 6%；建筑业为 80.9 亿美元，同比增长 114%，占当年流量总额的 5.3%；交通运输、仓储和邮政业为 62.3 亿美元，同比增长 60.6%，占当年流量总额的 4%；采矿业为 61.3 亿美元，同比增长 19.5%，占比为 4%；电力、热力、燃气及水的生产和供应业为 57.7 亿美元，同比增长 49.1%，占当年流量总额的 3.7%；房地产业为 51.9 亿美元，同比增长 51.8%，占比为 3.4%；科

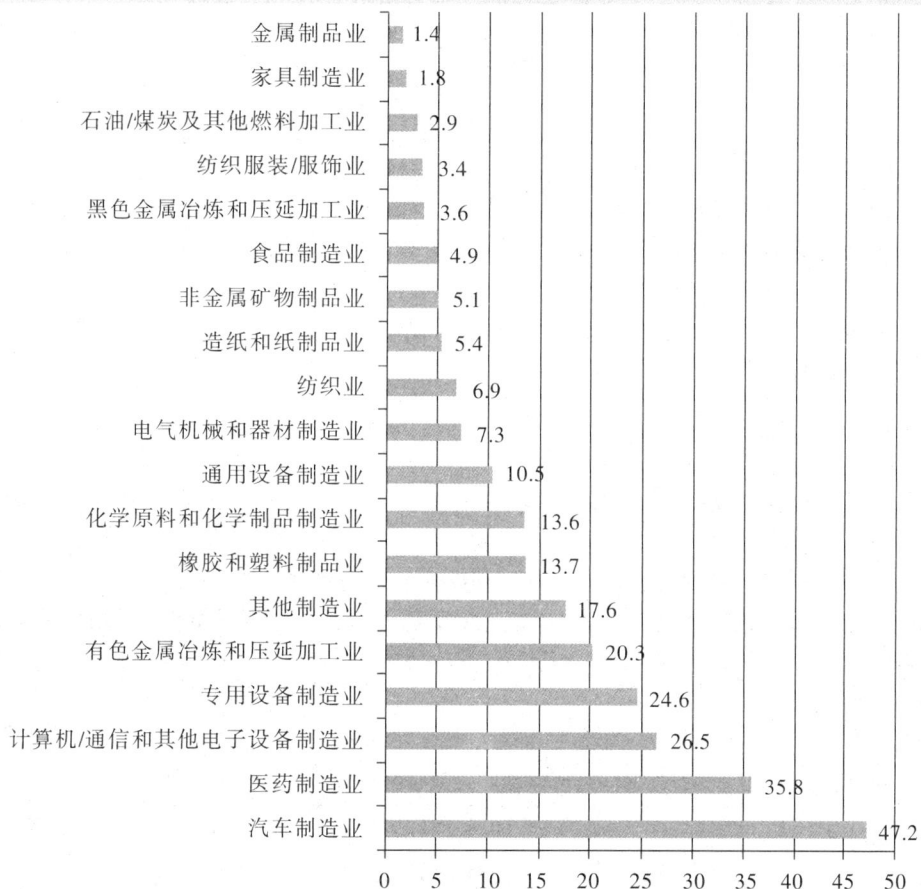

金属制品业　1.4
家具制造业　1.8
石油/煤炭及其他燃料加工业　2.9
纺织服装/服饰业　3.4
黑色金属冶炼和压延加工业　3.6
食品制造业　4.9
非金属矿物制品业　5.1
造纸和纸制品业　5.4
纺织业　6.9
电气机械和器材制造业　7.3
通用设备制造业　10.5
化学原料和化学制品制造业　13.6
橡胶和塑料制品业　13.7
其他制造业　17.6
有色金属冶炼和压延加工业　20.3
专用设备制造业　24.6
计算机/通信和其他电子设备制造业　26.5
医药制造业　35.8
汽车制造业　47.2

图11-5　2020年中国对外制造业投资流向的主要二级类别（单位：亿美元）

学研究和技术服务业为37.3亿美元，同比增长8.7%，占比为2.4%；居民服务、修理和其他服务业为21.6亿美元，同比增长29.3%，占当年流量总额的1.4%。

受新冠肺炎疫情影响，流向农、林、牧、渔，住宿和餐饮，文化、体育和娱乐，教育等领域的投资降幅较大。

五、除流向大洋洲的投资减少三成外，对其他地区的投资均呈不同程度增长

2020年，中国流向亚洲的投资额为1 123.4亿美元，同比增长1.4%，占当年对外直接投资流量的73.1%。其中，对东盟10国的投资额为160.6亿美元，同比增长23.3%，占对亚洲投资额的14.3%。

2020年，中国流向拉丁美洲的投资额为166.6亿美元，同比增长160.7%，占当年对外直接投资流量的10.8%；主要流向开曼群岛（85.6亿美元）、英属维尔京群岛（69.6亿美元）、阿根廷（4亿美元）、秘鲁（3.2亿美元）、巴西（3.1亿美元）、

墨西哥（2.6亿美元）等，对委内瑞拉的投资呈负流量（-4.5亿美元）。

2020年，中国流向欧洲的投资额为126.9亿美元，同比增长20.6%，占当年对外直接投资流量的8.3%；主要流向荷兰（49.4亿美元）、瑞典（19.3亿美元）、德国（13.8亿美元）、瑞士（10.7亿美元）、英国（9.2亿美元）、卢森堡（7亿美元）、俄罗斯联邦（5.7亿美元）等国家。

2020年，中国流向北美洲的投资额为63.4亿美元，同比增长45.1%，占当年对外直接投资流量的4.1%。其中，对美国投资60.2亿美元，同比增长58%；对加拿大投资2.1亿美元，同比下降55.3%。

2020年，中国流向非洲的投资额为42.3亿美元，同比增长56.1%，占当年对外直接投资流量的2.8%；主要流向肯尼亚、刚果（金）、南非、埃塞俄比亚、尼日利亚、刚果（布）、尼日尔、赞比亚、塞内加尔等国家。

2020年，中国流向大洋洲的投资额为14.5亿美元，同比下降30.3%，占当年对外直接投资流量的0.9%；主要流向澳大利亚、新西兰、马绍尔群岛、斐济等国家（见表11-8和表11-9）。

表11-8　　　　　　2020年中国对外直接投资流量地区构成情况

洲　别	金额（亿美元）	同比增长（%）	占比（%）
亚洲	1 123.4	1.4	73.1
欧洲	126.9	20.6	8.3
非洲	42.3	56.1	2.8
北美洲	63.4	45.1	4.1
拉丁美洲	166.6	160.7	10.8
大洋洲	14.5	-30.3	0.9
合　计	1 537.1	12.3	100.0

表11-9　　　　　2020年中国对外直接投资流量前20位的国家和地区

序号	国家和地区	流量（亿美元）	占总额比重（%）
1	中国香港	891.5	58.0
2	开曼群岛	85.6	5.6
3	英属维尔京群岛	69.8	4.5
4	美国	60.2	3.9
5	新加坡	59.2	3.9

续表

序号	国家和地区	流量（亿美元）	占总额比重（%）
6	荷兰	49.4	3.2
7	印度尼西亚	22.0	1.4
8	瑞典	19.3	1.3
9	泰国	18.8	1.2
10	越南	18.8	1.2
11	阿拉伯联合酋长国	15.5	1.0
12	老挝	14.5	0.9
13	德国	13.8	0.9
14	马来西亚	13.7	0.9
15	澳大利亚	12.0	0.8
16	瑞士	10.7	0.7
17	柬埔寨	9.6	0.6
18	巴基斯坦	9.5	0.6
19	英国	9.2	0.6
20	中国澳门	8.3	0.5
合　计		1 411.4	91.7

六、对"一带一路"沿线国家投资增长两成，占比提升 1 个百分点

2020 年年末，中国境内投资者在"一带一路"沿线的 63 个国家和地区设立境外企业超过 1.1 万家，涉及国民经济 18 个行业大类，当年实现直接投资额 225.4 亿美元，同比增长 20.6%，占同期中国对外直接投资流量的 14.7%，较上年提升 1 个百分点。

从行业构成看，中国流向制造业的投资额为 76.8 亿美元，同比增长 3.1%，占 34.1%；建筑业为 37.6 亿美元，占 16.7%；电力生产和供应业为 24.8 亿美元，占 11%；租赁和商务服务业为 19.4 亿美元，占 8.6%；批发和零售业为 16.1 亿美元，占 7.1%；科学研究与技术服务业为 8.7 亿美元，占 3.8%；信息传输、软件和信息技术服务业为 8.2 亿美元，占 3.6%；金融业为 8 亿美元，占 3.5%。

从国别构成看，中国的对外直接投资主要流向新加坡、印度尼西亚、泰国、越南、阿拉伯联合酋长国、老挝、马来西亚、柬埔寨、巴基斯坦、俄罗斯联邦等国家。2013—2020 年，中国对沿线国家累计直接投资 1 398.5 亿美元（如图 11-6 所示）。

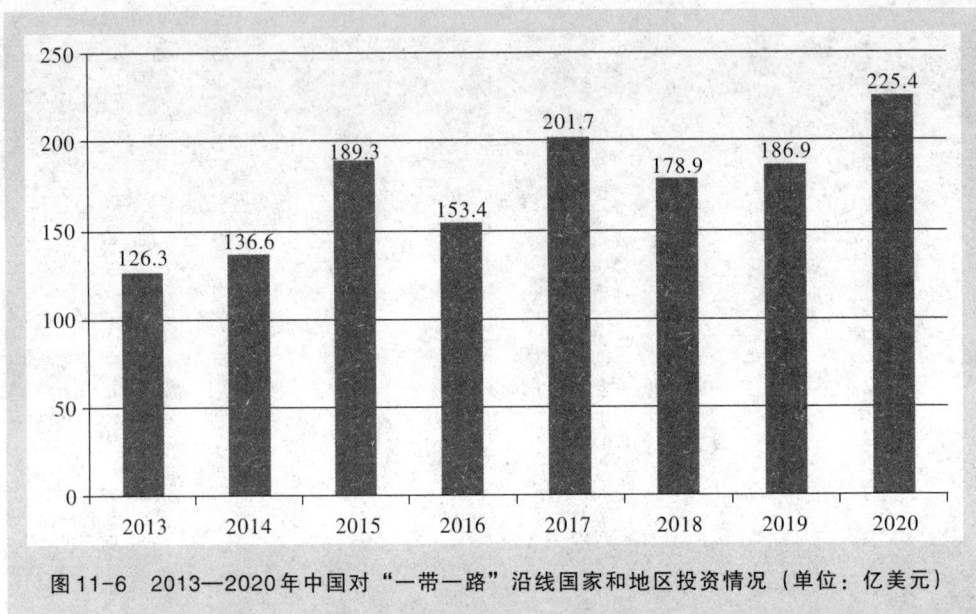

图11-6　2013—2020年中国对"一带一路"沿线国家和地区投资情况（单位：亿美元）

七、超六成投资来自地方企业，中央企业对外投资增长较快

2020年，中央企业和单位对外非金融类直接投资流量为492亿美元，占非金融类流量的36.7%，其中，中央企业对外投资470.5亿美元，同比增长26.3%；地方企业对外投资848.5亿美元，同比下降5.4%，占63.3%。其中，东部地区对外投资713.9亿美元，占地方投资流量的84.1%，同比下降0.2%；西部地区对外投资59.2亿美元，占7%，同比下降24.2%；中部地区对外投资69.3亿美元，占8.2%，同比下降23.9%；东北三省对外投资6.1亿美元，占0.7%，同比下降51.6%（见表11-10）。

表11-10　　　　　　　2020年地方对外直接投资流量按区域分布情况

区　域	流量（亿美元）	比重（%）	同比（%）
东部地区	713.9	84.1	-0.2
中部地区	69.3	8.2	-23.9
西部地区	59.2	7.0	-24.2
东北三省	6.1	0.7	-51.6
合　计	848.5	100.0	-5.4

注：①东部地区包括北京、天津、河北、上海、江苏、浙江、福建、山东、广东和海南；②中部地区包括山西、安徽、江西、河南、湖北和湖南；③西部地区包括内蒙古、广西、重庆、四川、贵州、云南、西藏、陕西、甘肃、青海、宁夏、新疆；④东北三省包括辽宁、吉林、黑龙江。

从各省（自治区、直辖市）来看，广东、上海、浙江、江苏、山东、北京、福建、湖南、四川、天津列地方对外直接投资流量前10位，合计740亿美元，占地方对外直接投资流量的87.2%（见表11-11）。

表11-11　　2020年地方对外直接投资流量前10位的省（自治区、直辖市）

序　号	省（自治区、直辖市）	流量（亿美元）	同比（%）
1	广东省	235.3	27.7
2	上海市	125.5	14.8
3	浙江省	107.4	12.7
4	江苏省	61.4	7.2
5	山东省	61.0	7.2
6	北京市	59.9	7.1
7	福建省	33.4	3.9
8	湖南省	21.9	2.6
9	四川省	18.8	2.2
10	天津市	15.4	1.8
合　计		740.0	87.2

注：计算结果进行了四舍五入。

八、非公经济控股主体投资规模与公有经济大体相当

2020年，中国对外非金融类投资流量中，非公有经济控股的境内投资者对外投资671.6亿美元，占50.1%，同比增长14.1%；公有经济控股的境内投资者对外投资668.9亿美元，占49.9%，同比增长15.1%（如图11-7所示）。

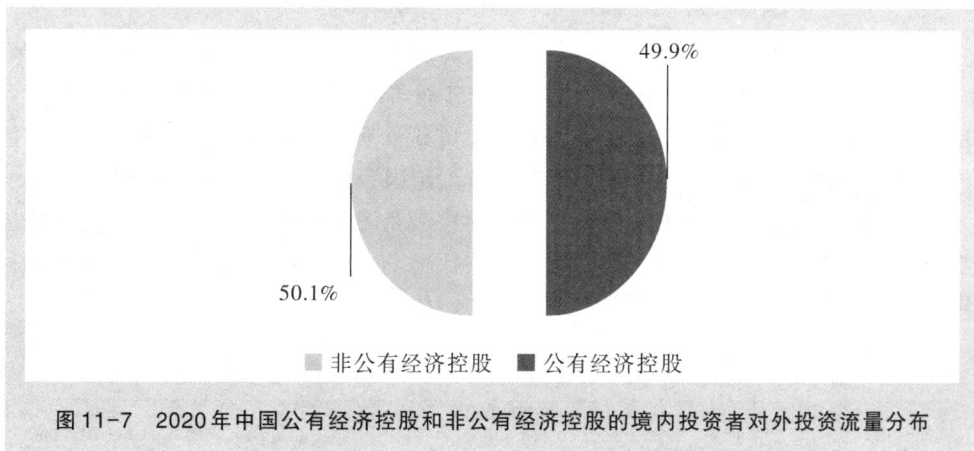

图11-7　2020年中国公有经济控股和非公有经济控股的境内投资者对外投资流量分布

第三节 中国跨国公司对外直接投资的动机与方式

中国跨国公司主要有四类：

①大型贸易集团，主要代表是中国中化集团有限公司（原中国化工进出口总公司）[①]、中国五矿集团有限公司、中国建筑集团有限公司（原中国建筑工程总公司）、中国远洋运输（集团）总公司[②]等，这些大型企业一直受国家政策扶持，在国内市场形成垄断，之后进军海外市场并不断扩大经营规模。

②大型金融保险集团，主要代表是中国的四大国有银行、中国中信集团有限公司（原中国国际信托投资公司）、中国人民保险集团股份有限公司等，这些金融机构最初进军海外市场更多是为了追随其企业客户，满足它们在国际贸易活动中对结算、借贷、保险等各项金融服务的需求，之后随着自身的发展才逐渐开展多样化业务。

③生产型企业集团，主要代表是国有控股的国内大型上市企业，如首钢集团有限公司、海尔集团公司、春兰（集团）公司等。

④以高科技为后盾的民营企业，如华为投资控股有限公司、万向钱潮股份有限公司等均不同程度地走向国际市场。

一、投资动机

作为后发展型跨国公司，中国跨国公司主要是想通过对外直接投资获得更多的自然资源，特别是战略性自然资源；进入东道国市场，获得更大的市场份额；提高自身的国际化程度及在全球范围内的经营效率，以便更有效地利用各类资源、统筹全球生产经营布局、提升自身的竞争能力。简言之，获得资源、扩大市场以及提高效率构成了中国跨国公司对外直接投资的3个主要动机。

（一）获得资源

资源包括自然物质资源、人力资源、智力资源、资金资源、资产资源及信息资源等多种。一方面，这些资源不均衡地分布于世界各国和地区，这决定了不同国家和地区具有不同的区位优势，对中国跨国公司具有不同的吸引力。比如，拥有丰富自然物质资源的国家和地区对中国资源开发型跨国公司就具有很强的吸引力。另一方面，近些年来中国出现了全球有目共睹的快速经济增长，工业化和城市化进程也不断加快，这使得中国面临严重的资源短缺状况。为此，国家提出了能源开发国际化战略，有力推动了中国资源开发型跨国公司的对外直接投资，具体如下：

---

① 2021年3月31日，经国务院批准，中国中化集团有限公司（简称中化集团）与中国化工集团有限公司（简称中国化工）联合重组为中国中化控股有限责任公司（简称中国中化，英文简称Sinochem Holdings）。2021年5月8日，中国中化正式揭牌成立。
② 2015年12月4日，国务院正式批复中国远洋运输（集团）总公司（即中远集团）、中国海运集团（即中海集团）改革重组为中国远洋海运集团有限公司。

1.增加海外资源开发项目投资，扩大经营规模

从流量看，中国在采矿业的对外直接投资经历了2003—2013年在波动中上涨的过程，2013年达到峰值248.1亿美元；2014年之后受全球大宗商品价格低迷的影响连续回落，2017年更是出现负投资−43.6亿美元，创下自官方统计以来的最低值；2018—2020年连续3年回升，2020年达61.3亿美元（如图11-8所示）。

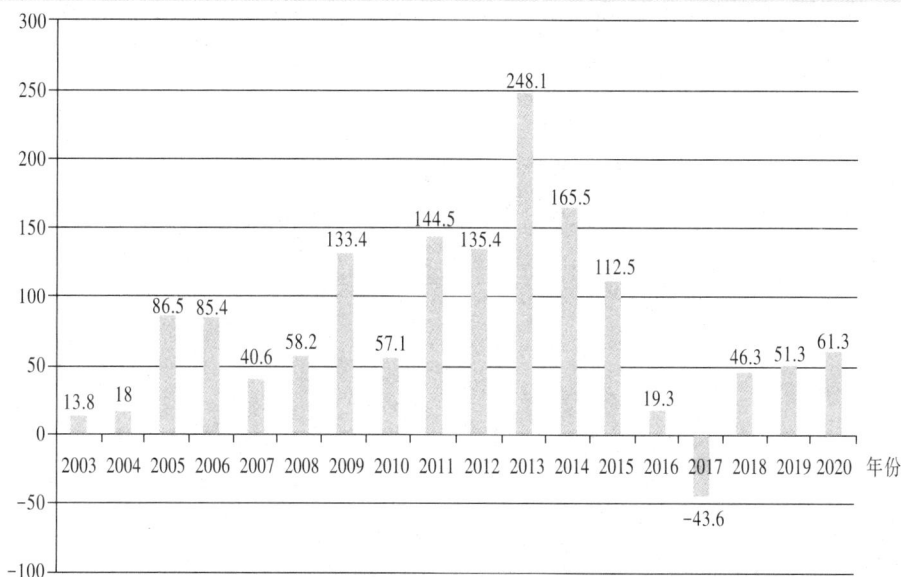

资料来源　作者根据2003—2020年中国对外直接投资统计公报的数据整理绘制。

图11-8　2003—2020年中国采矿业对外直接投资情况（单位：亿美元）

从存量看，2020年年末，中国采矿业对外直接投资存量依然高达1 758.8亿美元，占中国对外直接投资总额的6.8%，是中国对外直接投资存量超千亿美元的6个行业之一。

从并购活动看，中国采矿业2020年共发生12起跨国并购，涉及金额27.5亿美元，居该年度中国跨国并购行为的第4位（见表11-5）。这些投资主要分布于石油和天然气开采、有色金属矿采选、黑色金属矿采选、煤炭开采等领域。

2.中国对各地区直接投资高度集中的行业之一

中国的垄断型能源企业采取多种形式投资海外油田、矿产、天然气等领域，足迹遍布全球几十个国家和地区，除拉丁美洲之外，在其他各洲的投资存量稳居前5位，属于中国对各地区直接投资高度集中的行业之一（见表11-12）。在亚洲，中国跨国公司海外投资能源行业的脚步放缓，但依然前行。比如，2020年年初，能源价格冲击也影响了以资源为基础的加工业，焦炭和精炼石油的投资公告减少了一半，已披露项目的价值减少了1/3，降至300亿美元。尽管如此，该行业还是宣布了几个大型项目，其中一个项目是由恒逸集团（中国）投资130多亿美元在文莱达鲁萨兰国建造一个炼油厂和石油化工厂。[①]

表 11-12　　2020 年年末中国对各大洲直接投资存量居前 5 位的行业

大　洲	行　业	存量（亿美元）	占比（%）
亚洲	租赁和商务服务业	6 694.8	40.7
	批发和零售业	2 500.1	15.2
	金融业	1 929.4	11.7
	制造业	1 619.9	9.8
	采矿业	865.2	5.3
	小　计	13 609.4	82.7
非洲	建筑业	151.5	34.9
	采矿业	89.4	20.6
	制造业	61.3	14.1
	金融业	41.4	9.6
	租赁和商务服务业	23.5	5.4
	小　计	367.1	84.6
欧洲	制造业	405.6	33.1
	采矿业	214.3	17.5
	金融业	181.2	14.8
	租赁和商务服务业	121.9	10.0
	批发和零售业	67.9	5.5
	小　计	990.9	80.9
拉丁美洲	信息传输、软件和信息技术服务业	2 371.2	37.6
	租赁和商务服务业	1 339.0	21.3
	批发和零售业	786.3	12.5
	制造业	402.5	6.4
	科学研究和技术服务业	371.7	5.9
	小　计	5 270.7	83.7

① 联合国贸易和发展会议. 2021 年世界投资报告：投资于可持续复苏［R］. 南开大学跨国公司研究中心，译. 日内瓦：联合国贸易和发展会议，2021.

续表

大 洲	行 业	存量（亿美元）	占比（%）
北美洲	制造业	265.8	26.6
	采矿业	149.9	15.0
	金融业	139.7	14.0
	信息传输、软件和信息技术服务业	95.7	9.6
	租赁和商务服务业	86.6	8.6
	小 计	737.7	73.8
大洋洲	采矿业	175.1	43.6
	租赁和商务服务业	50.7	12.6
	金融业	41.2	10.3
	房地产业	34.1	8.5
	制造业	23.6	5.9
	小 计	324.7	80.9

资料来源　中华人民共和国商务部，国家统计局，国家外汇管理局. 2020年度中国对外直接投资统计公报 [M]. 北京：中国商务出版社，2021：29.

（二）扩大市场

中国是发展中经济体，在纺织、服装和机电制造等劳动密集型加工制造领域具有相对优势，特别是在产品的工艺设计和产品功能定位方面具有一定的技术优势和管理优势。充分利用这些优势，不仅可以对其他发展中经济体进行直接投资，还可以对发达经济体进行直接投资。

1. 中国对其他发展中经济体的直接投资

中国对外直接投资存量的近九成分布在发展中经济体。中国之所以对其他发展中经济体进行直接投资，是因为：

①向其他发展中经济体提供其有能力承接的相对优势技术，既能满足这些国家的技术需求，也能为中国企业进一步实现技术创新留下空间，以达到共赢的目的。

②有助于中国向外转移国内过剩的生产能力，缓解国内市场压力，有利于企业增加经营利润。

③扩大中国企业在海外的市场份额，提升中国企业在国际上的影响力。

④向落后于中国的发展中经济体转移相应的产业，既可以帮助较落后的国家提升生产能力，也有利于中国的产业结构升级。

截至2020年年底，中国在发展中经济体的投资存量为22 998.3亿美元，占89.1%。2020年年末，中国对"一带一路"沿线国家和地区的直接投资存量为2 007.9亿美元，占中国对外直接投资存量的7.8%。存量位列前10的国家是新加坡、印度尼西亚、俄罗斯联邦、马来西亚、老挝、阿拉伯联合酋长国、泰国、越南、柬埔寨、巴基斯坦。①

中国投资存量高度集中的主要原因在于：

①相对于其他发展中经济体，中国的发展水平与之相近或者较高，其他发展中经济体完全有能力承接中国的相关技术，这为中国跨国公司进行直接投资提供了基础。

②自20世纪90年代以来，发达经济体纷纷减少对发展中经济体的直接投资，与此同时，各发展中经济体又都在积极开放市场，实施各种优惠政策，吸引各国前往投资，这就给中国提供了投资机会。

③中国与其他发展中经济体彼此之间比较熟悉，这为中国向其他发展中经济体投资提供了可能。

④中国"一带一路"倡议的提出以及"双向投资"战略的实施是促使中国企业对外直接投资不断扩大的重要激励。

2.中国对发达经济体的直接投资

中国向发达经济体进行直接投资的原因在于：

①在中国处于优势的一些行业，如纺织、服装行业，在欧美发达经济体中则处于劣势，正处于衰退的边缘，属于夕阳产业，其生产远远不能满足欧美发达经济体巨大的市场需求，这为中国跨国公司进行直接投资提供了机会。

②与欧美发达经济体的企业合资、合作有助于中国跨国公司汲取先进的管理经验和技术，增强竞争力。

③开放合作，互联互通，共同进步，达到双赢。

截至2020年年末，中国在发达经济体的直接投资存量为2 539亿美元，占对外直接投资存量的9.8%。其中，对欧盟的直接投资存量为830.2亿美元，占在发达经济体投资存量的32.7%；对美国的直接投资存量为800.5亿美元，占31.5%；对澳大利亚的直接投资存量为344.4亿美元，占13.6%；对英国的直接投资存量为176.5亿美元，占6.9%；对加拿大的直接投资存量为124.9亿美元，占4.9%；对瑞士的直接投资存量为67.6亿美元，占2.7%；对日本的直接投资存量为42亿美元，占1.7%；对以色列的直接投资存量为38.7亿美元，占1.5%；对新西兰的直接投资存量为28.7亿美元，占1.1%；对挪威的直接投资存量为10.4亿美元，占0.4%。

2020年，中国对欧盟的投资流量达100.99亿美元，同比增长5.2%，占流量总额的6.6%。2020年年末，中国共在欧盟设立直接投资企业近2 800家，覆盖欧盟的全部27个成员，雇用外方员工近25万人。

从流向的主要国家看，荷兰居首位，流量达49.38亿美元，同比增长26.8%，占对欧盟投资流量的48.9%，主要投向采矿业，信息传输、软件和信息技术服务业，批发和零售业等；其次为瑞典，流量为19.3亿美元，同比增长0.7%，占19.1%，主要投向制造业、批发和零售业等；德国位列第三，流量为13.76亿美元，同比下降

① 中华人民共和国商务部，国家统计局，国家外汇管理局. 2020年度中国对外直接投资统计公报［M］. 北京：中国商务出版社，2021.

5.7%，占 13.6%，主要投向制造业、租赁和商务服务业、批发和零售业等。

从整体行业分布来看，2020 年中国企业投资欧盟的第一大行业是制造业（31.11 亿美元），同比下降 44.3%，占 30.8%，主要流向瑞典、德国、波兰、法国、奥地利等；第二是采矿业（26.59 亿美元），同比增长 6.3 倍，占 26.3%，主要集中在荷兰；信息传输、软件和信息技术服务业排在第三（17.97 亿美元），同比增长 121.2%，占 17.8%，主要流向荷兰、德国等；批发和零售业 8.7 亿美元，同比增长 126.8%，占 8.6%，主要集中在荷兰、法国、德国、卢森堡等；租赁和商务服务业 6.91 亿美元，同比增长 99%，占 6.9%，主要流向德国、卢森堡、塞浦路斯等；金融业 4.38 亿美元，同比下降 43.5%，占 4.3%，主要流向卢森堡、意大利、爱尔兰等；居民服务、修理和其他服务业 1.48 亿美元，同比增长 132.2%，占 1.5%，主要流向卢森堡、德国等；科学研究和技术服务业 1.41 亿美元，同比下降 77.9%，占 1.4%，主要流向德国、西班牙、意大利等；建筑业 0.79 亿美元，同比增长 9.9%，占 0.8%；交通运输、仓储和邮政业 0.61 亿美元，同比增长 31.3%，占 0.6%；电力、热力、燃气及水的生产和供应业 0.53 亿美元，同比增长 67.1%，占 0.5%（见表 11-13）。

表 11-13　　　　　　　　　2020 年中国对欧盟直接投资的主要行业

行　业	流量（万美元）	比重（%）	存量（万美元）	比重（%）
制造业	311 059	30.8	2 876 060	34.7
采矿业	265 929	26.3	1 543 147	18.6
金融业	43 773	4.3	1 186 807	14.3
租赁和商务服务业	69 125	6.9	760 672	9.2
批发和零售业	87 099	8.6	502 712	6.1
信息传输、软件和信息技术服务业	179 687	17.8	489 469	5.9
科学研究和技术服务业	14 111	1.4	243 679	2.9
电力、热力、燃气及水的生产和供应业	5 273	0.5	221 179	2.7
交通运输、仓储和邮政	6 062	0.6	127 396	1.5
住宿和餐饮	929	0.1	92 450	1.1
农、林、牧、渔业	-3 952	-0.4	69 951	0.8
文化、体育和娱乐业	29	0.0	60 094	0.7
居民服务、修理和其他服务业	14 820	1.5	52 916	0.6
房地产业	2 272	0.2	43 215	0.5
建筑业	7 942	0.8	19 607	0.2
其他行业	5 725	0.6	12 210	0.2
合　计	1 009 883	100.0	8 301 564	100.0

资料来源　中华人民共和国商务部，国家统计局，国家外汇管理局. 2020 年度中国对外直接投资统计公报［M］. 北京：中国商务出版社，2021.

2020年年末，中国对欧盟直接投资存量为830.16亿美元，占中国对外直接投资存量的3.2%。存量上百亿美元的国家为荷兰、卢森堡、德国、瑞典。其中，中国对荷兰直接投资额居首位，达260.41亿美元，占对欧洲欧盟投资存量的31.4%，主要投向采矿业，制造业，信息传输、软件和信息技术服务业，批发和零售业，租赁和商务服务业等；其次为卢森堡，达159.95亿美元，占19.3%，主要投向金融业、租赁和商务服务业、制造业等；德国位列第三，为145.5亿美元，占17.5%，主要投向制造业，金融业，租赁和商务服务业，交通运输、仓储和邮政业，批发和零售业等。从存量的行业分布看，制造业为287.61亿美元，占34.7%，居首位，主要分布在瑞典、德国、荷兰、卢森堡、法国、意大利等；采矿业为154.31亿美元，占18.6%，居第二位，主要分布在荷兰、卢森堡、塞浦路斯等；金融业为118.68亿美元，占14.3%，位列第三，主要分布在卢森堡、德国、法国、意大利等。

（三）提高效率

在全球的不同地点，通过集中化的生产区位配置来更有效地利用不同国家或地区的资源禀赋、文化行为差异、制度政策差别、市场竞争环境，这就是中国跨国公司对外直接投资提高效率的动机。

效率主要来源于：

①调整投资项目的地理安排，优化配置跨国公司的全球生产经营能力。

②合理配置生产要素，使跨国公司拥有成本更低、质量更优、效率更高的全球性生产要素。

③调整生产经营的全球布局，包括供应链网络、销售服务网络，深化跨国公司产品和工艺的专业化程度，实现分工效率经济和协同效率经济。

④调整跨国公司管理总部、地区总部、国家总部的分工管理格局，更好地协调管理资源、管理功能、管理技巧，促进资源优化和重点使用。

中国跨国公司在提高效率动机的驱使下，纷纷在欧、美、日等发达经济体设立研发机构，或者与国外企业合作以跟踪行业先进技术，而云技术的发展更是为广泛开展研发合作提供了便利。以华为技术有限公司为例，其不仅在德国、瑞典、美国、印度、俄罗斯、日本、加拿大、土耳其、中国等地设立研究所，与领先运营商成立联合创新中心，还成功建立了"华为云"，重构研发作业模式，使得全球各地研发人员、研发中心、合作伙伴高效协同开发。[1]

二、投资方式选择

投资方式是指企业集团及其成员企业实现资源配置、介入市场竞争的具体方式，是贯彻集团发展战略与投资政策、谋求市场竞争优势、实现投资战略目标的战术性支持，主要包括进入方式选择和经营方式选择。本部分内容请结合本书第二章第一节"对外直接投资的类型"来学习。

---

[1] 汪文正. 中国对外投资量质齐升 [N]. 人民日报海外版，2021-10-26（6）.

（一）进入方式选择

绿地投资和跨国并购是中国跨国公司进入海外市场的两种主要方式。

1.绿地投资

一直以来，绿地投资都是中国对外直接投资的主要方式，为中国企业"走出去"立下了汗马功劳。但是从数据统计来看，2011年，绿地投资在中国对外直接投资中的地位出现了比较大的波动。2011年之前，绿地投资占中国对外直接投资在亚洲的比重和在全球的比重均呈现下降趋势，中国似乎正在从原先过度依赖绿地投资方式的状态中解脱出来。但是2011年，绿地投资在中国对亚洲的投资中出现了"井喷"式增长，从2010年的11.56%上涨至21.01%，随即于2012年快速下降至11.10%，2013年则微增至11.98%。从中国对全球的投资中绿地投资的占比来看，2011年，绿地投资快速上涨，从2010年的2.40%增至2011年的4.45%，不过随后连续两年回落，2013年降至2.87%。2015年，中国首次实现直接投资项下资本净输出。中国综合国力不断提升，"一带一路"建设和国际产能合作加快推进，对外投资政策体系不断完善，多边和双边务实合作深入推进等，这些共同助力中国企业"走出去"，中国对外直接投资进入了发展快车道。[①]2020年，受新冠肺炎疫情的严重冲击，世界经济萎缩3.3%，自2009年以来首次负增长，全球货物贸易萎缩5.3%，外国直接投资较上一年减少近四成。但是中国在全球主要经济体中，唯一实现经济正增长，对外直接投资流量为1 537.1亿美元，首次位居全球第一。[②]但是2020年，跨国并购占中国对外直接投资的份额仅为18.35%（如图11-9所示），由此可见绿地投资的地位不容忽视。

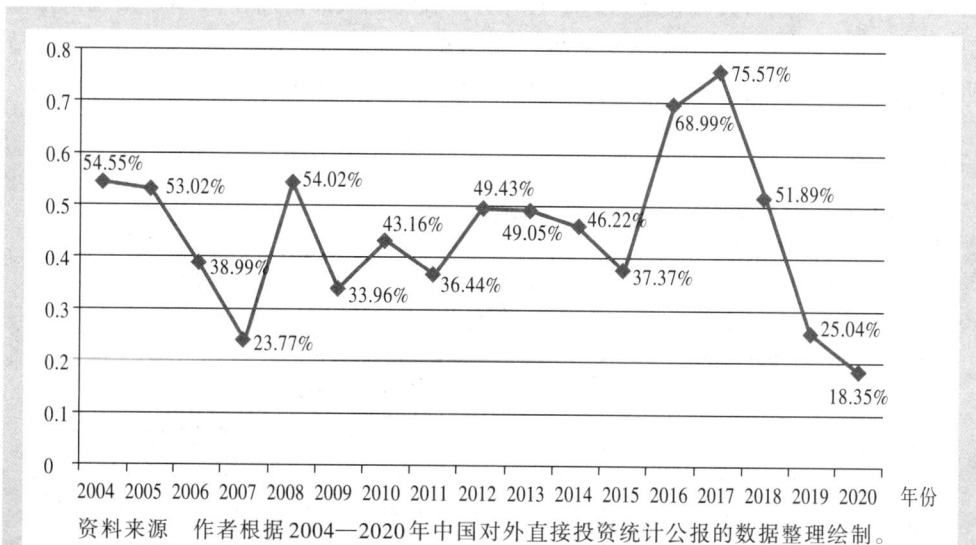

资料来源　作者根据2004—2020年中国对外直接投资统计公报的数据整理绘制。

图11-9　2004—2020年中国跨国并购占当年对外直接投资的份额（%）

---

①　中华人民共和国商务部，中华人民共和国国家统计局，国家外汇管理局. 2015年度中国对外直接投资统计公报 [M]. 北京：中国商务出版社，2016.

②　中华人民共和国商务部，国家统计局，国家外汇管理局. 2020年度中国对外直接投资统计公报 [M]. 北京：中国商务出版社，2021.

2.跨国并购

跨国并购是中国对外直接投资的另外一种主要进入方式。从2004—2020年中国跨国并购占当年对外直接投资份额来看，2004—2015年在23.77%~54.55%之间波动，基本处于一个楔形之中；之后的2016年实现突破，由2015年的37.37%上升至2016年的68.99%；2017年承袭2016年的升势至75.57%；但是2018年急转直下，下跌至51.89%；2019—2020年继续呈跌势，2020年为18.35%，跌势较2018—2019年渐缓。尽管如此，在观察期内，跨国并购在中国对外直接投资的份额更多处于30%~55%之间波动，说明跨国并购是中国对外直接投资中非常重要的组成部分，也在一定程度上体现了国内和国际市场的影响。

另外，如果剔除跨国并购中的海外融资部分，可知并购中的直接投资额，即可得到并购中的直接投资额占并购总额的份额及其占当年对外直接投资总额的份额。2012—2014年，3种占比走势基本相同，都是缓缓回落，但是2015—2017年三者分歧较大。其中，2016年，并购占当年对外直接投资流量的份额和并购中的直接投资额占当年对外直接投资总额的份额较上一年上升，分别是68.99%和44.10%，而并购中的直接投资额占并购总额的份额略有回落，为63.92%；2017年，并购占当年对外直接投资流量的份额继续上升至75.57%，而并购中的直接投资额占并购总额的份额和并购中的直接投资额占当年对外直接投资总额的份额都出现较大回落。2018—2020年，并购中的直接投资额占并购总额的份额连续上涨，从2017年的27.98%升到2020年的58.44%，并购占当年对外直接投资流量的份额则出现连续回落，2020年为18.35%，并购中的直接投资额占当年对外直接投资总额的份额在2018年出现微幅回升，之后2019—2020年连续两年回落，2020年为10.72%（如图11-10所示）。此情形说明，自2017年之后，中国跨国并购海外融资部分大幅减少，直接投资逐年增多。

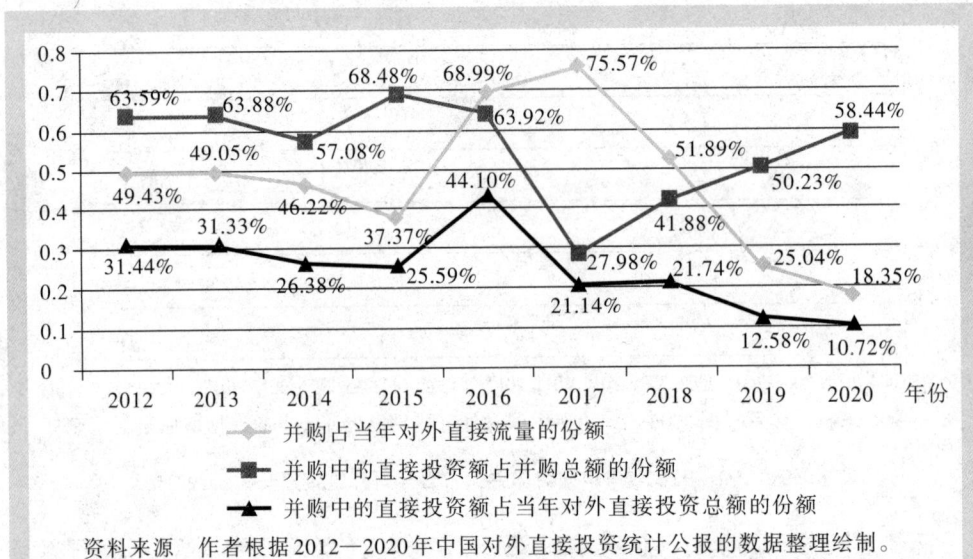

资料来源　作者根据2012—2020年中国对外直接投资统计公报的数据整理绘制。

图11-10　2012—2020年中国跨国并购占比

（二）经营方式选择

经营方式按照是否参与股权可以分为股权投资和非股权投资。

1. 股权投资

中国企业大多以合资方式进入海外市场，其好处在于：

①中国企业可以有效规避东道国的国家风险，特别是对一些发展中经济体的直接投资，这一点尤为重要。

②对于海外生产经营经验还有待进一步增强的中国企业来讲，和东道国企业共同管理合资企业的生产经营，最大的好处就是可以"干中学"，最大限度地学习、吸取和利用东道国企业在生产经营方面的相对优势。

③前期投入不需要过大就可以进入海外市场，参与国际市场竞争，在竞争中发展壮大。

中国作为发展中经济体对外直接投资的典型代表，股权投资是主要投资方式。2020年，中国对外直接投资净额（即流量）为1 537.1亿美元，同比增长12.3%。其中，新增股权投资630.3亿美元，占41%。截至2020年年底，中国对外直接投资累计净额（即存量）为25 806.6亿美元，其中，股权投资14 777.3亿美元，占57.3%（如图11-11所示）。[①]

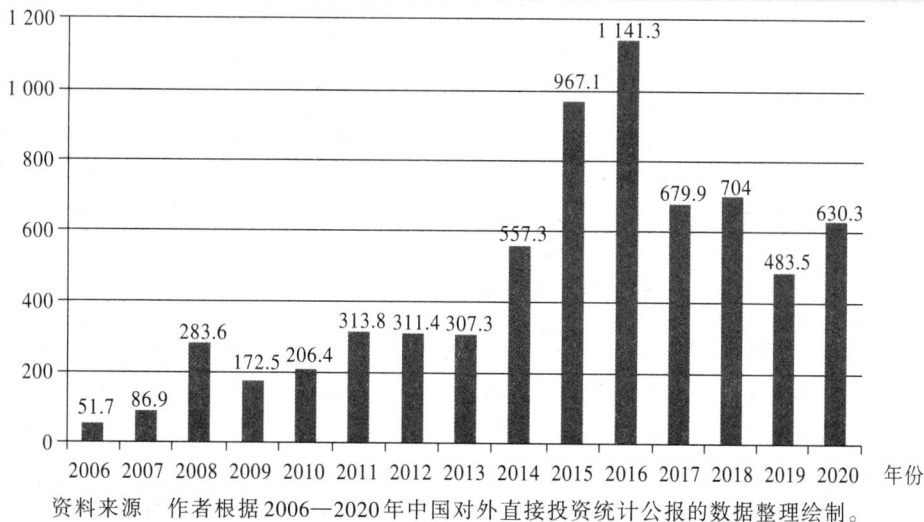

资料来源 作者根据2006—2020年中国对外直接投资统计公报的数据整理绘制。

图11-11 2006—2020年中国新增股权投资（单位：亿美元）

2. 非股权投资

非股权投资是20世纪70年代以来被广泛采用的一种国际市场进入方式，在当今国际经济中的地位日益重要。从发展角度来看，非股权投资形成的伙伴关系和外国子公司（直接投资）能使东道国融入全球价值链。非股权投资的优势之一在于它是

[①] 中华人民共和国商务部，国家统计局，国家外汇管理局. 2020年度中国对外直接投资统计公报 [M]. 北京：中国商务出版社，2021.

与东道国公司之间的灵活安排，跨国公司的内在动机是通过传播知识、技术和技能，开发其业务伙伴独立发展的能力。这就为东道国的经济注入了活力，可以通过就业、增值、创造出口和技术引进等若干影响其发展的措施，进行长期产业能力建设。

非股权投资通过与东道国企业签订有关技术、管理、销售、工程承包等方面的合约，不需要注入货币资本，但可以取得对该东道国企业的某种管理控制权，而且风险较小。2021 年 1—9 月，我国对外承包工程业务完成营业额 6 952.9 亿元人民币，同比增长 9%（折合 1 074.4 亿美元，同比增长 17.7%），新签合同额为 10 329.6 亿元人民币，同比下降 1.7%（折合 1 596.2 亿美元，同比增长 6.2%）。[①]在"一带一路"沿线的 60 个国家新签对外承包工程项目合同 3 643 份，新签合同额为 5 229.5 亿元人民币，同比下降 10.6%（折合 808.1 亿美元，同比下降 3.5%），占同期我国对外承包工程新签合同额的 50.6%；完成营业额 3 999.3 亿元人民币，同比增长 7.7%（折合 618 亿美元，同比增长 16.3%），占同期总额的 57.5%。[②]

第四节　中国跨国公司的发展趋势

2021 年"财富中文网"的消息称，中国（含中国香港）上榜公司数量连续第 2 年居首，达到 135 家，比上一年增加 11 家。榜单一共有 45 家新上榜和重新上榜公司，其中中国公司有 18 家，分别是中国船舶集团、浙江荣盛控股集团、浙江恒逸集团、融创中国控股有限公司、敬业集团、新希望控股集团、新华人寿保险、潍柴动力、北京建龙重工集团、浙江省交通投资集团、龙湖集团、广州市建筑集团、广州医药集团、华润置地、云南省投资控股集团、万洲国际、紫金矿业集团、中国再保险（集团）股份有限公司。此消息充分显示了中国企业蓬勃发展的态势，也必定带动中国跨国公司的蓬勃发展。

一、投资模式：以经贸合作区为主

中国企业在境外投资建设的境外经贸合作区，以企业为主体，以商业运作为基础，以互利共赢为目的。投资主体通过建设合作区，吸引更多的企业到东道国投资建厂，增加东道国的就业和税收，扩大出口创汇，提升技术水平，促进经济共同发展。

中国政府支持有实力的企业到境外开展多种形式的互利合作，以促进与东道国的共同发展。截至 2021 年 11 月，中国境外经贸合作区共计 33 个，分布在亚洲地区（13 个）、欧洲及中亚地区（9 个）、非洲地区（11 个），[③]其中由中国投资主体在境外设立并通过商务部确认的境外经贸合作区共计 20 个。[④]中国境外经贸合作区成为我

①　商务部对外投资和经济合作司. 2021 年 1—9 月我国对外承包工程业务简明统计［EB/OL］.（2021-10-26）［2021-12-15］. http://www.mofcom.gov.cn/article/tongjiziliao/dgzz/202110/20211003211559.shtml.
②　商务部对外投资和经济合作司. 2021 年 1—9 月我对"一带一路"沿线国家投资合作情况［EB/OL］.（2021-10-26）［2021-12-15］. http://www.mofcom.gov.cn/article/tongjiziliao/dgzz/202110/20211003211561.shtml.
③　中国境外经贸合作区官网. 境外合作区列表［EB/OL］.［2021-12-15］. http://www.cocz.org/news/channel-571---1.aspx.
④　中华人民共和国务部"走出去"公共服务平台. 通过确认考核的境外经贸合作区名录［EB/OL］.［2021-12-15］. http://fec.mofcom.gov.cn/article/jwjmhzq/article01.shtml.

国企业参与"一带一路"建设和对外投资的重要平台。境外经贸合作区作为对外投资合作的创新模式，日益成为共建"一带一路"的生动实践。携手共建经贸合作区，推动经济开放包容发展，已成为众多国家的共识。蓬勃发展的境外经贸合作区，如同一颗颗明珠闪耀在新时代"丝绸之路"上。截至2020年年末，中国企业在"一带一路"沿线国家建设的境外经贸合作区投资总额近400亿美元，上缴东道国税费超过44亿美元，为当地创造就业岗位33万个。在做好自身建设运营、服务入区企业和所在国经济社会发展过程中，中国境外经贸合作区主要发挥了以下作用：

1.创新了投资模式

合作区凝聚多方力量，整合优势资源，为各方搭建了合作共赢的平台。中外政府和机构在基础设施、政策支持、安全保障等方面，为入区企业创造便利条件，满足了多样化投资需求。一批合作效果好、辐射效应大的示范园区，已成为各国开展互利合作的投资热土。

2.分享了发展经验

合作区打开了世界各国互学互鉴的窗口，中国企业将产业园区建设模式和成功经验带到国外，并在当地生根发芽，促进了发展中地区由依赖外部投资输血，向自我造血转型。目前已有30多个国家向中方提出，希望借鉴中国成功经验，共建经贸合作区，提升本国经济发展水平。

3.深化了互利共赢

共建经贸合作区，带动一批重大产业项目落地，助推贸易、投资、金融等领域深度融合，加快了当地工业化进程，增加了就业和税收。一些合作区已发展成为所在国重要产业基地和批发采购中心。

4.促进了民心相通

合作区不仅是链接中国与所在国的产业发展平台，也是传承丝路精神的重要载体。合作区企业在建设发展中，主动融入、积极履行社会责任，在当地出资建设各类教育、医疗卫生机构和社会公益设施，赢得了各界赞誉。[①]

二、投资规模：持续扩大趋势

中国对外直接投资规模逆势增长，究其原因在于：

①中国"走出去"工作体系不断完善，中国企业主动融入经济全球化的进程不断加快，为推动中国与世界各国实现互利共赢、共同发展贡献力量。2010—2019年，比雷埃夫斯港集装箱吞吐量从88万标准箱增至565万标准箱，一跃成为地中海第一大港，港口对希腊的直接经济贡献超过6亿欧元，已为当地创造超3 000个直接就业岗位和数以万计的间接就业机会。自2003年中国有关部门发布年度对外直接投资统计数据以来，中国已连续9年位列全球对外直接投资流量规模前3名，对世界经济的贡献日益凸显。在贡献税收方面，2020年，境外中资企业向投资所在

---

① 中国境外经贸合作区. 中国境外经贸合作区投资促进工作机制［EB/OL］.［2021-12-15］. http://www.cocz.org/news/content-243519.aspx.

国家和地区缴纳各种税金总额合计445亿美元。在创造就业岗位方面，2020年，境外中资企业雇用外方员工218.8万人。

②中国政府积极推动"一带一路"建设，稳步开展国际产能合作，对一些产业进行国际转移，这会增加对外直接投资。2020年年末，中国境内投资者在"一带一路"沿线国家直接投资存量达2 007.9亿美元，占存量总额的7.8%；2013—2020年，中国对沿线国家累计直接投资1 398.5亿美元。从流量来看，2020年中国境内投资者在沿线国家设立境外企业超过1.1万家，当年实现直接投资225.4亿美元，同比大幅增长20.6%，占同期流量的14.7%；此外，2020年中国企业对"一带一路"沿线国家实施并购项目84起，并购金额为31.5亿美元，占并购总额的11.1%。[①]

③中国与一些国家和地区签订了相关协定，刺激了对外直接投资。比如，自1996年中国与中亚地区的哈萨克斯坦、吉尔吉斯斯坦及塔吉克斯坦签署全面经济与安全协定以来，中国对这些地区的投资猛增。

三、投资结构：持续不断优化

近年来，中国持续推进更高水平对外开放，对外投资合作不断取得新成效。从"质"看，投资领域日趋广泛，投资结构不断优化。2020年，中国对外直接投资涵盖国民经济的18个行业大类，近七成投资流向租赁和商务服务、制造、批发和零售、金融领域，四大行业投资流量均超过百亿美元。2020年年末，中国对外直接投资存量的八成集中在服务业，主要分布在租赁和商务服务，批发和零售，信息传输、软件和信息技术服务，金融，房地产，交通运输、仓储和邮政等领域。[②]

四、投资载体："一带一路"倡议

"一带一路"倡议自提出之日起，中国政府积极对"一带一路"沿线国家进行直接投资。2021年1—9月，中国企业在"一带一路"沿线对56个国家进行非金融类直接投资962.3亿美元，同比增长5.7%（折合148.7亿美元，同比增长14.2%），占同期总额的18.4%，较上年同期上升1.9个百分点，主要投向新加坡、印度尼西亚、越南、马来西亚、阿拉伯联合酋长国、老挝、哈萨克斯坦、泰国、孟加拉国和柬埔寨等。[③]"一带一路"倡议的提出符合时代潮流，亚洲已经成为世界经济增长的引擎，是世界多极化和全球化的中坚力量。"一带一路"涵盖亚太地区多数国家，它发端于中国，贯通中亚、东南亚、南亚、西亚乃至欧洲部分区域，东牵亚太经济圈，西系欧洲经济圈。其中，亚洲各国正在建立连接南亚和东南亚的经济走廊，即孟加拉国-中国-印度-缅甸经济走廊以及中国-巴基斯坦经济走廊。这将强化亚洲次区域的经济联系，为区域经济合作提供机会（UNCTAD，2014）。中国在其中占有举足轻重的地位，且正如党的二十大报告所言，中国正在积极"推动共建'一带一

① 汪文正.中国对外投资量质齐升［N］.人民日报海外版，2021-10-26（6）.
② 汪文正.中国对外投资量质齐升［N］.人民日报海外版，2021-10-26（6）.
③ 商务部对外投资和经济合作司.2021年1—9月我对"一带一路"沿线国家投资合作情况［EB/OL］.（2021-10-26）［2021-12-15］.http://www.mofcom.gov.cn/article/tongjiziliao/dgzz/202110/20211003211561.shtml.

路'高质量发展"，因此，以"一带一路"为投资载体，增加对外直接投资就是必然选择。

第五节　案例——华为技术有限公司的研发扩张

一、基本案情

华为技术有限公司（以下简称华为）是由员工持股的高科技民营企业，是全球领先的信息与通信解决方案供应商。华为围绕客户需求持续创新，在电信网络设备、IT设备和解决方案、云技术和服务以及智能终端的研发、制造和销售方面，为电信运营商、企业和消费者提供端到端ICT解决方案和相关服务。华为聚焦全联接网络、智能计算、创新终端三大领域，在产品、技术、基础研究、工程能力、标准和产业生态等方面持续投入，帮助客户实现数字化转型，构建智能社会的基石。截至2021年年底，华为拥有19.7万名员工，业务遍及全球170多个国家和地区，服务全球30多亿人口。在2021年《财富》世界500强中，华为位列第44名，资产为1 343.84亿美元；营业收入为1 291.84亿美元，年增长3.9%；利润为93.62亿美元，年增长3.3%。

华为坚持每年将10%以上的销售收入投入研发。2020年，从事研发的人员约为10.5万名，占公司总人数的53.4%；研发费用支出1 418.93亿元人民币，约占全年收入的15.9%。近10年累计投入的研发费用超过7 200亿元人民币。华为是全球最大的专利持有企业之一。截至2020年年底，全球共持有有效授权专利4万余族（超过10万件）；90%以上的专利为发明专利。华为与时俱进，利用华为云，代码上云、作业上云，重构研发作业模式，使得10万余名研发人员、16个研发中心、6万多个合作伙伴，实现全球高效协同开发。

华为践行生态与产业发展三大理念，即做大产业、开放合作、共享利益。截至2020年年底，华为在全球600多个标准组织、产业联盟、开源社区、学术组织中，担任超过400个重要职位，如在3GPP、ETSI、IETF、IIC、IEEE SA、Linux基金会、CCSA、AII、TM Forum、WFA、WWRF、CNCF、OpenInfra（原OpenStack）、LFN、LFDL、IFAA、GP、CUVA、VRIF和BBF等组织担任董事会或执行委员会成员。华为在超过200个标准组织中持续贡献，累计提交标准提案超过65 000篇，与重要国际标准组织一起，共同促进全球技术进步和产业升级；携手全球合作伙伴，共同为最终客户提供数字化转型服务，2020年全球新增5 000多个注册合作伙伴，累计已与1 600多个伙伴联合发布超过2 000个解决方案，并不断加大对可复制性联合方案的激励。①

---

① 华为技术有限公司. 开放、合作、共赢 [EB/OL]. [2021-12-15]. https://www.huawei.com/cn/corporate-information/openness-collaboration-and-shared-success.

二、案例评析

(一) 精神理念：核心价值观

华为将其核心价值观"成就客户、艰苦奋斗、自我批判、开放进取、至诚守信、团队合作"作为企业发展的精神理念。

成就客户是华为存在的唯一理由，客户需求是华为发展的原动力。华为坚持以客户为中心，快速响应客户需求，持续为客户创造长期价值，进而成就客户。为客户提供有效服务，是华为工作方向价值评价的标尺，成就客户即成就华为自身。

艰苦奋斗即华为没有任何稀缺的资源可以依赖，唯有艰苦奋斗才能赢得客户的尊重与信赖。奋斗体现在为客户创造价值的任何微小活动中，以及在劳动的准备过程中为充实提高自己而作的努力。华为坚持以奋斗者为本，使奋斗者得到合理的回报。

自我批判的目的是不断进步、不断改进，而不是自我否定。只有坚持自我批判，才能倾听、扬弃和持续超越，才能更容易尊重他人和与他人合作，实现客户、公司、团队和个人的共同发展。

开放进取是指为了更好地满足客户需求，华为需要积极进取、勇于开拓、坚持开放与创新。任何先进的技术、产品、解决方案和业务管理，只有转化为成功的商业模式才能产生价值。华为坚持客户需求导向，并围绕客户需求持续创新。

至诚守信即只有内心坦荡诚恳，才能言出必行，信守承诺。诚信是华为最重要的无形资产，华为坚持以诚信赢得客户。

团队合作是指胜则举杯相庆，败则拼死相救。团队合作不仅是跨文化的群体协作精神，也是打破"部门墙"、提高流程效率的有力保障。

(二) 投资模式：研发扩张

作为高科技企业，华为的海外投资主要是研发扩张，即通过建立海外研发中心，利用海外研发资源，使研发活动实现国际化，拥有核心技术自主知识产权，将对外直接投资和提供服务有机结合在一起。

在研发扩张的过程中，华为坚持开放式技术创新，促进产学研合作共赢，兼顾ICT人才培养，为数字世界、智能世界加速发展奠定坚实的基础。自2010年在欧洲启动以来，华为已经成为全球增速最快的主流云服务厂商，华为云已上线220多个云服务和210多个解决方案，在全球累计获得80多个权威安全认证，发展了19 000多个合作伙伴和160多万名开发者，云市场上架应用4 000多个。

华为依托"端管云"协同的ICT基础设施平台优势，加速构建共生共创共享的数字生态，助力各行各业数字化转型，全球已有700多个城市、253家世界500强企业选择华为作为数字化转型的伙伴，华为企业市场合作伙伴超过30 000家。

通过云平台，华为的研发扩张有了以下益处，更提供无限的可能性：

①充分了解国际先进技术，及时掌握行业最新研发动态，以最快的速度研制出能够满足客户需求的符合世界新潮流的科技产品。

②在符合国际规范、国际标准的前提下展开研发工作，与国际接轨，为国内外技术交流提供便利条件。

③在全球范围内整合研发优质资源，充分发挥其作用，促进华为的技术创新更上一层楼，即通过研发扩张达到双赢。

（三）价值主张：以客户为中心

华为秉承"以客户为中心"的理念，持续创新，与业界伙伴开放合作，聚焦构筑面向未来的信息通道，致力于把数字世界带入每个人、每个家庭、每个组织，构建万物互联的智能世界：让无处不在的连接，成为人人平等的权利，成为智能世界的前提和基础；为世界提供最强算力，让云无处不在，让智能无所不及；所有的行业和组织，因强大的数字平台而变得敏捷、高效、生机勃勃；通过AI重新定义体验，让消费者在家居、出行、办公、影音娱乐、运动健康等全场景获得极致的个性化智慧体验（如图11-12所示）。

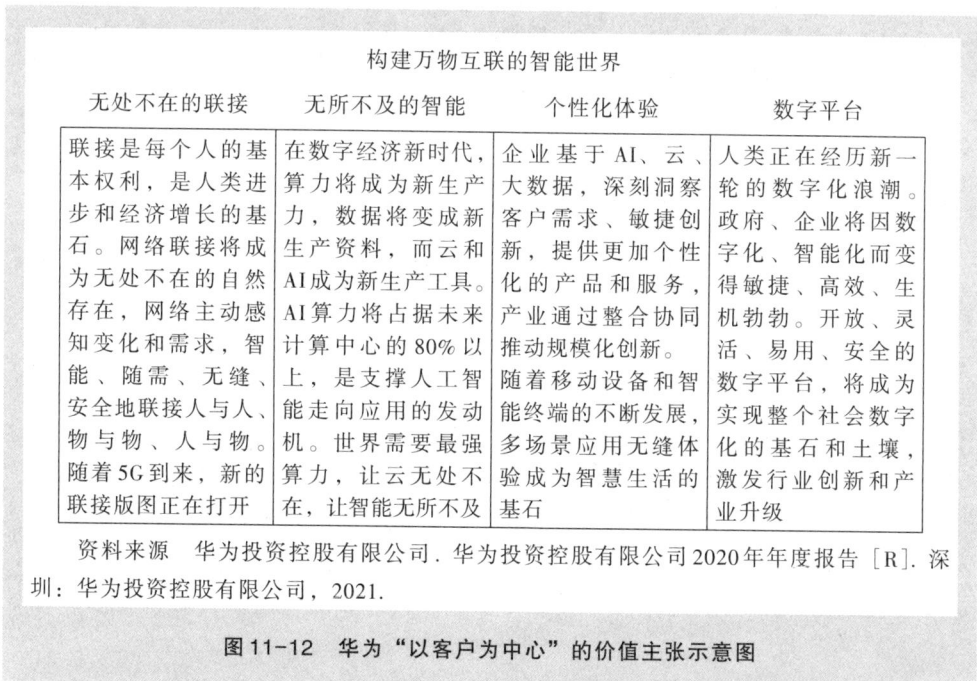

构建万物互联的智能世界			
无处不在的联接	无所不及的智能	个性化体验	数字平台
联接是每个人的基本权利，是人类进步和经济增长的基石。网络联接将成为无处不在的自然存在，网络主动感知变化和需求，智能、随需、无缝、安全地联接人与人、物与物、人与物。随着5G到来，新的联接版图正在打开	在数字经济新时代，算力将成为新生产力，数据将变成新生产资料，而云和AI成为新生产工具。AI算力将占据未来计算中心的80%以上，是支撑人工智能走向应用的发动机。世界需要最强算力，让云无处不在，让智能无所不及	企业基于AI、云、大数据，深刻洞察客户需求、敏捷创新，提供更加个性化的产品和服务，产业通过整合协同推动规模化创新。随着移动设备和智能终端的不断发展，多场景应用无缝体验成为智慧生活的基石	人类正在经历新一轮的数字化浪潮。政府、企业将因数字化、智能化而变得敏捷、高效、生机勃勃。开放、灵活、易用、安全的数字平台，将成为实现整个社会数字化的基石和土壤，激发行业创新和产业升级

资料来源　华为投资控股有限公司.华为投资控股有限公司2020年年度报告［R］.深圳：华为投资控股有限公司，2021.

图11-12　华为"以客户为中心"的价值主张示意图

三、思考

思考一：华为以华为云为平台的海外研发扩张模式对我国高科技企业"走出去"有何启示？

思考二：华为的成功对于我国其他民营企业有何借鉴意义？

思考三：华为的精神理念有存在的必要吗？

拓展阅读11-1　中华人民共和国
外商投资法

拓展阅读11-2　中华人民共和国外商
投资法实施条例

关键术语

中国跨国公司　经贸合作区　"一带一路"倡议　研发扩张

复习思考题

1.效率来源于哪些方面?
2.简述境外经贸合作区的含义。
3.简述中国在"一带一路"倡议中的地位。
4.简述中国企业的境外投资方式和经营方式。

主要参考文献

[1] CANTWELL J. Technological innovation and multinational corporations [M]. Oxford: Basil Blackwell, 1989.

[2] WELLS L T, Jr. Third world multinationals: The rise of foreign investment from developing countries [M]. Cambridge, MA: MIT Press, 1983.

[3] DUNNING J H. International production and the multinational enterprise [M]. London: George Allen & Unwin Press, 1981.

[4] RUGMAN A M. Inside the multinationals: The economics of internal markets [M]. New York: Columbia University Press, 1981.

[5] BUCKLEY P J, CASSON M. The future of the multinational enterprise [M]. London: Macmillan, 1976.

[6] HYMER S H. The international operations of national firms: A study of direct foreign investment [M]. Cambridge, MA: MIT Press, 1976.

[7] KNICKERBOCKER F T. Oligopolistic reaction and multinational enterprise [M]. Cambridge, MA: Harvard University Press, 1973.

[8] ALIBER R Z. A theory of direct foreign investment [M] // KINDLEBERGER C P. The international corporation. Cambridge, MA: MIT Press, 1970.

[9] JOHNSON H G. The efficiency and welfare implications of the international corporation [M] //KINDLEBERGER, C P. The international corporation. Cambridge, MA: MIT Press, 1970.

[10] ITAKI M. A critical assessment of the eclectic theory of the multinational enterprises [J]. Journal of International Business Studies, 1991, 22 (3): 445-460.

[11] ROLL R. The hubris hypothesis of corporate takeovers [J]. Journal of Business of the University of Chicago, 1986, 59 (2): 197-216.

[12] BRADLEY M, DESAI A, KIM E H. The rationale behind interfirm tender offers: Imformation or synergy? [J]. Journal of Financial Economics, 1983, 11 (1-4): 183-206.

[13] FAMA E F, JENSEN M C. Separation of ownership and control [J]. Journal of Law and Economics, 1983, 26 (2): 301-325.

[14] BRADLEY M. Interfirm tender offers and the market for corporate control [J]. Journal of Business, 1980, 53 (4): 345-376.

［15］ FAMA E F. Agency problems and the theory of the firm ［J］. The Journal of Political Economy, 1980, 88 (2): 288-307.

［16］ DODD P, RUBACK R. Tender offers and stockholder returns: An empirical analysis ［J］. Journal of Financial Economics, 1977, 5 (3): 351-373.

［17］ ROSS S A. The determination of financial structure: The incentive-signalling approach ［J］. Bell Journal of Economics, 1977, 8 (1): 23-40.

［18］ JENSEN M C, MECKLING W H. Theory of the firm: Managerial behavior, agency costs and ownership structure ［J］. Journal of Financial Economics, 1976, 3 (4): 305-360.

［19］ CAVES R E. International corporations: The industrial economics of foreign investment ［J］. Economica, 1971, 38 (149): 1-27.

［20］ LEWELLEN W G, HUNTSMAN B. Managerial pay and corporate performance ［J］. American Economic Review, 1970, 60 (4): 710-720.

［21］ MUELLER D C. A theory of conglomerate mergers ［J］. The Quarterly Journal of Economics, 1969, 83 (4): 643-659.

［22］ VERNON R. International investment and international trade in the product cycle ［J］. The Quarterly Journal of Economics, 1966, 80 (2): 190-207.

［23］ MANNE H G. Mergers and the market for corporate control ［J］. The Journal of Political Economy, 1965, 73 (2): 110-120.

［24］莫菲特, 斯通西尔, 艾特曼. 国际金融 ［M］. 王芳, 译. 原书第5版. 北京: 机械工业出版社, 2021.

［25］波特. 国家竞争优势 ［M］. 李明轩, 邱如美, 译. 北京: 华夏出版社, 2002.

［26］达夫特. 组织理论与设计精要 ［M］. 李维安, 等译. 北京: 机械工业出版社, 1999.

［27］卢进勇, 郜志雄, 刘恩专. 跨国公司经营与管理 ［M］. 2版. 北京: 机械工业出版社, 2017.

［28］张笑宇. 跨国公司管理手册 ［M］. 2版. 北京: 中央编译出版社, 2017.

［29］袁林. 跨国公司管理 ［M］. 北京: 清华大学出版社, 2012.

［30］包明华. 企业购并教程 ［M］. 北京: 中国人民大学出版社, 2010.

[31] 王蔷. 跨国公司组织结构 [M]. 上海：上海财经大学出版社，2010.

[32] 崔日明，徐春祥. 跨国公司经营与管理 [M]. 2版. 北京：机械工业出版社，2009.

[33] 商务部跨国经营管理人才培训教材编写组. 中外跨国企业融资理念与方式比较 [M]. 北京：中国商务出版社，2009.

[34] 张素芳. 跨国公司与跨国经营 [M]. 北京：经济管理出版社，2009.

[35] 杜奇华，白小伟. 跨国公司与跨国经营 [M]. 北京：电子工业出版社，2008.

[36] 林康. 跨国公司经营与管理 [M]. 北京：对外经济贸易大学出版社，2008.

[37] 赵春明. 跨国公司与国际直接投资 [M]. 北京：机械工业出版社，2007.

[38] 綦建红. 国际投资学教程 [M]. 北京：清华大学出版社，2005.

[39] 张纪康. 跨国公司与直接投资 [M]. 上海：复旦大学出版社，2004.

[40] 杨大楷. 国际投资学 [M]. 3版. 上海：上海财经大学出版社，2003.

[41] 罗进. 跨国公司在华战略 [M]. 上海：复旦大学出版社，2001.

[42] 林康. 当代跨国公司论 [M]. 北京：中国青年出版社，1996.

[43] 徐康宁，陈万华. 跨国公司与中国企业跨国经营 [M]. 南京：东南大学出版社，1995.

[44] 王林生. 跨国经营理论与实务 [M]. 北京：对外经济贸易大学出版社，1994.

[45] 冼国明. 跨国公司与当代国际分工——对企业内部国际分工的剖析 [M]. 天津：南开大学出版社，1994.

[46] 滕维藻，陈荫枋. 跨国公司概论 [M]. 北京：人民出版社，1991.

[47] 叶刚. 遍及全球的跨国公司 [M]. 上海：复旦大学出版社，1989.